U0517730

教育部人文社会科学研究规划基金项目

"时尚创意中的民族元素与文化认同研究"

（2012，编号：12YJA760095）资助

民族元素
与文化认同的建构

——以时尚创意为例

张贤根 著

中国社会科学出版社

图书在版编目（CIP）数据

民族元素与文化认同的建构：以时尚创意为例 ／张贤根著 . —北京：
中国社会科学出版社，2017.9
ISBN 978 - 7 - 5203 - 0934 - 9

Ⅰ.①民… Ⅱ.①张… Ⅲ.①民族文化—研究—中国 Ⅳ.①K28

中国版本图书馆 CIP 数据核字（2017）第 221603 号

出 版 人	赵剑英
责任编辑	吴丽平
责任校对	赵雪姣
责任印制	李寡寡

出　　　版	中国社会科学出版社
社　　　址	北京鼓楼西大街甲 158 号
邮　　　编	100720
网　　　址	http://www.csspw.cn
发 行 部	010 - 84083685
门 市 部	010 - 84029450
经　　　销	新华书店及其他书店
印刷装订	北京明恒达印务有限公司
版　　　次	2017 年 9 月第 1 版
印　　　次	2017 年 9 月第 1 次印刷
开　　　本	710 × 1000　1/16
印　　　张	19.5
插　　　页	2
字　　　数	300 千字
定　　　价	78.00 元

凡购买中国社会科学出版社图书，如有质量问题请与本社营销中心联系调换
电话：010 - 84083683
版权所有　侵权必究

目　　录

导　论

在当代人的日常生活世界里，时尚尤其是时装，不仅是衣生活的流行样式，而且具有越来越重要的社会与文化的意义和价值。因为，无论人们是否在乎自己的着装是不是时尚，他们都不可避免地生活在一个日趋时尚化的世界里。实际上，各种时尚艺术及其表现风格的吸引，正在驱迫人们去了解时尚，甚至建构自己的时尚感，以及对时尚衣生活方式加以认识与理解。与此同时，当代时尚的设计与审美表现，不得不关涉民族元素的发掘、重构与阐释等问题，其实，一切时装设计乃至整个时尚业的创意，虽然都极其关注当代感的塑造与生成，但它们都不可能与民族元素、传统文化分割开来。

在这里，创意无疑是时尚艺术根本性诉求之所在，而审美表现又是创意实现的核心与关键。创意首先涉及的还是新的观念如何发生的问题，这同时也关联到这些新观念的视觉化表现与实现，以及这种新观念与想法能否通过视觉化而生成出时尚感。因此，除了艺术设计与表现之外，时尚创意还涉及人们的审美接受与认同问题，这又是与特定的民族文化密切相关的。正因为如此，应当回归到人类学与日常生活里，对民族元素及其创意可能性加以审美重构，这样才能将当代时尚创意建基于历史与传统文化的语境里。

而且，时尚艺术与审美不仅涉及个人的品位与情趣，同时还与民族或族群发生着密切的关联，这显然也是一种艺术、审美与文化人类学的课题。比如说，什么样的时尚艺术是美的？以及时尚美的本性究竟是什么？我们能否接受某种时尚样式与格调？这些问题既是艺术表现与审美的重要问题，同时无疑也是与民族和人类文化相关的。在当代，围绕民族时尚创意及其文化认同的问题凸显出来，引起了人们的广泛关注并成为艺术与时尚界的热点问题，这就涉及对民族元素与传统文化的挖掘、整理与当代重构。

特别是，在当今国际时尚界，各个不同民族的时尚与风格正在受到广泛的借鉴与重构，这些源于民族的时尚趋势正在建构世界性时尚及其多元性特质。在这里，时装不仅是一种身体美化的独特艺术，而且还是一种自我建构与认同的技术方式。"在这种意义上来说，时装是一种文明技术，即自我形成和自我表现过程中公认的行为准则。"① 因此，在时装的创意表现与设计过程中，艺术与技术显然不仅是密切相关的，往往还是彼此渗透与难以分离的。时尚创意与设计所凭借的艺术和技术手段，还与人们的生存方式、身体意识和日常生活关联在一起。

值得注意的是，创意的审美表现及其与民族文化认同的生成性关联，无疑是当代时尚创意与实现中极其重要的艺术与设计问题。尤其是，自从赵半狄所谓"熊猫艺术"和"熊猫服装"的设计与表演进而产生了较大的社会、文化与国际影响以来，究竟应该如何看待民族时尚创意的问题，导致了不同的观点交锋与学术争论。因此，时尚创意与设计难以回避民族元素及其文化认同的问题。与此同时，亟待在创意过程与理论研究之中，对民族精神图式和文化传统的问题加以探究，以及对民族艺术与文化的多样性，特别是这种多样性之于创意与设计的重要意义作出当代回应。

根据当代时尚创意及其视觉表现的现状与处境，分析与揭示创意进一步发展所面临的问题与受到的制约，无疑是民族时尚创意与文化认同研究的重要问题。同时，如何根据民族文化及其多样性特质，考虑各民族时尚艺术与文化之间的密切关联，显然也是一个有待于关注与探究的艺术与文化课题。实际上，还应将民族元素与时尚创意置于全球化的语境里，进而与不同民族或国家的时尚文化展开沟通和对话，以促成当代时尚创意在多元的文化传统里获得自身的自觉与文化认同。

基于时尚创意及其视觉化表现，把民族元素的视觉表现与文化内涵的研究，以及民族文化认同及其当代建构作为根本性诉求，将有助于民

① ［美］珍妮弗·克雷克：《时装的面貌——时装的文化研究》，中央编译出版社 2000 年版，第 7 页。

族时尚创意设计的提升与在当代的发展，也会对人们日常生活审美化的实现有所裨益。因此，民族元素及其文化内涵的揭示与阐发，就成为民族时尚创意设计与表现不可或缺的基础。为此，还应对民族创意与服饰文化的视觉化表现的可能性与独特方式加以探究。虽然说，人类学家们大都主张文化的多元化，但他们又往往只是从某一特定视角去揭示与阐释文化的本性。应当看到，在时尚创意及其与民族文化的关联性的研究上，不同观点与思想之间的沟通、对话与讨论是非常必要的。

　　当然，当代艺术与日常生活的各种相关元素，以及这些元素及其构成与社会、历史、文化语境之间的关联，显然也是值得关注与探究的设计问题。针对当今的全球化问题，"多元文化主义正是出现在中心性的认同的霸权衰落的时期，结果，不但移民群体，而且本土人群、宗教人群和民族性人群的族群性都突显出来"①。而且，这种民族意识与文化自觉的彰显与表达，正是各民族在全球化时代所应探究与回应的问题，并将对时尚话语的建构与创意产业的发展有所助益。在时尚艺术与文化方面，不少设计师之所以创新匮乏，虽然原因是多种多样的，但时尚创意缺乏文化底蕴，无疑是不可忽视的重要原因。

　　在这里，通过民族元素及其文化意义的深入研究，旨在为时尚创意与民族文化的当代发展，以及民族时尚向日常生活的介入与渗透，提供可供借鉴的观念引领、文化语境与理论建构。与此同时，力图经由对时尚创意及其存在问题的分析与研究，揭示时尚创意中民族元素的发掘与意义生成的机制。特别是，只有揭示与阐发民族时尚创意与文化认同的生成性关联，以及推进时尚创意及其民族文化认同的当代建构，才能为时尚创意与文化产业提供理论支持与实践启示。在民族性与世界性的审美与文化张力之中，促成民族服饰与时尚的当代建构与世界性的艺术与文化传播。

---

　　①　[美] 乔纳森·弗里德曼：《文化认同与全球性过程》，商务印书馆 2003 年版，第 376 页。

第 一 章

时尚、创意与民族元素

在这里，时尚尤其是时装既是一种设计艺术样式，同时也是一种重要的创意产业与文化，而且，服饰与时尚往往还与特定民族、族群的生存、生活密切相关。任何一个民族都有其特定的精神图式与艺术表现样式，也不乏诸多潜在的时尚元素有待于揭示与阐发。如古希腊的块状布料服装，这种无裁剪、无缝合的披挂式服饰与着装，既体现了衣服与身体的自然性契合，同时又对现代服饰创意与时尚设计颇具启示。即使在当今这个全球化的语境里，时尚的这种民族性及其意义的揭示与阐发，仍然是一个值得关注与研究的艺术与文化问题。正因为如此，不同民族的时尚及其审美特性引起了世界性的广泛关注。作为一种文化产业，时尚在当代经济社会的发展过程中，也具有日益重要的符码、象征与文化的意义，而这些意义的生成主要是经由创意来表达与实现的。对于时尚的创意与设计来说，民族元素的发现、研究与揭示具有不可忽视的人类学意义。在全球渐趋一体化的时代里，如何关注与阐发各个民族自身特有的艺术与服饰元素，对于民族时尚创意的审美表现具有显著的意义与价值。对民族元素与传统文化意义的挖掘、揭示与建构，还为各民族创意的审美表现提供了人类学可能性。任何元素及其文化的揭示、阐发与当代重构，都可能成为时尚艺术与创意文化之源。应当说，所有的时尚创意既在元素及其规定之内，又往往在元素之外复杂的语境关联里。在全球化的艺术与文化语境里，时尚的民族风格也不乏独特而不可替代的意义与旨趣，实际上，这种民族风格本身就是当代时尚潮流生成的重要源泉，如东方、阿拉伯、拉美与东非等民族的服饰元素与风格，对当代世界的时尚设计就具有重要的参考与借鉴价值。因此，揭示、阐发时尚创意与民族元素及其文化的生成性关联，就成为当代民族时尚建构与文化认同所不可或缺的重要课题。

第一节　作为艺术与文化的时尚设计

在基本规定与一般意义上，设计是一种把设想、计划与方案，通过观念的视觉化加以表现与传达的过程。在人类的生存过程中，必须与世界打交道并发生存在论的关联，进而创造实用器物、精神财富与人类文明，其中，最基本的创造活动可以说就是造物。在这里，设计艺术无疑是与人类的造物活动密切相关的。具体来说，设计便是造物活动得以进行的预先计划，因此，人们可以把任何造物活动的创制都理解为设计。毫无疑问，时尚是一种重要的设计样式，但它与一般设计的重要差异在于，时尚设计主要是一种关于流行风格的设计，如人们生活用品与器物的时尚化设计与表现。时尚既以自由的艺术与唯美作为预设前提，又相关于设计诉求及其审美实现的问题，同时还离不开社会、历史与文化的语境。

一　作为一种艺术的时尚设计

虽然说，时尚设计不同于自由与纯粹的艺术，但它却是以艺术尤其是自由艺术为基础的，并把自由艺术表现作为时尚设计的基本方式。实际上，没有无功利的自由艺术作为铺垫与底蕴，时尚设计与文化是根本不可能实现与存在的。因为，自由艺术及其审美经验是一切设计艺术的基础，它渗透在所有设计艺术的创意与实现过程中。而且，自由艺术还成为设计艺术得以实现的前提与表现基础。时尚设计不仅是一种重要的艺术样式，并由此涉及艺术、审美与功能的关系问题，它在本性上还是社会与文化意义的一种生成过程。

在古希腊，艺术不只是指美术，还包括手工艺在内。在中世纪，所谓的自由艺术就有文法、修辞、逻辑、算术、几何、天文与音乐等。其实，美术与手工艺的分离是从近代才开始的，但那时的设计艺术尚未形成自身完整与自律的体系。在这里，作为一种设计艺术样式，时尚以其对时尚感与流行风格的关注与强调，而区别于一般的或其他的设计艺术与审美风格。因此，为了更好地理解与阐释时尚设计及其本性，首先必须了解什么是设计的规定与特质，以及设计与艺术、文化之间的密切关联及其意味。

与自由艺术的根本差异在于，设计是一种有功利与目的诉求的艺术，它必定将某种可靠性作为自身的根本基础。虽然说，设计艺术具有一般与通常的理解与把握。但是，"'设计'这个词语对身处不同设计领域的人来说有着不同的意义，一端关联着艺术，另一端又与科技相关"①。不仅如此，科技还是设计、制作与实现产品功能所不可或缺的，同时技术本身也是艺术设计与表现的重要方式。这里对审美的揭示与表现，无疑是设计与自由艺术的共同之处，但它们对美的表现与回应又有所不同。

一般来说，自由或纯粹艺术是脱离功利而与精神直接相关的艺术，而功利考虑与实用性则是设计艺术不可或缺的基本诉求。正是基于对功能性的诉求，设计艺术可以看成与把握为一种实用艺术，但它又是以自由艺术为内在特质与风格化前提的。在人类的造物系统与活动中，不仅广泛涉及人的衣、食、住、行等方面，还与器物和用品的设计、制造与使用相关，这些设计与制作活动是人类造物系统的重要构成。在艺术表现与审美的基础上，设计使不同的器具与用品呈现出不同的艺术形态，同时也由此产生了与功能相关的独特艺术感受与审美经验。

总体上说，设计的本性是实用与审美的生成性关联，但这种关联是如何发生与实现的，以及不同的设计在这种关联上的差异，无疑是艺术设计与研究中至关重要的问题。在设计的风格与审美问题上，"产品越是接近公众或是家庭，就越需要风格设计师用视觉美感加以调和"②。对艺术与时尚而言，人们经由设计的创意及其视觉化表现，可以充分、明确与深刻地揭示与阐明所造事物的形制，提供富有独特意味与实用价值的日常生活器物。人们在日常生活里所获得的各种审美感受，显然是与其所接触和使用的器具与产品相关的。与此同时，人们对纯粹或自由艺术的审美，既是一种关切于心理活动的历程，更属于精神与文化的建构与接受活动。

---

① [英]罗伯特·克雷:《设计之美》,山东画报出版社2010年版,"前言"第3页。
② [英]彼得·多默:《现代设计的意义》,译林出版社2013年版,第2页。

通过与纯粹艺术品及其的相遇，为直接源于审美的特定感受提供了可能性。当然，这同时也为人们的日常生活世界注入了艺术的情愫，并为生活的审美化作出精神与文化的重要奠基。基于艺术表现与审美经验，人们的生活世界呈现出了这些非日常的旨趣，以及由此建构出日常生活的情调、品位与意义。在生活的审美化过程中，人们关切于艺术的审美心理与经验，往往表现在某种非功利的感知方式上。对于自由艺术来说，这种审美感知与经验往往是唯美的，"为艺术而艺术"则成为唯美主义的根本性诉求。

然而，人们的审美经验并不能限定在一般所说的自由艺术上，它还常常被拓展到关于设计的审美活动中去，并对设计艺术及其美感加以非传统的审美观照。其实，关于时尚的意识与感觉由来已久，因为，"时装是部落文化不可或缺的一环，也是我们向他人表明自己身份的方式之一"①。作为一种艺术与设计样式，时尚在一般的功能关涉之外还牵涉人的身体存在，因此使得时尚表现与审美更具身体性特质。在这里，设计、审美与身体、身份的关联是不可忽视的问题。虽然说，设计也是在现实生活领域对唯美主义的一种回应，但它却涉及功能诉求与唯美主义的复杂关系。

实际上，古希腊艺术、审美与古希腊神话是密切相关的。在古希腊神话中，人神共性使古希腊艺术对人体的塑造充满了兴趣。当然，古希腊艺术不仅存在于希腊范围内，还通过贸易等方式影响了古希腊周边地域，如伊特鲁利亚地区。在亚历山大大帝国建立后，古希腊艺术得以向东方世界跨文化传播。在这里，人、理性与自然成为古希腊艺术关注的重要问题，并在各种作品与器物上得到了完美的表现。在古希腊，理论理性就与视觉发生着内在的密切相关，这在很大程度上规定与影响了艺术、设计与审美。

在罗马征服希腊后，古希腊艺术被罗马人所效仿和吸收，而古罗马艺术又具有自身的风格与特质。此外，在古希腊时期，技术、技艺与艺术并没有什么严格的区分。因此，各种匠人、手工技艺者与艺术家都是

---

① ［英］安德鲁·塔克、塔米辛·金斯伟尔：《时装》，生活·读书·新知三联书店2014年版，第8页。

一类人,其实都可以称为广义的艺术家。但应注意到,"希腊作品的行家和模仿者,在他们成熟的创造中发现的不仅仅是美好的自然,还有比自然更多的东西,这就是某种理想的美……"① 只是到了近代,随着人文艺术家的出现,这种严格区分才真正具有意义。尤其是,近代的唯美主义与"为艺术而艺术"主张的出现,自由或纯粹艺术与各种实用的、设计的艺术得以区分开来。

在给美学下定义的时候,鲍姆嘉通就将美学的研究对象与自由艺术联系起来。到了后来,这种自由艺术又在康德那里得到了强调。唯美主义及其"为艺术而艺术"的思想,受到了康德在《判断力批判》中所提出的"审美无利害"学说的影响。也就是说,作为感性学的美学指涉的审美经验,原初也主要是针对与关切自由艺术的。在康德那里,艺术理论与美学思想无疑是对经验主义与理性主义及其冲突的和解。与此同时,艺术自律性概念所表示的是,艺术的发生与存在遵循自身的内在法则,而不接受外在性的观念与事物的规定与限制。

在鲍姆嘉通那里,其实就预设了真善美之间的区分及其意义,以及由此而来的对艺术自律性的强调。可以说,康德关于艺术的非功利性的理论与思想,被后来倡导"为艺术而艺术"的唯美主义者推向了极端,艺术的自律性也就成了一种内在的特质与法则,并致使艺术与社会现实之间的关联与牵涉被割裂。当然,唯美主义思潮的形成与建构也有一个漫长的过程。19世纪30年代,济慈可看成唯美主义运动的代表与先驱。而戈蒂埃则是由浪漫主义向唯美主义过渡的作家。基于对艺术的功利主义诉求的反对,戈蒂埃强调了纯艺术与形式美的重要意义,从而提出了"为艺术而艺术"的主张与思想。

实际上,流行于整个19世纪的唯美主义,遇到了自身的问题与难以克服的现实困境。其实,早在康德那里,就力图通过论证审美态度的无利害和审美对象的合目的性,并以此来揭示与阐发自由艺术及其审美经验的可能性。当然,唯美主义仍然存在着艺术自律性何以可能等疑难问题,同时,美与真、善的关涉也是艺术与设计应加以回应的课题。从自律性解放出来的艺术,就这样获得了前所未有的自由空间。应关注的是,

---

① 〔德〕温克尔曼:《希腊人的艺术》,广西师范大学出版社2001年版,第3页。

艺术最初与生活是密不可分的，后来才出现所谓的职业艺术家，艺术与生活的区分于是得以生成与确认。

虽然艺术从来就是在世界之中发生与生成的，但艺术又是一个相对独立的精神与文化领域。在唯美主义的基础上，与生活相区别的自由或纯粹艺术的世界得到建构。然而，为人类生存而发生的造物活动其实由来已久，它同时也与人类早期的艺术创造密切相关。人类早期的造物活动与远古时代的生存方式分不开，这种关联在当时的艺术样式中得到了表征。而且，早先的艺术表现从来都是与人类的原初精神图式，以及这些图式在特定的社会与历史时期的意义相关的。

除了审美关涉外，艺术与人类的生活方式及其存在密不可分，同时还把各生活方式作为创作的题材或基础。但艺术都不可能完全局限于唯美领域，设计与器物制作就与传统审美之外的事情相关。"因此，不是审美论错误地描述了审美属性的本质，就是艺术的正确欣赏除了审美属性之外还涉及很多别的东西。"[①] 随着西方唯美主义的式微与衰落，艺术开始向日常生活世界介入与渗透，也就是说，艺术创作与审美的生活化趋势日益加剧。但唯美主义及其对人类内在精神的揭示与阐释，一直影响着艺术创作与创意设计的规定、审美与文化特质的建构。

但时尚设计不仅关注一般的功能与审美表现，更将某种流变的美感作为旨归与根本性诉求。在某种意义上可以说，设计就是对人类生存与生活诉求的一种回应。就语义而言，设计不仅指一般所说的意欲、设想与计划，还指创意、谋划与创制活动的整个过程。设计基于人类的生存与生活的需求，创造出具有一定实际功用与审美价值的器具或物品。正因为如此，设计是一种有目的、有预见的艺术活动。与动物本能活动的根本区别在于，人在设计与创制过程中，其实已有了未来创意和所造器物的大致构想或蓝图。在很大程度上，设计的旨归规定了创意与造物活动的结合。

与此同时，手工及其与技术的区分与互补，也成为构成设计品的社会与文化特质。作为一种艺术样式，设计艺术的作品又不同于一般的生活用品。在某种严格的意义上，"时装这个概念通常被视作西方社会所特

[①]　[美]斯蒂芬·戴维斯：《艺术哲学》，上海人民美术出版社 2008 年版，第 63 页。

有，起源于 14 世纪的宫廷，当时正历经由农民装扮转向法国风格的强调轮廓、裁剪以及制作的缝纫技巧"①。因为，设计的服装与生活用具除了具有美观与悦目的形式外，还应当将这种造型与用具的特定功能和可靠性关联起来。对这种关联与结合的探究与揭示，无疑也是设计艺术所面临的社会与文化课题。

一般来说，艺术作品是自身的目的；或者说，作品自身就是一种目的。如果设计艺术的产品有其特定目的的话，那么，此目的既不只是外在性的，如一般所说的日常用品，同时也不只是内在性的，如民俗与宗教里的信物。在各种不同的设计产品中，目的性与自身同一的程度也是有所差异的。在艺术创作过程之中，手段与目的的区分与差异往往会趋于消失，因为它们往往是彼此生成与共属一体的。对于设计艺术来说，只有悬置与设计相关的各式外在牵涉，或者对那些非设计性牵涉加以审美化转换，这样才能回到设计作品自身，真正理解设计艺术及其审美意义。比如说，随着服装或时装的穿着在身，原初所设计的功能性与人的旨归难分彼此，从而生发出人类衣生活的历史意义与文化旨趣。

由于可能涉及的功能与用途，设计必须基于各种机理与可靠性诉求，因此，设计是一个合法度与合规则的创制活动。还要注意到，服装的各种功能性诉求及其实现，又是与人的身心独特感受分不开的。与此同时，"每一社会都会使用对自己重要的特定象征和符号，可能这在来自其他社会和时代的旁观者看来是没有任何意义的"②。在时尚的跨文化传播里，不同民族之间的误读也在所难免。在这里，合法度就是要遵循设计的法则，无论就方法而言，还是针对质料来说，都是如此。否则，设计品就不可能实现原初预设的功用目标。但这里的法度与规则，显然又不同于自然科学所说的规律。

在艺术与设计中，即使使用如规律这样的概念与术语，往往也是在比较弱的意义上而言的，绝不能理解与阐释为固定不变的铁律。应注意到，设计艺术的目的性即实用旨趣，往往难免遮蔽物性或存在自身。因此，时尚设计又总是要不断回应审美与功能的复杂关系。同时，又要让

---

① ［英］玛尼·弗格主编：《时尚通史》，中信出版社 2016 年版，第 9 页。
② ［英］罗伯特·克雷：《设计之美》，山东画报出版社 2010 年版，第 7 页。

一切艺术与设计不受制于各自凝固的教条，这样所表现与传达出来的时尚之美，才可能既显得新颖而又不落俗套。而对艺术作品来说，审美的要素与审美化的诉求则是规定性的，这或许正是它与技术对象的根本区别之所在。

但在这个艺术日益泛化的时代，尤其是在艺术走出象牙塔的今天，时装无疑已被看成一种艺术的样式，当然它首先无疑是一种设计艺术。当然，设计艺术既不是技术，同时也不是纯粹艺术，但它却与技术、艺术发生着密切的生成性关联。还要注意到，"时尚与艺术发展史之间的关系并未因某种偶尔的推动作用而变得更加稳定"①。现代艺术尤其是现代设计艺术，其实早已超越了康德关于艺术和审美的无目的的合目的性思想。然而，在功利与唯美之间的严格区分是难以成立的。以其独特的身体性关联，服饰与时尚设计既涉及族群的人类学存在，同时又经由族群而关涉社会与文化意义。

作为一种与身体密切相关的设计艺术，时尚设计法则是凭借判断来表述的，这种法则并不是在先性的与外在性的，仍然有待于现象学的直观和存在论的祛蔽。在时尚设计活动中，所实现的是合目的性与合法度性的统一，但这种统一的概念模式及其建构，又是在不断的突破与解构之中，来实现时尚在表现上的创新与历史性的重构。在如何与其他设计相区分的问题上，时尚设计的切身性又是不可回避的存在论话题。实际上，时尚设计的一切规则都是生成性的，它们的运用应与一定的社会、历史与文化语境相关联。

在现象学与存在论的语境里，如果仅仅从"手段—目的"这种概念框架出发，根本不可能揭示与阐明设计活动的生成本性。作为一种设计艺术样式与文化，时尚不仅是一种当下的衣生活方式，它还是一种不同于传统文化的亚文化。时装的流行表明，时尚自身是一种基于时间的当下性的存在，但它又无不将过去纳入当代加以审美与文化重构，并由此表征服饰艺术与时尚文化的流行趋势。对当下性特质与新奇感的强调，表明了时尚所具有的流变性特质，以及这种特质的当代重建与独特的表

① ［法］弗朗索瓦－玛丽·格罗：《回眸时尚：西方服装简史》，中国纺织出版社 2009 年版，第 15 页。

现。应当说，不同时代都不乏其特有的时尚样式，这些样式还发生着彼此的关联与交织。

与此同时，时尚常常也是风格性的，它体现了艺术的个性化特质，而且，这些时尚风格又总是与时尚文化相交织的。在时装画的诸多风格之中，装饰风格常借鉴原始艺术、巴洛克、洛可可、浮世绘与东方元素等，以及与这些装饰元素和艺术密切相关的民族与地方文化。此外，时尚的设计还经由艺术与文化传播，弥散与浸润在大众文化与日常生活之中，甚至通过跨文化传播到其他民族与异域文化中去。考虑到艺术与审美的地方性与人类学特征，时尚的创意与设计从来都是与特定的族群文化分不开的。那些历史性地沉淀在民族艺术与文化里的元素，一直是服饰与时尚创意所力图挖掘、揭示与表现的。

还要意识到，艺术不仅为时尚做了审美与精神上的奠基与准备，还使时尚带上了特定流派与风格化的特征。在影响时尚风格形成的诸多因素中，艺术的流派的介入及其风格性表现，在根本意义上规定了时尚设计的生成。应当说，"时尚艺术和传统艺术之间存在的唯一冲突就是不管服装有多么精美，它的功能不只局限于作为一件艺术品"①。实际上，许多艺术流派都给时装设计注入了独特的风格特质。如浪漫主义的时装，就受到过浪漫主义艺术及其对想象、热情与夸张的强调的影响。当然，影响时尚风格形成的还有地域、时代与文化等因素。应看到，许多现当代艺术及其表现也受到过时尚的影响。

而且，时尚的这种风格不仅仅是艺术性的，它还受制于技术、质料与媒介等诸多因素，并随着时尚的流行与传播而发生在地性变化，从而带上当地的生活与社会风俗影响的痕迹。还可以说，时尚的存在往往大都具有地方性风格特征，尽管这些风格特质有时是明显的与外露的，有时却隐藏在相关的视觉文化及其语境里。虽然说，艺术风格规定了时尚风格的生成，但它们在表现上并非毫无差异的。比如说，除了受到一般的艺术风格的影响外，时装风格往往还带有身体性、具身性的特质。正因为如此，时尚设计与艺术、其他设计既可以区分开来，但更多的却是

---

① ［美］杰伊·卡尔德林：《时装设计100个创意关键词》，中国青年出版社2012年版，第176页。

它们之间边界的模糊甚至消失。

二　时尚设计与文化

在这里，时尚不仅是一种设计艺术种类，还是一种与身体密切相关的文化样式，以及人类衣生活与服饰文化的重要构成。而且，时尚及其文化既与社会精英阶层相关联，同时也是与大众文化及其消费方式分不开的。其实，不少的流行风尚本身就来源于较低的社会阶层。应当说，时尚本身也可以看成大众艺术与通俗文化的一种重要样式。当然，时尚从来都不只隶属于某个特定的社会阶层，它涉及不同阶层之间的关联、交叉与互文。在不同阶层相互的模仿与仿效过程中，发生的往往是衣生活方式的彼此借鉴与融合。在世界与全球范围内，时尚设计成为诸多时尚元素得以发掘与重构，进而渗入人们的日常生活世界的重要途径。

在这里，时尚设计不仅是艺术的、表现的与象征的，以及人类审美活动与生活审美化的存在论基础，它其实也正在改变审美与生活的传统关联方式。针对艺术与日常生活的关系问题，"杜威因此强烈要求：尽管冒着被非审美世界堕落地盗用的风险，艺术还是应该撤去它那神圣的分隔，而进入日常生活领域……"① 时尚设计也是一种基于日常生活世界的设计艺术，这又相关于艺术设计与日常生活在文化层面上的交织与若即若离。可以说，这种不断时尚化的趋势与意味，还成为其他设计甚至当代艺术值得关注的问题。

与此同时，各种时尚元素与文化之间的关涉与勾连，在很大程度上影响了设计理念和方法，以及人们对时尚衣生活的理解与接受。其实，大众文化虽然是一般性的、普遍性的，但它又需要某种风格化特质的介入，并以此来吸引人们的注意与好奇。经由时尚化的着装与衣着，人们在日常生活里获得了某种新颖感。尤其是，人们在平均化与单调的日常生活方式中，总是感到欠缺一些陌生的趣味与格调，因此，新奇的着装之于生活意趣就显得格外重要，并被人们用以打破日常生活的平均化与无聊情绪。

---

① ［美］理查德·舒斯特曼：《实用主义美学》，商务印书馆 2002 年版，第 38 页。

在当代，互联网与各种新兴的网络社交平台的出现，已使时尚风格与文化的传播变得非常快捷。那些风格意味鲜明的时尚表现与品牌文化，更容易得到大众传媒的关注、重视与接受。当然，从来都没有永恒不变的风格样式，或许才是时尚设计与文化的真正本性。而且，时尚传播的方式与路径也会发生改变。如不少当代的解构主义时装与审美风格，往往都是从底层与市民社会向精英阶层传播的，这其实也是当代时装与时尚生活的一个文化特质。虽然说，不少设计师对民族与地方图式加以变形与重构，使得时尚创意、设计与传统的关联隐藏起来，但这种与传统的决然分割、反离从来都不可能彻底生效。

当然，时尚创意与文化传播也在发生不断的变化。这既涉及不同阶层间的社会关系，同时也与跨文化的认同与接受分不开。也就是说，时尚曾经从精英阶层蔓延到市民的日常生活，但到了现当代，时尚显然也会从小众扩展与传播到大众，从而使时尚在不同社会阶层之间的传播更为复杂。时尚在不同阶层间的文化传播，涉及了不同着装者的习俗与文化，同时还关联到大众的日常生活渐趋时尚化的问题。实际上，设计总是以某种特定的表现风格，去激活与表征艺术与美的感觉及其特质的，但这里的美既不同于抽象的美的观念，也有别于各种自由艺术所诉求的纯粹之美。

毫无疑问，时尚这种亚文化样式是与鲜明的个性和特质，以及人们对新与奇异的感觉诉求相关的。而且，这种亚文化也在不断地渗透与介入主流文化之中，而且还改变着主流文化的文本样式与话语风格。甚至可以说，主流文化与亚文化的传统性区分，在当代已变得不再具有根本性意义。实际上，设计文化是一种含义宽泛的文化样式，它关涉精神图式、社会规范、生活习俗与物质材料等。除此之外，自然科学、社会科学与人文科学的理论与思想，都在建构着自身对时尚、审美与文化的理解与阐释。

而且，文化品位与审美情调是时尚设计最直观的特质，但它同时也是最具艺术意味与情趣的东西。事实上，艺术与时尚设计更为重要的构成，还包括产品的社会、历史与文化功能。在这里，一切艺术与设计往往都是经由视觉而关联到文化的，进而与文化的构成及其复杂性发生关联。因此，"在艺术和设计史中，理解视觉文化的可能性很少受到质疑"①。但是，究竟如何经由设计去理解视觉文化，以及时尚的文化功能与实用诉求的关联，无疑也是一切设计与审美都必须考虑的重要问题。其实，任何产品都是以人的生活为旨归的，同时也都是一定社会与文化的建构之物。

对于时尚设计来说，不仅以实用功能和审美特质为诉求，而且还应当在文化上加以考究，其实，设计品一旦经由创意而生产出来，它就具备了一定的自为性特质。当设计被理解与把握为一种具有历史感的文化样式时，这种自为性甚至与艺术本身也是密切相关的。当然，如果仅仅从有形与实用的维度，去考察与评价时尚设计则是远远不够的。应当说，时装与人的身体性关联是一种基于贴合的同构。在时尚这种设计产品中，身体性关联及其文化也许会体现得更加明显与突出，但在多数产品中有时体现的却是比较隐秘的身体性。

为此，时尚设计要求设计师具有一种文化上的自觉，在设计时既要关注身体性存在及其问题，还要考虑产品及其可能蕴含的社会与文化意义，而不是一味地追求新奇与特异的外观表现。因为只有这样，设计出来的时装与时尚用品才不乏文化底蕴，也能够与既有的与未来的文化发生历史性关联。也就是说，设计不仅以一定的功用和价值为目的，而且还应有显著的旨趣与精神和文化特质。还要注意到，文化内在于一切时尚设计的过程与环节之中，而不是某种外在于或附加在时尚产品上的东西。在中西服饰与时尚史上，所有好的时尚设计与审美、文化都是密不可分的。

要注意的是，时尚所关联的文化指向无疑是多元性的，所以，文化元素或文化符号如何经由重构进入设计，就涉及对设计素材的思维拓展和视觉重构。在莫里斯看来，手工艺必然蕴含着手工艺人的个性，而这些个性来自艺术家的设计创意。他认为，"这种感受变得如此之强烈，很快发展为一种渴求手工制品的时尚"②。同时，设计师可以选择传统的文化元素及其构成，并在此基础上，利用现代设计与艺术表现手法进行创

---

① ［英］马尔科姆·巴纳德：《理解视觉文化的方法》，商务印书馆 2005 年版，第 19 页。
② 奚传绩编：《设计艺术经典论著选读》，东南大学出版社 2002 年版，第 158 页。

作。当然，还可以选择当前流行的文化元素用传统手法来设计，这也是传统与现代在时尚设计上的一种对话。

应该注意到，在传统与现代之间并没有一条明晰的界限可分，更难以被简单地应用于设计并加以阐发。从某种意义上说，文化元素的介入是对设计及其品位的一种提升，因此要求设计手法的变化和创新以文化为底蕴。文化不仅进入与关联到设计的诸多层面，同时还从根本意义上促使美感与品位的生成。与此同时，时尚风格往往广泛地渗透在精英文化里，当然也不乏向大众生活与文化的语境切入。但是，时尚又常常以反叛大众文化的方式，来建构与生成自己的先锋性或前卫性特质，而当这种先锋性重新沦为日常生活之际，时尚界又在期盼着下一次先锋时尚的到来。

但任何时尚设计的生成、破坏与重构，都是与各种因素的介入及其文化语境分不开的。应当说，时装设计的风格与文化语境，既进入了大众的日常生活方式之中，又在挑战与反叛一切已有的文化样式。尽管说，与时尚相关的大众文化往往被视为低于高雅文化，但随着 20 世纪 60 年代的到来，这种看法因不同文化的交织而有了极大的改变。正是在这种吸纳与反离的过程之中，时尚的风格与文化寻找着自己的生成性话语与语境。同时，时尚风格不仅改变着文化的样式与特质，还使许多生活方式带上了别致与独特的个性特征。也就是说，时尚及其风格的流行与传播，使得许多审美与文化的时尚化成为可能。

当然，这里所说的时尚化既凭借艺术表现来实现，它同时也在力图彰显人们的生活诉求，而且这无疑还与特定时代及其文化语境相关联。在生成论的语境里，一切艺术与设计都会发生历史性的变化，这些变化的沉淀就是艺术史与设计史不可或缺的构成。与此同时，一切指向将来的艺术设计，其实都离不开对传统艺术与文化的反思与重构。应当说，"设计正在发生变化，设计者的作用也在变化，这种变化实在是太快了"①。在这个快时尚的时代，时尚的设计显得更加迅速、快捷与难以适应。其实还可以说，一件颇具深厚文化意蕴的服饰与时尚作品，不但给

---

① ［法］马克·第亚尼：《非物质社会——后工业世界的设计、文化与技术》，四川人民出版社 1998 年版，第 14 页。

人一种新颖与别致的艺术与审美感觉，还让人们感受到时代的变化与文化的独特意味。

毫无疑问，时尚还会给既有的艺术与文化样式带来新意与文化挑战，甚至改变与重构着人们对艺术史与服饰文化的理解与阐释。通过时尚设计及其产品或器物的使用，人们的艺术直觉和文化素养被注入了新颖特质，这无疑有助于人们对日常生活加以重新的理解与把握。如果将作品从对传统艺术甚至极端功利性的重视，转移到时尚生活旨趣与文化诉求的重构上来，那么，这本身就体现出了设计者文化心理的成熟和完善。与此同时，时尚设计与文化的阶层性与族群性关联也是不可忽视的，但这并不能也不是否定不同阶层或民族间的平等。

在不同阶层或族群的生活方式中，对流行色等时尚元素的理解也是有所区别的。作为一种不断生成的色彩倾向，流行色其实也是社会心理与审美文化的当下建构物。正因为如此，时尚设计应充分借助艺术及其文化语境来生成创意，并给予这种创意表现以独特的解读与阐释，否则，设计就难以甚至不可能深入时尚的内在意蕴与文化中去。时尚艺术与文化从来都不是固定的与一成不变的，它在本性上总是处于不断的流变与生成之中。显然，时尚的变化带来了人们对生活的新理解，这种新的理解当然需要艺术与文化的底蕴。一种时尚会为下一次时尚的传播与流行，奠定一个艺术与文化之间的互文性基础。

一切与日常生活相关的艺术与文化，其实都可能成为时尚设计所关注与考虑的因素。在日常衣生活方式之中，那些渴求与企盼新奇时尚感的人，在带有兴奋与焦虑相交织的期待里，等待着一轮又一轮时尚潮流的接替到来。在当代，时尚设计与文化诸多新的关联正在被关注与揭示。"近年来，文化史的某些领域已经引起了人的极大兴趣，其中包括身体、民族认同以及（或许可以称为）观念的文化史。"① 虽然时尚总是在诉求着新的变化，但时尚又难以摆脱流行趋势永恒的历史性轮回，以及这种轮回的社会与文化关联。例如，古罗马服装最初就是以伊特鲁利亚服装为基础的，后来它又吸收了古希腊服装的款式与风格特征。

在社会与文化的转型时期，人们的尚新心理更促成了时尚文化的日

① ［英］彼得·伯克：《什么是文化史》，北京大学出版社 2009 年版，第 152 页。

新，并使时尚成为现代社会不可或缺的文化消费。在当代时尚界，流行趋势日益加快与流行周期越来越短，这其实也是快节奏时代人们急切心理的一种映射。当然，时尚设计及其对新奇性特质的诉求与表征，不仅体现着文化的某种新的存在样式，同时也与所处时代的精神状态相关联，并在传统与现代的对话里建构自身的符码与象征。而且，时尚总是与大众传媒的变化紧密地关联在一起，大众传媒甚至成为时尚设计、生产与传播不可或缺的技术性语境。

但时尚既力图摆脱大众化与日常生活模式，同时又不得不通过融入大众文化而生成为自身。作为一种设计艺术的时尚，将各种不同层面与特质的文化交织在一起，并在当下生活方式与文化里重构这种交织与关联。在后现代艺术与文化语境里，时尚符码的所指常常是不确定甚至缺席的，风格则成为能指游戏意蕴生成的重要诉求，但这种风格化的象征又可能将时尚置入某种模式里。应当注意到，时尚与流行文化往往是恒变甚至变动不居的，这相关于特定的生成时间、地点与文化语境。

可以说，艺术仍然是时尚的精神性基础，而文化无疑是时尚发生的重要语境。因此，服饰与时尚不仅仅只是一种艺术样式，实际上，"作为一种无声的语言，服装承担了太多的义务和功能，它至今还在表达和象征着人们的身份、地位甚至情绪"①。在这种文化语境里，不同民族的服饰、着装的社会性关联也有待于回应。一些被主流社会与阶层所忽略的事物或现象，当受到小部分群体或小众的强烈关注后，可能逐渐形成具有一定社会与文化影响的流行趋势。从少数人的认同到多数人的接受与模仿，其实也就是时尚流行与展开的生成性过程。而且，时尚设计能够满足人们的消费欲求，但又离不开市场机制对人们这种欲望的刺激。

一定要看到，时尚也在不断消解着既有文化的内在特质，以适合大众文化与消费主义对欲求的促动。不同于精英文化，时尚与流行文化往往被普遍认为是较为肤浅的，但这种文化又在很大程度上，消解着一切业已形成的衣生活模式，以及不同文化的传统规定与彼此间的分界。同时，那些关于传统的既有看法与观点，其实也难免受到来自时尚的极大

---

① ［法］多米尼克·古维烈：《时尚不死？——关于时尚的终极诘问》，中国纺织出版社2009年版，第7页。

挑战。而且，精英文化与大众文化的传统区分，正在变得模糊不清甚至失去了根本意义。但还要看到，流行时尚很多时候经由接受与历史性沉淀，仍然可以变为经典的时尚艺术与文化样式。

当然，流行本身也有着不可避免的衰退期，但这种流行一旦成为经典风格，时尚无疑就可以维系与延展很长时间。时尚的这种持续性与轮回周期，还取决于社会对时尚的评价与大众的文化执态。毫无疑问，不同民族或族群的精神图式与传统文化，以及与之相关的视觉表现也是有所差异的，这种差异往往被表征在服饰设计与时尚文化上。值得注意的是，时装的流行总是在不同的民族之间传播，进而作为各民族间跨文化传播事件而发生。应当说，流行文化并不只是大众传媒的生产之物，也是大众与传媒间互动所产生的互文性文本。大众时尚既影响着传媒与文化传播，传媒又反过来关联于大众时尚的生成。

在历史性的问题上，时尚既要面向未来的可能趋势，同时也难免回溯到过往艺术与文化。不同族群需求的差异化与多样化特质，成为服饰与时装设计所应考虑的问题。这里还要注意的问题是，"经济、社会与技术力量的联合，确保了越来越多的人能通过视觉与物质文化消费来界定自己，因而提供这种文化中的多层次差异性的需求变得日益紧迫"[1]。其实，各种源自非洲、大洋洲与美洲的乡土艺术与西方民间文化，对现代艺术与服饰设计产生的影响正在得到重新的关注与探究。

在这里，时尚设计及其风格与传统的区分，仍然是一个应当关注的审美与文化问题。以嘻哈文化为例，它所代表的新一代时尚文化，旨在强调对个性、自我的张扬与独特展现，已不同于许多传统的艺术表现与审美文化。当然，时尚的许多前所未有的新奇性特质，还必须通过特定技能与技巧的运用来表现。由于时尚设计与文化的参与性特征，它往往发生在街头巷尾与大众日常生活之中。其实，许多各不相同的时尚设计与文化，往往都体现在人们的衣着、发型、饰物，以及言谈举止和生活习惯上。

不可忽视的是，时尚设计与文化在创意与设计上面临着诸多的挑战，这种挑战又反过来为传统文化模式带来了新的意义与旨趣。考虑到市场、

---

① ［英］彭妮·斯帕克：《设计与文化导论》，译林出版社 2012 年版，第 181 页。

经济与社会的语境，时尚设计不能只是停留在一般理论的层面，还必须应对经由文化产业所带来的诉求。在当代生活方式里，人们往往具有独立的生活态度与文化选择，这就迫使时尚的创意、设计与制作活动，不得不与日趋个性化的衣生活方式相适应。日常生活世界及其文化的生成与建构，成为人们的艺术与时尚创意之源，同时时尚艺术又对人们的日常生活加以审美化。时尚设计与文化本身既不能脱离整个艺术与文化，同时还要经由对不同族群艺术与文化的关注，使自身成为艺术、服饰与文化人类学建构的生成物。

三　时尚、文化与民族文化

应当注意到，时尚不仅与艺术、设计发生密切的关系，它本身也成为一种艺术与设计的样式。除此之外，时尚还与文化包括民族文化有着不可分割的关联。这是因为，流行服饰与着装等时尚衣生活，总是与特定的民族或族群分不开的。受法国大革命影响，"人们开始有意识地保护传统的地方服装，以保留真正意义上的民族特色"①。在这个全球化的时代，民族的时尚与文化具有越来越重要的意义。因此，对民族艺术与文化的研究与探讨，之于时尚创意与设计无疑是极其重要的。甚至可以说，一切与特定民族或族群相关的元素与文化，都是服饰设计与时尚文化不可或缺的重要构成。

从一开始，服饰就是与人类的早期生存和生活相关联的。随着人类文明时代的到来，着装逐渐有了艺术的表现与审美的需要，时尚艺术与文化就成为民族生活不可或缺的构成。而且，服饰与时尚也被赋予了超出实用的诸多意味，从而进入了多元文化必不可少的构成。在这里，着装不仅是人们基本的生存需要与诉求，同时也是人之成为人极其重要的标志。艺术与文化开始于人类起源的时期，那时的艺术与文化还处于原始的状态，但这种原始艺术与文化却是设计历史性特质形成的语境。艺术又总是与特定民族的生存、生活方式相关的，也是与民族精神图式相关的文化所不可分割的。

其实，每个民族都有其独具的艺术与文化样式，并以此与其他民族

---

① ［法］多米尼克·古维烈：《在时尚中融化》，漓江出版社 2013 年版，第 25 页。

艺术与文化区分开来。在此，民族文化就是各民族在自己的生存与生活之中，创造与建构出来且具有本民族特质的文化样式。甚至还可以说，"在每件艺术作品中，精神契机存在于发生与形成的过程之中；它从来不是一种静止的存在"①。其实，民族文化既指饮食、衣着与居住方式，同时也包括宗教、风俗与传统等，可以说这些构成都是与人的存在、创造之物相关的。当然，作为一种精神与文化的内在特质，民族性之于民族文化具有某种规定性，这种民族性嵌入在视觉艺术与服饰文化的深处。

与此同时，不同民族也可以经由民族间性而彼此关联与通达。而且，这种民族间性既是民族之间的区分之处，更是不同民族的艺术与文化的交织与互文。在这里，民族文化是民族生活与历史状态及其境况的精神生成物。还可以说，语言与符号是民族文化的重要组成，同时也是民族文化的表现形式，它们往往作为能指指向与之相关的民族精神特质（所指）。一切民族的艺术设计与文化，都是通过特定的能指符码表达出来的。作为一种艺术与文化样式，时尚的感觉与人们对时尚生活的诉求，也是与人类的起源、生活相伴而来的。

应当看到，时尚是在一种广义的层面与维度上使用的，虽然它也可指一切具有当下风尚的艺术表现与审美经验，但主要指时装与服饰所表现出来的时髦与流行特征。不同的族群之所以具有独特的艺术风格，其实也是与其地域及其文化分不开的。其实，"人类在各自的土地上，根据当地的风土和资源，根据生活所需，自然产生的衣服，应该称作'民俗衣装'。当然，很多衣服继承了各地的民族传统"②。也就是说，人类对服饰与时尚生活方式的诉求，也同样源于早期各民族的生存与生活世界，并同时成为一种民族文化的独特样式。当然，民族宗教与习俗对艺术与精神文化的内在特质产生了极大的影响。

在早期的传统社会与文化语境里，宗教的影响涉及人们社会生活的诸多方面。在民族的生活方式之中，宗教与民族文化也不乏互动与彼此对话，并在民族文化里得到表达与回应。而且，民族文化还与意识形态

---

① ［德］阿多诺：《美学理论》，四川人民出版社 1998 年版，第 164 页。

② ［日］田中千代：《世界民俗衣装：探寻人类着装方法的智慧》，中国纺织出版社 2001 年版，第 33 页。

发生着密切的关系，因为，它是与经济社会、社会生活分不开的。在传统社会里，民族文化又是一定族群或阶层生活的历史性沉淀。在民族文化的语境里，时尚也往往表征为民族的时尚艺术，它将民族的传统元素与艺术加以重构。实际上，这种民族的服饰与时尚艺术，总是发生在民族的生活方式与文化之中。

这里所说的民族生活方式，既指传统的宗教、仪式与民俗活动，也涉及民族的日常生活及其旨趣。因此，民族的服饰和时尚艺术样式，从各个不同的社会与文化层面关切于民族的存在，并将民族的这种存在状况在着装里表述出来。而且，时尚艺术与民族文化的关系问题，不仅是传统社会与文化生活所关注的重要问题，更是现代社会尤其是全球化时代应当探究的课题，这些都在当代世界性时尚创意与表现力方面得到了凸显与强调。通过对民族文化及其构成的研究，无疑有助于人们对时尚艺术与文化的理解与认同，以及将时尚设计的文化意义建构与阐释纳入历史性的语境里。

在这里，无论是对民族艺术与时尚传统的挖掘与整理，还是对民族生存方式及其意义的揭示，其实都是对传统艺术、日常生活与民族文化加以重构的基础。在这种重构的前提下，传统的民族时尚文化才能生成与构建出新的意义。对于古埃及的人来说，"在庙宇里不能穿用羊毛和皮革做的服装，因为人们认为，穿着用动物皮毛做的衣服来拜神是渎神的行为"①。一切民族文化研究都将成为时尚创意与设计的重要来源，尽管许多民族元素与文化都经由视觉化转换与重构而表现在时尚文本里。在全球化时代，现代性对一致性的诉求不仅得到了强化，还可能被推向一种极致的程度与状态，从而使民族文化的传承、延续与历史性建构陷入困局。

尤其是，与这种民族文化相关的民族精神面临着极大的挑战与困境，这不得不促使人们对民族艺术与文化产生担忧与忧虑，并力图作出深入的反思与提出有效的对策和回应。为此我们不仅要意识到，民族与传统的服饰与时尚文化，无疑是不可或缺的艺术与文化资源，更亟待去揭示民族时尚文化所蕴藏的重要意义，以及如何在时尚创意与设计之中，发

---

① ［英］普兰温·科斯格拉芙：《时装生活史》，东方出版中心 2006 年版，第 19 页。

掘与重构这些元素与传统文化所具有的旨趣。因为只有这样，才能更好地发掘民族精神及其图式的意义，进而保存、整理与传承民族文化的历史传统。当然，还必须注重与加强对民族时尚与文化的研究，从而揭示民族时尚、艺术与民族文化的深刻关联。

当然，这里有待于探究的问题还有：时尚是一种什么性质的文化？与一般的艺术、文化相比，时尚又有何本性与根本性特质？以及时尚艺术与文化又是如何接受民族性存在的规定的？应当注意到，这些问题的探究都关涉艺术现象学与文化人类学语境，以及中西美学、思想与文化间的比较与对话。时尚艺术与文化所具有的当下与流变的生成性，正是民族时尚文化不同于其他文化的特点之所在。考虑到这种民族性特征与差异，就必须探讨民族的时尚风格与传统，究竟是如何传承进而沉淀在民族的历史与文化之中的。

但一旦沉淀为一种文化与传统，时尚艺术与设计也就具有某种历史感，这种历史性特质无不渗透在时尚创意与表现之中。还应注意到，各个民族不同的禁忌、信仰与文化，在民族时尚创意里应加以考虑与回应。还要探究的是，这种民族时尚的传统是如何形成自身的风格的。在时尚的历史性传播过程中，有的元素被继承、接受与借鉴了，有的东西则难免被淘汰甚至消失了。除此之外，还有许多元素在不同民族的传统间发生着历史性融合。当然，各个不同民族的时尚文化与传统，得以生成与保存下来的方式也有所差异。

在民族文化的研究中，不得不涉及各种艺术样式与生活方式的问题，民族时尚就是这一相关领域的研究课题。同时，理解民族的精神图式与文化的自觉意识，以及相关的社会性特质与大众文化语境，有助于人们形成对民族文化的理解与文化自信，并以之作为发现与重构生活意义的文化基础。对民族文化的深入分析、理解与阐发，还有赖于对各种民族艺术样式的探究，而且还要从民族艺术的表现形式与精神关联，以及民族艺术及其审美经验及其特质出发，进而形成关于民族文化的理解与审美判断。

通过民族艺术与时尚的审美与文化教育，可以充分揭示与阐发民族文化的内在精神。应当说，只有基于民族的历史性存在与生活方式，才能更好地对民族的精神与文化加以阐释与传播。实际上，一切民族都既有自身不可替代的艺术与文化，同时也不乏时尚艺术的风格与文化传统，对这些民族元素与传统文化的揭示与阐释，正是重构基于民族性特质的当代时尚所不可或缺的。比如说，各个民族的音乐、绘画、书法、舞蹈等艺术作品，以及由此所生成的审美经验与文化特质等，其实都可以汇聚成人们自身的艺术与人文素养。

而且，民族性就是与民族的心理、习惯和传统相关的特质，进而成为民族艺术、时尚与文化创意的人类学基础。传统服装的色彩元素及其意义，无疑就受到过古代阴阳五行说的影响。而且，"五色与五行的关系是一个在历史过程中逐步关联、对应的关系"①。对民族服饰与文化的理解与阐释，也离不开传统的美学与哲学思想及其文化语境。作为一种基于民族性的文化样式，民族文化常常经由各种艺术与时尚表现方式，去揭示与彰显民族自身的审美意识与精神诉求。因此，艺术与时尚无不是对民族精神图式的揭示与阐发。在民族文化的构成与关联的研究中，对生活、艺术与人生的理解与阐释也是不可忽视的问题。

更为重要的是，在以理解与认同为基础的民族文化多样性里，不同的民族文化之间的对话与交流，无疑成为艺术与时尚所不可回避的文化课题。与此同时，在不同民族艺术与时尚之间，互文性与跨文化也是不可避免的传播问题。但这还涉及对不同民族文化的理解与解读，以及如何对民族元素在现代加以重构的问题。这里以艺术与审美为基础的民族文化，可以为人们的时尚创意与鉴赏提供文化语境，这也离不开民族的艺术史、审美史与心灵史，以及与之相关的日常生活史和传统文化及其在当代的重构。

在人类或民族的艺术与文化史上，人们在生存过程中与生活世界里，创造与揭示了各种各样的艺术与时尚样式。而且，族群的生存与生活使得所创造的艺术与时尚，往往还带上了民族的与人类学的根本性特质。正因为如此，民族服饰设计与审美经验的当代建构才成为艺术、时尚与审美人类学研究的课题。随着人类生活方式的变化，人们的衣着与服饰也发生着相应的改变，甚至可以说，时装就是这种变化的审美化与风格化的即时性表征。时尚的这种审美化与风格化，既是当下的、历史性的，

---

① 肖世孟：《先秦色彩研究》，人民出版社 2013 年版，第 191 页。

同时也是地方性或在地性的，虽然说，这种地方性特质可能以一种变形的方式，出现在当代时尚艺术与服饰文化之中。

应注意到，无论时尚怎么变迁与日新月异，都不可能脱离与摆脱民族文化的语境，否则时尚就会成为没有文化底蕴的东西，或者缺乏生命感与精神贯注的僵硬外表。即使那些颇具象征性的符码，也是以民族的人类学存在为存在论基础的。而且，民族服饰艺术还不乏观赏性的特点，从而彰显出民族衣生活方式的特有情调与文化意蕴。在时尚变化的历史过程中，民族与传统的东西从来都没有真正消失过，它们总是不断地得以重构并表现在各种时装设计与时尚文化里。

实际上，民族元素总是以各种变了形的建构方式，出现在不断更新的时尚艺术表现之中，并被所在的社会与时代赋予了新的意义与旨趣。关于民族的概念与确认的问题，主要观点有过去的神话与归属的信仰，"……以及有关'文化'可界定群体，又可被群体的语言、服饰和习惯所构建的见解"①。因此，对时尚创意与设计来说，不仅要关注艺术与生活的未来趋势，还要发掘与重构先前文化传统里的潜在元素。如果没有历史与传统作为文化语境，一切民族的艺术与时尚设计都会显得没有精神特质的介入。而且，那些看似没有什么实质性差别的东西，其实细品起来确有不少的相异之处，这种差别正是不同民族文化间的区分之所在。

当然，不少元素彼此融合并共在于不同民族文化之中，但这并不意味着，这些独具特质的民族元素一定会失去其独特性。对于民族时尚与文化而言，许多差异是由不同民族的艺术与文化特质所规定的，它们是一个民族成为自身的艺术符码与文化标志。而且，民族时尚与文化自身处于变化之中，为此，揭示时尚与文化的过去、现在和未来及其关联是非常必要的。还可以说，时尚的创意与设计往往就发生过去与未来在现在的交织。只有这样，才能理解与把握艺术与时尚的生成性特质，以及这些变化所蕴藏的社会与文化意义。

但要看到，任何艺术与时尚的设计、表现都不是空洞的概念，这些概念应当在不断创意与设计之中加以激活，在此基础上，从历史性的社会与文化语境出发，去关注当下设计的话语生成与风格建构。与此同时，

---

① ［英］斯蒂夫·芬顿：《族性》，中央民族大学出版社 2009 年版，第 15 页。

不断地激活沉淀在民族文化里的艺术元素，其实也是时尚创意与设计的灵感与思想来源。毫无疑问，民族与民俗的服饰、时尚不仅是民族历史性的生成之物，也是当代时尚设计不可或缺的创意与文化来源。当然，每个民族都有其独特的民族性特质与传统文化，这种文化不仅是其区别于其他民族文化的重要标志，同时还是这个民族内在精神得以生成与建构的根本性基础。

显然，一个没有独特精神与文化特质的民族，是根本不可能建构出民族文化自信心的，也难以在全球化时代找到自己民族的位置，以及获得世界性的精神、艺术与文化认同。一切当代的时尚设计与服饰文化，都难免与民族元素发生着密切的生成性关联。在人类历史与文化的生成中，民族性既是民族艺术与时尚的根本性特质，也是时尚艺术与文化不可或缺的人类学基础。而且，那些独具精神特质与个性化的民族文化，往往会通过各种艺术样式表现在民族的生活方式里，并成为民族生活世界意义与旨趣发现的文化语境。

因此，民族的艺术与时尚不可能脱离民族的日常生活，它们无疑也是对民族的生存与生活在精神与文化层面上的一种回应。应引起重视的是，"将'艺术'视为独立于世俗生活的观点，尤其没有认识到这样一种可能性，即一件作品展现给人们的方式能够深深地影响人们理解和回应它的方式"①。还要看到，各种不同艺术的表现与审美经验，向民族日常生活的介入与渗透方式也有所不同。与一般艺术相比，民族服饰艺术更加关联民族的日常生活世界，以及衣生活方式的审美及其身体性关联等问题。

实际上，所有艺术表现都从特定视角揭示了其民族特性，并由此区别于其他民族内在的精神与文化特质。民族时尚艺术无疑是民族文化的一种表现方式，但这种表现并不仅仅是视觉的、外观的与表象的，它还赋予了形象表现以内在的艺术与文化特质，进而建构与展现了民族的个性与内在精神特质。除了注重身体的审美表现外，许多民族服装往往还关注对实用性与场所性诉求的顺应，比如说，方便着装、便于劳作与出行等，以及如何去适应特定的生存环境与生活空间。

---

① ［英］戴维·英格利斯：《文化与日常生活》，中央编译出版社 2010 年版，第 115 页。

通过节日盛装、打扮与礼仪，民族着装强调了民族艺术独特旨趣的表现，以及对日常生活审美化的精神与文化需要。基于日常生活的服饰与时尚着装，还可以经由艺术表现来不断与日常生活相区分，以表现与传达出艺术之于日常生活的独特意义。还可以说，不同少数民族的服饰与时尚设计，彰显出了不同民族生活的装饰性特质与美化习俗，以及与此相关的特有艺术经验与审美情趣。然而，民族服饰艺术并非只是先前的甚至尘封的遗迹，而应在社会性与历史性语境里加以当代重构，并由此表现与生成为新的时尚创意与设计风格，从而不断建构时尚艺术与文化得以生成的民族性基础。

第二节　时尚设计的创意与元素

作为一种设计艺术样式，时尚以独特与新颖的时尚感的建构作为根本性诉求。在这里，时尚设计主要是指以时装为主的服饰设计，当然，一切服饰可以说都是时尚所关联的领域，而难以在时尚与非时尚间作出某种严格的区分。在时尚设计之中，无疑涉及诸多的因素与相关环节，但创意却是时尚设计得以生成与实现的观念性基础，因为，创意不仅关涉观念与想法的产生与艺术表达，同时也离不开各种元素的关联、介入与渗透。但这里的元素并不只是时尚设计的组成部分，也不仅是供时尚设计所凭借的所谓外在材料，它更是创意与时尚的生成所赖以建基的前提。而且，创意与元素的生成性关联，既相关于人们的独特思维与灵感，还与人们所生存的社会、历史与文化语境分不开。

一　创意的规定、含义与实质

对于设计来说，创意主要是指一种新观点的产生、提出与表达，同时还关联到如何为视觉表现与制作提供切实的可能性等问题。在一切创造与设计活动之中，创意显然都是至关重要的前提与观念基础，同时它也往往显得非常神秘与难以捉摸。正因为如此，创意越来越引起艺术设计与文化创意产业的关注，不少时尚设计师也更加注重对独特创意的表现。在这里，创意既涉及观念与思想所表述的基本内容，也与致思过程和思维品质密切相关，还关系到怎样对整个设计加以启示与引导的问题。

应当说，设计既是艺术表现的与审美的过程，同时也是以功能与实用的考虑为前提的，当然还涉及产品的社会与文化意义的揭示与阐释。当然，创意最终还有待于设计与制作去完成。对于创意思维来说，"它要求建立与众不同的思维方式和习惯，而实现这一点需要个人以及整个社会的共同努力"①。创意起源于人类的思维、创造力及其特质，它往往来源于个人独特的感悟与创造性灵感，同时又对全部设计与表现的过程与环节，无疑都起着统摄与规定的重要作用，因此具有不可或缺的观念意义与价值。在设计与思想界，对创意的认识与理解从来都没有一致的看法，所作的定义、规定与阐释也各不相同。

实际上，从来就没有什么关于创意的完全相同的、固定不变的定义。在时尚设计与文化的建构上，独特观念的提出与视觉表达都是不可缺少的。由于涉及观念与想法问题，时尚创意难免受到人们认知与思考方式的影响，还会不可避免地被纳入各种学科里加以探究。因为，一个人的创意能力不仅取决于自己的思维品质，还与其所受的教育、所生活的社会相关联。在这里，创意之于设计与人类造物活动是非常重要的，更是当代时尚设计与创制不可忽视的问题。

因此，营造一种颇为宽松与松散的自由氛围，显然也是创意得以发生的社会与人文语境。人类的创意活动可追溯到造物的早期，它由此具有不可避免的历史性特质。在人类生存过程中，这种关于造物的原初想法与设想，其实就是人类早期的创意活动。在此可以说，创意往往被看成创造作品的一种能力，也即在观念与概念里设计产品的思想力，这种能力正是整个设计活动的开端与源头。虽然说，创意并不能代替所有的设计过程，但作为开端的创意却决定着设计的生成，同时还影响着对作品的赋意，以及设计的社会与文化阐释。创意首先应该甚至必须是原创性的，这是使一个设计具有新意与特别旨趣，并区别于其他设计的观念基础。

还应当说，一切时尚设计都是以观念的创新为基础的，即使那些复古的风格与异国情调也是如此，但这也涉及对何谓时尚的理解与重构的问题。设计的创意既关联于非理性的灵感，同时还要充分考虑功能性与

---

① ［美］理查德·佛罗里达：《创意阶层的崛起》，中信出版社2010年版，第23页。

实际效用的问题，因为它必须符合对产品用途及其可靠性的诉求，这显然也是与对产品的认知和社会影响相关联的。当然，创意发生的方式无疑是多种多样的，比如说，通过对所拟设计的产品的独特思考与构想，从而提出一些原创性的观点与谋划等，以及对与之相关的可行性方案的制定。

对于创意来说，原创性可以说是根本性意义与价值之所在，它的发生基于对所涉问题的深入探究与独特思考，同时也关联到如何将新想法加以视觉化表现，以及为制作而作出可靠与稳定的奠基等问题。也可以这样说，"一个历史时期的精神或思想倾向或多或少地都会渗透到那个时期所创作的艺术品和图像中去"①。在词源学上，创意源于英文形容词"creative"的翻译，原意为有创造力的、创造性的、产生的、引起的等，其名词"creativity"可以翻译为"创造力"或"创意"。创造力首先还是源于观念本身及其激活，以及对观念的思考进而提出的新思想。

毋庸置疑，创意是人类的一种重要的创造性思维活动，它往往发生在人们的观念与思想层面，当然创意也可能受到外界与生活的启示，它是人类创新的意识与思想得以生成的必由路径。人们往往将创意理解为"点子""主意""想法"等，但真正的设计创意及其实现又是一个极其复杂的概念生成过程，它还与过去的、其他的设计观、表现手法相区分。但时尚设计与特定的、当下的时代精神和文化分不开，这其实也涉及那些生活史上传承下来的经典样式与风格。虽然说，并非所有的创意与观念都是可以与应该实现的，但尽最大努力去实现卓越的创意与构思，却是一切好的、独到的设计的根本诉求与旨归。

在创意的构想与发生过程中，应当大胆地冲破一切既有的束缚与樊篱，提出颇有新意的甚至前卫的设想与构思。实际上，这种超前的、先锋的设计观念与想法，无疑是所有时尚表现至关重要的东西。还要意识到，创意品质好坏的区分并不是绝对的与一成不变的，它相关于设计产品的功用、诉求与审美体验，而社会、历史与文化语境也是理解设计所不可缺少的。尽管说，创意并不能只看成与把握为所谓的无中生有，但

----

① ［英］马尔科姆·巴纳德：《艺术、设计与视觉文化》，江苏美术出版社 2006 年版，第 29 页。

它常常来源于设计师心灵的虚静与专注的思考，以及对许多现实关涉与世俗功利的悬置与超越，同时还相关于人们对日常生活与现实社会的理解。

在已有经验材料与前期准备的基础上，企图打破既有的构思模式并加以创造性重构，显然也是产生奇妙灵感与新颖想法的重要方式。考虑到创意往往具有偶发性、突然性等特点，在设计过程中应注重对灵感闪现的捕捉。除此之外，创意还离不开对流行趋势及其影响的独到观察与把握。当然，所有创意都会面临难以克服的认知与思维局限，而这些局限有待于以思维上的突破来加以化解。还可以说，创意是将富于创造性特质的思想、理念，以视觉化等方式予以转换、表现与延伸，进而拓展到设计后续的各个相关过程，最后使整个设计与造物活动得以实现与完成。

与此同时，创意往往还具有某种解构性特质，进而将某种不可能性变为可能性，以及把虚拟的想法变成现实的产品。在艺术表现与日常生活的审美化过程中，创意为人们带来了不太常见的新奇感觉与经验。比如说，"朋克运动通过其时装和音乐更加形象、生动、独特地显示了其反墨守成规、反专制主义和反破坏性的立场"①。而且，新的创意可以使人们的生存与生活更有乐趣，因为新颖的想法与设计生成了许多新的意义，另外，创意甚至还能够改变人们对设计的看法与态度。其实，艺术与审美不仅区分于日常生活的琐碎与平常性，同时也是日常生活意义的重建所不可或缺的。

经由创意把艺术与生活关联在一起，这样就可以弥合它们之间的分裂与促成其相互间转化的实现。在设计中，创意不仅是一种新的观念与想法的发生与建构，它也是对艺术与生活方式关联性的揭示与表现。当人们在设计活动里，尤其是寻求新的想法与表现的时候，对传统做法与习惯的颠覆、解构，也就成为造物不可避免的事情，但这往往又离不开对传统元素与文化的当代重构。应当能够说，一切创意设计的构思与实现，都离不开从观念、筹划到制作的过程。在本性上，创意是一种观念

---

① ［英］琼·马什：《时尚设计史：从"新风貌"到当代》，山东画报出版社2014年版，第134页。

上的改变，即一种新想法的提出与生成。

作为对新异观念与思想的表达，创意是以对思维定式的破解为前提的。还要注意到，培养创造性思维比具体的灵感更为根本，这既需要观念上的反思与不断拓展，也必须使创意符合基本的设计范式与表现法则。"所以，掌握创意艺术，最难的不是去寻找一个特别的灵感，而是学会如何去训练自己的思维，掌握创意的方法，并领悟创意背后的原则。"① 当然，创意不可能没有文化作为底蕴与语境，还涉及对人类衣生活的历史性回应与意义揭示。一种新的创意的产生与生成，既离不开个人的冥思苦想与灵感激发，同时也不能没有观点的交锋与思想的碰撞。

比如说，头脑风暴法就是激励创意行之有效的方法，它通过不同观念的对话来实现创新。当然，这也是以设计师的求异思维与艺术经验为基础的，旨在摆脱各种思维模式及其对设计的限制。在这里，创意、想法与观念的提出，以及相关领域的思想研究都是必不可少的。"观念"（idea）一词源自希腊文，其自身就具有某种视觉性特质。还可以说，观念一开始就与人们的视觉密切相关。作为古希腊思想的根本规定性，理论理性给予了视觉与视觉艺术以优先的地位。作为一种流行的创意与风格特征，时尚及其设计还可以延伸到其他产品设计中去。

自17世纪以来，观念被广泛地借鉴与运用于人类精神的研究之中。从这个角度来看，观念又是一个极其重要的哲学与设计学概念。还可以说，观念及其在意识与思想里的建构，无疑是创意可视化实现的重要前提。不同于物质或实体的东西，观念往往属于精神与思想层面上的生成物。从古希腊开始，创意就与观念或理念密切关联并处于相互生成之中。因此，观念史也成为人类创意研究不可或缺的思想语境。与此同时，对各个业已形成的学科的借鉴与思想重构，也成为创意生成所必须回应与探究的问题。

而且，观念与现实、艺术之间的复杂关系，也是创意及其本性研究所必须关注的问题。柏拉图认为，世界是由理念世界和现象世界所组成的。在柏拉图那里，"我们已经看清，理念、观念或概念涵括或集合许多

---

① ［美］詹姆斯·韦伯·扬：《创意的生成》，中国人民大学出版社2014年版，第28页。

个别事物所共有的基本的特征，事物的必然的模式就是它们的本质"①。根据柏拉图，理念的世界是真实的与永恒不变的，而人类感官所接触到的这个现实世界，只不过是理念世界本身的模仿与影子，它是由现象构成的且因时空等因素而发生变动。由此出发，柏拉图提出了理念论的观点与思想，并将其作为艺术理论、美学与哲学的学理基础。自古希腊至近代，模仿说在西方文艺界一直占据着支配性地位。

柏拉图认为，艺术世界是对现实世界的模仿，而现实世界又是对理念世界的模仿，因而艺术是模仿的模仿、影子的影子，它只能模仿外形，而无法模仿实质。但柏拉图所说的理念，显然是不依赖于人的主观意识而独立存在的。所有的理念构成了一个客观独立存在的世界，而由感官所接触到的具体事物所构成的世界则是虚幻的世界。不同于柏拉图的模仿说，亚里士多德的模仿说认为，现实或感性的世界是第一性的真正实体。在亚里士多德那里，艺术所模仿的不仅仅是感性世界的外形，而更应该根据事物的本质将自然理想化。

不同于艺术与审美的模仿，创意不得不涉及实物化的过程。如果说，艺术是从表现、现实（自然等）到理念的模仿过程；那么，设计则是从观念、艺术到现实（器物等）的过程。但艺术与设计过程并不是彼此分离的，而只是看待模仿行为的两个不同视角，它们还密切关联与相互交织在一起。虽然亚里士多德并没有强调理念的存在，但他又将事物分为形式与质料及其关联。从亚里士多德可以看到，二元分立仍然对设计与造物具有规定性。亚里士多德所说的形式，虽然与质料相对应，但它依然与理念密切相关。

因此，这里的形式也是创意研究的重要问题，这是因为，一切艺术与设计都离不开观念的视觉化。如何将观念与创意经由视觉化传达出来，显然构成了设计得以可能的重要过程与环节。在古罗马、中世纪，无论是作为新柏拉图主义者的普罗提诺，还是基督教神学家奥古斯丁，他们都认为理念是现象世界的完善的模型，但这种理念只是存在于宇宙精神或上帝的精神中。在中世纪，时尚设计的创意常常与精神上的神圣或上帝相关，艺术与设计活动不得不受制于上帝的规定。

---

① ［美］梯利：《西方哲学史》，商务印书馆1995年版，第65页。

在中世纪时期，设计之美也难免成为对上帝之美的分享，艺术与美的自律性尚未得到确立与认同。应当看到的是，"世界的美是理念美的一个意象与映象的理论来源于柏拉图主义"①。在西方近代思想里，理性主义往往在理性与概念的意义上使用观念。譬如说，笛卡儿把观念分为天赋的、外来的和虚构的。再就是，莱布尼茨主张，观念是作为倾向、禀赋、习性或自然的潜在能力而存在，而天赋只是存在于我们心中。在经验主义那里，洛克反对天赋观念，认为心灵原是一张白纸，心灵的观念来自感觉和反省。

贝克莱认为，心中的观念是构成现实事物的本原，而事物无疑就是"观念的集合"。在贝克莱那里，所有的观念都存在于精神之中，存在在本质上就是被感知。毫无疑问，精神的视觉化及其与物质性的关联显然被忽视了。近代以来，原本用于器具描述的质料与形式及其关系，被广泛地移用于艺术与审美的揭示之中，但这又难免陷入认识论及其二元分离的困境里。到了康德那里，近代的理性主义与经验主义的思想冲突，成为美学与哲学研究不得不回应的问题。在黑格尔那里，绝对观念是客观存在的与永恒的精神实体，因此也是整个世界的根本性基础和本质。

对于黑格尔来说，艺术与美在本质上是理念的感性显现，但感性与理念在这里的密切关联，仍然难以彻底摆脱认识论及其二元分立的困境，尽管黑格尔力图克服这种彼此的设立与分立。还可以说，作为创意的观念、想法与思想，只有当其得到感性的表现时，艺术与美也才能够得以通达。对于创意与设计来说，艺术无疑具有重要的启发意义与借鉴价值。但在文化创意设计及其理论阐释中，人们往往忽略了艺术创意本身的独立性，并使之隐匿于一般的制作与制造活动里。

尤其是，创意活动的观念与精神图式的创新诉求，往往没有被许多设计充分认识与注意到，但各种观念又难免受到理性哲学与形而上学的规限。虽然说，近年来人们开始关注民族元素的借鉴，但不少设计对民族艺术与文化的阐发，又常常流于简单的概念化与图式化甚至脸谱化，缺乏对民族时尚创意之源的深入揭示，以及在当代必不可少的创造性重构。作为创造性与审美性的一种关切方式，创意已经成为独立的与关键

---

① Umberto Eco, *Art and Beauty in the Middle Ages*, Yale University Press, 1986, p. 17.

性的设计环节，因此，不仅应将大量的艺术与思想融入创意活动之中，而且还要彰显出创意设计所特有的与不可替代的文化品格。

正因为如此，不同的学科、思想与文化之间的对话，对于创意设计来说显然是必不可少的。如果只是把创意等同于一般的制作活动，使其艺术特质消隐于一般造物与生产之中，这显然不利于创意内在含义的揭示与视觉化表现。在当代社会文化创意产业中，基于理论、设计与文化的创意表现与研究，无疑是一种具有特定意义的社会与文化活动，它发生在与造物相关的一切过程与环节之中。自现代以来，在艺术设计与工业生产之中，设计创意活动具有日益重要的意义与作用，设计师也逐渐有了更为强烈的自我意识与文化自觉。

实际上，艺术创意以其多元的表现手法与审美风格，正在文化创意产业中发挥不可或缺的作用。在包括时尚在内的文化产业中，创意所具有的意义贯穿在全部设计活动之中。对此，"管理者认为畅销品及新类型、新明星、新系列品牌的创作，都离不开创意"[1]。创意不仅涉及观念创新及其视觉化表现，其实它早已渗透与嵌入设计管理过程之中。在时尚设计过程中，民族元素与文化之于创意的意义从来都毋庸置疑。作为艺术设计与创意产业的特有范畴，创意的内涵是广泛的与多层面的，其理论与实践意义也是丰富与显著的。

在这里，艺术的创意与设计及其文化关联，使设计思想得到视觉化表现与文化传播，同时还有助于生活用品当代意义的建构。比如说，三宅一生的当代时装设计就浸润着日本与东方的精神与文化。还要注意到，艺术创意相关于多重的理论建构与文化语境。也可以说，创意以艺术学、设计学与人类学为基础，它既有着厚重的理论色彩如概念的建构，并由此关涉许多学科的观点与思想研究，同时又显现出器具与物性本身的显著的关联。而且，创意还对整个的设计与制造活动具有某种引领性，并在观念与思想层面上规定与影响着造物活动及其发生。

因此，创意成为当代时尚与文化产业极其重要的构成，它对于艺术与设计来说甚至是决定性的。在这里，艺术创意虽然涉及诸多的过程与环节，但它在实质上是艺术观念与思想的创造性建构。可以说，创意文

---

① ［英］大卫·赫斯蒙德夫：《文化产业》，中国人民大学出版社2007年版，第25页。

化产业涉及的范围与领域非常广泛，包括广告、建筑、美术、古董、工艺品、电影、音乐、表演、出版、软件，以及传媒等诸多部门。当然，服饰与时尚又是其中最活跃与最前卫的设计创意行业，尤其是，能否产生与预测的趋势相呼应的新奇时尚感，这与观念、创意无疑是密切相关的。

在这里，所有的艺术、设计与文化产业，都迫切渴求与亟待某种创造性表达的实现。但现今充斥街头巷尾的服饰与时装，不仅显得如此相似、似曾相识，简直就是出自同一个模板。这种同质化不仅会导致创造力的式微甚至严重退化，还有损于设计与文化产业的良性与有序发展。正因为如此，创意与创造力在时尚与文化创意中应得到充分的强调。实际上，在一些传统的行业或领域之中，创造性并没有被看成一种不可或缺的核心竞争力。在民族元素及其时尚创意与表现里，除了对传统服饰文化的揭示与重构之外，对人们时尚趣味与文化品位的了解与回应显然是必不可少的。

在当下全球化这个消费的时代，随着世界各国经济社会的趋同与一体化，人们对生活的个性化与独特性诉求越来越强烈。因此，如何应对人们差异化的需求与审美趣味，就成为创意与设计文化不可忽视的问题。应当看到，消费的时尚化使得创意作为一种文化产业的构成，从根本上对固化与稳定的传统模式提出了严峻挑战。而且，"一旦此问题被提出，就开始了设想、建构、寻找答案的旅途，进入了设计的过程"①。实际上，一切设计与制作过程无不是在对创意的回应中来实现自身旨归的。与此同时，社会、文化与生活需求的快速变化，为服饰与时尚的创意或创造性提供了契机与可能性。

二　创意之于时尚设计的意义

作为创意产业与文化极其重要的领域，时尚的独特创意与特质越来越受到重视。在服饰与时尚设计之中，创意无疑具有根本性的规定与观念启示的意义。在日常生活与大众消费的社会里，时尚创意成为人们追逐潮流的一种重要诉求。应当说，时尚与文化产业最核心的东西就是创

---

① 　[美] 沃伦·贝格尔：《像设计师一样思考》，中信出版社 2011 年版，第 9 页。

意能力。而时尚艺术与文化的变化、流行与当下重构，对创意提出新的与颇具挑战性的诉求。人的创意与创造性的充分挖掘与发挥，甚至成为推动时尚行业发展的根本驱动力。在这里，能否对流行色与时尚趋势加以判断与预测，无疑是时装设计师与一般设计师的重要区别之所在。

作为产生新观念的一种能力，创意必须是独特的、原创的与有意义的，而且，这里的意义在很大程度上规定了创造性的旨归。对民族的时尚文化与创意产业来说，独特的观念及其审美表现就显得格外重要。这是因为，"证实一种审美判断力并不意味着证明了这一审美标准在所有的文化中都采取相同的形式"①。其实，时尚艺术与文化创意产业的核心竞争力，就是人自身创造性的发掘与不断实现，以激活与回应人们在衣生活等生活方式里，对新颖性与陌生感及其特质重建的根本性诉求。应当看到，由原创所激发的差异和个性是文化创意产业的基础。

随着欧美发达国家工业化的完成，产业开始向服务业与文化领域转型，时尚设计的创意、表现与文化就显得格外重要。20世纪60年代以来，欧美国家出现了大规模的社会与文化运动，各种亚文化、艺术流派与流行风尚风起云涌，这无疑对传统的社会体系与既有的工业结构带来了极大的冲击。当然，这同时也给时尚与文化产业的发展提供了难得的机遇，各种具有后现代解构特质与风格的创意，被移植到时尚表现与设计过程中。在当代，差异被认同与看成以克服现代性及其对一致性的诉求，随之而来的是，人们对艺术、文化与生活方式的多元化也更加包容，从而为时尚设计与创意产业提供了宽松的文化语境。

在多元的艺术与文化共在的环境里，设计师们的灵感与创意面临着沟通与对话。随着各民族文化自觉意识及其当代觉醒，时尚创意与创新无不对差异化有着强烈的诉求。在这样的社会与文化语境里，创意设计与时尚产业在西方发达国家得以萌生和不断发展，并呈现出对基于观念多元化的差异性设计的诉求。就世界范围来说，当代时尚与文化产业发展快捷与迅猛，文化产业在产业结构中所占的比重越来越大。在时尚创意与文化的发展过程中，创意能力面临着日益严峻的世界性挑战，这显然是整个时尚产业难以回避的重要问题。

----

① ［英］罗伯特·莱顿：《艺术人类学》，广西师范大学出版社2009年版，第20页。

在这里，创意思维对时尚设计与文化意义至关重要。还要看到，在带来经济与社会效益的同时，文化创意应将对世界各国的民族艺术与审美经验，以及与民族性相关的文化价值加以重构，并把这种国际时尚风格的设计表现，借鉴与置入民族时装的设计与文化研究之中。其实，"时尚总是执着地寻求彻底的创新，总是不厌其烦、百折不挠地追求原创力"①。但如果离开了民族元素与传统文化，时尚创意必定会失去其应有的艺术与文化底蕴。对时装设计与时尚文化来说，创意无疑首先是观念上的创新与新思想的不断生成。

与此同时，各个不同民族的时尚观念通过技术、产业与经济，在全世界范围内实现迅速地跨文化传播，并产生着广泛而深远的国际性艺术与文化影响。近年来，在时尚艺术与文化创意产业方面，亚洲的韩国和日本取得了较为显著的成效，这与其将传统和现代加以创造性的对话是分不开的。特别是，流行与风靡东亚的韩潮时尚风，在不少国家形成了被称为"韩流"的文化热。而且，这种韩潮风格对当今青年文化的建构，产生了不可忽视的心理、社会与文化影响。正如当年朋克艺术与文化对欧洲青少年的影响一样，当代时尚创意应引起设计界与文化界的关注，以及在思想上加以社会、历史与文化回应。

在全球化的语境里，互联网的迅速发展形成了麦克卢汉所说的"地球村"。这里的"地球村"并非自然性的村落，而是现代技术规定的生成之物，并受制于技术及其座架本性。尽管说，技术在现代对艺术与思想的根本性规定，已经形成力图将一致性推向极致的全球化趋同，但不同民族的文化及其特质却是同质化所替代不了的。每个民族、国家都有其独特的文化与历史，当然也不乏特有的服饰风格与时尚传统。因此，如果一个民族不重视自身的文化特质，同时又缺乏对本土文化的创造性重构，就难以建构起关于本民族的社会与文化认同。

当然，各个民族的艺术、创意与文化传统，都是世界性文化多样性不可或缺的构成，正因为如此，不同民族的艺术与文化之间也应是一种包容关系。在这里，源自"fashion"的时尚在字源学上有着多种含义，但一般指风尚、时样、流行与倾向等。自古至今，时尚一直流行于人们

---

① ［挪］拉斯·史文德森：《时尚的哲学》，北京大学出版社 2010 年版，第 25 页。

的日常生活领域。无论时尚的样式与风格如何变化，创意都应从民族与传统文化里寻求与重构旨趣。甚至还可以说，时尚创意与设计影响着每个人以及生活方式的构成。但时尚永远是一种求新的愿望与诉求表达，绝非完全个人化的与无关社会的任意行为。

当时尚出现在街头巷尾，就开始其流行的历程与生活方式的传播。然而，流行一旦走向极致时，它也就离时尚的终结不远了。时尚总是流变性的与历史性的，只有经得住时间考验的时尚才能成为经典时尚。但为了应对人们求新的急切诉求，"我们的思维，正是制造这些新形态、新花样的'生成器'，这部'生成器'储存的素材越多，产生新组合的机会也就越大"①。应当意识到，一种时尚样式能否成为经典的时尚，相关于这种时尚在艺术与文化史上的地位与影响，并将在后来不断被消解与重构的语境里，成为时尚创意与生成的对话性文本。在分布于大街小巷的商场与专卖店里，时尚服装甚至成为公众主流的消费诉求。

一般来说，面对各种时装与流行文化，消费者总是会眼花缭乱，感到无所适从。这主要还是由于人们缺乏对时尚创意，以及创意的独特表现与时尚文化的理解。但对时尚艺术与文化的理解，还与时尚编码与解码间的有效沟通密切相关。与此同时，之所以有如此快速变化与各种各样的时尚，原因或许在于人们求变的社会与文化心理。这映射了时尚创意的迅捷变换及其所隐藏的心理动机，尤其是，快时尚与人们日常生活及其文化的非时间性特质的冲突。面对时尚的快速变化甚至变幻莫测，不少人完全处于盲目跟风的无自我状态，从来不管自己适不适合流行时尚的样式与审美风格。

但一味地追随时尚与模仿别人的着装，并不能建构属于自己的时尚感与审美经验。在时尚创意上，有人甚至还会直接从别人那里拿来想法，并加以并改头换面地表现与制作出来，这样同质化与缺乏创新也就不可避免了。因此，独特的思维与创意设计，对于文化产业来说无疑是至关重要的。"总之，'创意产业'现在广泛应用于设计、文化与媒体。"② 在

---

① ［美］詹姆斯·韦伯·扬：《创意的生成》，中国人民大学出版社 2014 年版，第 49 页。

② ［英］凯瑟琳·麦克德莫特：《设计：核心概念》，清华大学出版社 2014 年版，第 57 页。

一定时间、地域与场所里，时尚创意与设计总是为部分人率先接受，然后再被更多的消费者所仿效。服装一般分为流行时装和定型服装等类别，这种分类主要基于变化的速度与流行的程度。

在这里，定型服装是经过流行的筛选相对固定下来的服装款式，如西装、中山装、夹克、旗袍等，这种类型服装的创意与设计相对较稳定，即使有所变化也是在其历史性沉淀里实现的。再就是，希腊的传统服装并没有被完整地保存下来，现在也只能在祭祀中看到其简化样式。但应注意的是，这些经典风格及其历史性特质虽不可或缺，但它们毕竟还不是当下的时尚创意本身。在创意的问题上，既要面对民族与传统的服饰及其所蕴含的文化，还将遭遇艺术与生活的当下变化所生成的新观念。当然，流行时装与定型服装的传统区分，无疑是相对的、历史性的与语境性的。

一般来说，流行时装的流变周期性往往较为明显，它可分为孕育期、萌芽期、成长期、成熟期与衰退期等。但随着社会发展节奏的加快，时尚流行周期也将变得越来越短。与此不同的是，定型服装的变换则相对缓慢甚至非常稳定，往往具有某种较成熟的样式与艺术风格。其实，许多传统的定型服装的创意与设计，已经成为某种经典的时尚风格与文化样式。相对于定型服装而言，时装设计对创意的诉求既很迫切又亟待新变，进而形成不断更新并得以流行的时尚文化，以及与之相关的审美与服饰文化的重构。

当然，一切时尚创意与设计都不是闭门造车或凭空臆想，它其实与生活方式的变化、流行预测密切相关，当然也离不开对艺术意象的创意表现与独特传达。对人们生活方式的变化加以独特的观察与调研，有助于设计师捕捉到未来的流行趋势。因此，"一个预测者必须对品位和生活方式方面所发生的变化抱有很高的敏感度"①。实际上，人们所说的"时装无常性"及其含义，指的就是它的朝令夕改、喜新厌旧与变化无常，甚至往往还会令人琢磨不定，不知所措。与此同时，对时尚创意与设计的领会、理解与接受，则相关于设计者与穿着者的艺术修养与文化品位。

在这里，服装一般是以款式、材料、色彩三要素，以及这些要素所

---

① ［美］杰·卡尔德林：《形式·适合·时尚》，山东画报出版社2011年版，第45页。

构成的三维立体结构，来关联与切合人身体自身的存在与外形特征。在三度空间以外，时装往往再设法通过独特创意，体现与表征服装所关涉的时间性特质。对时尚的设计来说，创意既要考虑到颇具共时性的日常生活，还应对日常衣生活与文化的历时性加以考察，并注重在互文性的艺术、社会与文化语境里，进而回应设计所涉及的共时性与历时性及其关系。在服装要素及其意义的建构中，设计师往往将各种创意与想法融入其中，进而生成出独特时尚感与别致的文化情趣。

与此同时，民族的传统图案的创意设计与当代重构，被借鉴到带有民族特色与文化的时装中去。但在不少的时候，时装往往是专指当前流行的时髦女装，人们之所以这样强调，显然与女性更注重自己的形象和装扮有关。但仅仅将时装限制在女装上无疑太狭窄了，时装其实还应包括男装和童装及其各种样式，它甚至指一切富有新意的着装方式与流行风格。时装的文化传播与风格流行同生并存，这相关于创意所产生的社会与文化影响。创意不仅发生在观念与想法的提出之际，它还广泛地存在与贯穿于时装的设计与制作过程中。

而且，创意还在很大程度上规定着时装的品位，以及传播与营销的所有流程与全部过程。一般新颖、流行的时装，往往都具有独特的创意构想与设计技巧，以及由此带来的特有艺术风格与文化意味。创意之所以对于时尚的社会价值与文化意义颇为显著，这乃是因为，"很显然，创意和设计推动创新，而创新推动新的业务增长"①。在时尚设计之中，创意无疑具有不可忽视的重要意义与显著作用，因为它规定与影响着设计的发生与实现。例如，在第二次世界大战之后，美国成衣的创意就引导了男性商务装与休闲装的趋势。在如何凭借语汇与流行诉求上，时尚创意与一般的设计有明显不同。

但从来都没有一个确定不变的界限，可以把时尚与其他设计严格区分开来。在时装设计过程中，创意与独特想法的酝酿、提出与运用，相关于创意的经验、灵感与构思方式。创意是否可行以及如何将创意渗透在设计中，这也是一个不可忽视的艺术、审美与文化问题。对民族精神图式的揭示与文化阐释，在极大程度上影响着本民族设计师的观念与话

---

① ［美］托马斯·洛克伍德：《设计思维》，电子工业出版社2012年版，第76页。

语的表达。当然，时尚创意还涉及灵感的来源、抽象与艺术表达，以及元素选择、关键词的提出与视觉印象的建构等诸多方面，而且，这些方面的复杂关联也都会影响到时装的创意与设计的实现。基于既有观念与思想的反思与不断激活，创意对服饰设计与文化的建构是不可或缺的。

实际上，创意观念的发生也有一个从模糊到明确的过程，为此有待于经过广泛的思考、酝酿与开放式讨论。当然，创意的视觉化及其在时尚中的运用，同时也离不开分析、综合、判断与推理的过程，尤其是独到的设计构想与意图显得更加重要。其实，创意还应当涉及对表象的透视和重构，旨在生成出具有某种文化底蕴的视觉印象。但这种创意品质与能力的培养，是与不同观念、思想之间的开放性对话分不开的。当然，创意与人的经验、兴趣、知识、观念，以及求异的、批判的思维品质密切相关。

显而易见，时尚创意与设计所关联的思维方式还有许多，比如说，不同于特定的意向性思维，偶发性思维虽然具有某种不确定性，但它往往是受到某一事物的启发，从而萌生出艺术与设计的灵感来。在所有的艺术与设计领域，经过质疑与反思而产生的创造性的看法，可以说都是极其可贵的创意思维的体现。在时尚创意与设计之中，这种创造性思维与方式显得尤其重要。创意是一个复杂而系统性极强的思维过程，还涉及与想法、计划相关的诸多问题。时尚业不仅需要科技创新的基础与支撑，更离不开观念与思想创新这些灵感之源。

在创意与时尚设计过程中，虽然说最初的原创想法与观念是不可或缺的，但一切想法都必须接受不断的反思与重构，这样才能趋于完善并具有切实的可能性。时尚设计还必须克服既有的思维习惯与创意定式，从而让创意不断获得新的灵感启示与独特表现。在这里，独特与可行的创意及其发生涉及众多的因素。就不同观点与见解的讨论来说，头脑风暴法的具体做法往往是，围绕某个目标明确的主题，召开由多人参加的小组讨论会。在一种轻松自如的氛围里，引导与激励参与者的思考与讨论，进而得出一个独特而颇有创新的创意方案。

但是，从来没有一种单一的思维方式可称为创意思维，设计所涉及的创意思维无疑都是多元的，它是不同的艺术与审美的对话与互文的生成物。当然，这里的创意特别相关于新观念、新理念与新想法的发生。

在当代时尚的创意与设计之中，更加注重不同观点与思想的讨论与对话。在关于创意的研讨过程中，应避免轻易甚至先入之见地否定别人的创意设想。只有提倡无约束地自由思考与相互批评，才能有助于新奇的与独特的观点的提出，从而为时尚的创意奠定思维与文化的基础。应当说，民族与民间的文学、艺术以及文化史料，无疑都为民族时尚设计提供了灵感来源。

20世纪90年代以来，时尚创意与文化的经济功能逐步被社会所认同，众多时尚创意产业形成了巨大的创意经济浪潮。其中，时尚产业就是占有相当份额与比例的创意文化产业，而起关键作用的可以说就是时尚设计的创意了。甚至可以说，"毫无疑问地，在服装界，流行预测专家的工作比起其他人都来得有挑战性"①。作为一种创造与重构的思想与文化过程，创意是个人与民族创造力体现最为活跃的领域之一。应当说，创意是设计至关重要的过程与构成，但创意的提出与如何加以视觉化表现，还涉及功能、形制、审美与文化等问题，这同时也离不开对诸多相关因素的思考与回应。

三 时尚创意及其相关因素

对于艺术与设计来说，任何一个创意与想法的发生与完成，无疑都要涉及许多相关的因素，以及这些因素之间复杂的生成性关联。与此同时，创意的各种相关因素及其生成性关联，不可避免地发生在社会、历史与文化的复杂语境里。比如说，脑的分工与结合对创意就具有不可忽视的意义。因为，"真正极具创意的思维是由左脑打基础，然后右脑再进行跳跃式的想象"②。此外，还涉及创意符码所具有的社会意义的表达与象征等。毫无疑问，创意的发生及其关联不仅是复杂的，而且还是一种动态的与历史性的过程。

当然，与创意相关的因素是多样的、彼此不同的，同时这些因素也是相互关联与彼此生成的。实际上，一个好的创意不仅要给人带来新奇，

---

① ［美］丽塔·裴娜：《流行预测》，中国纺织出版社2000年版，第262页。

② ［美］杰伊·卡尔德林：《时装设计100个创意关键词》，中国青年出版社2012年版，第30页。

还应具有自己的文化底蕴与灵魂。创意首先还是要与所设计的产品功能发生密切关联，也就是说创意必须以功能性的满足作为基本前提。但没有原创性的想法不仅缺乏新意，甚至根本不能被称为一种创意。因为，创意本身乃是设计的根本性之所在，更是所有设计活动的重要诉求与旨归。在这里，揭示与创意相关的因素是实现创意所不可缺少的准备过程。还应当说，与创意相关的各种因素及其关联，无疑还构成了透视创意的独特维度与视角。

当然，创意必须首先确立时尚的理念，然后再根据这种理念与想法，作出绝妙的设计构思与表现，从而使作品具有不雷同的独特风格。为公众或受众提供别致的审美期待，是创意设计不同于普通设计之所在。当然，创意的实现不仅要具有新的想法与观念，还必须有切实可行的措施与实施方案。实际上，任何创意都应该以独特的创新设想为基础，同时还要充分考虑到创意实现的问题与可能性。对于服饰与时尚设计来说，探讨与揭示创意的相关因素及其内涵，以及这些因素之间的关联与互动是极其重要的。

在创意与设计过程中，对各种因素及其关联性的理解与阐释极其重要。创新思维是创意的根本基础与前提之所在，而创新是指基于不同的思维方式及其特质，提出有别于常规范式或常人思路的见解。当然，"设计过程更多地像是做加减法运算，你需要选择在作品中添加或者减少设计元素。"① 但在不同的社会、历史与文化语境里，创意的生成路径与实现方式可能也是不同的。不同民族的创意还具有自身的特点与差异，这与创意发生所关联的民族文化分不开。各个民族对色彩与图案的喜好与理解也有所差异，这无疑会影响到对民族创意及其文化特质的重构问题，以及如何去理解与阐释这些差异所具有的独特意味。

与此同时，在不同文化语境里，人们所理解的创新也可能是不一样的。如果说，许多相关因素参与和影响了时尚创意，那么，其中思维的创新品质，如人的求异特质等，显然是至关重要的因素。其实，众多的相关因素共同规定与左右着时尚创意的发生。创新思维往往是不受现成

---

① ［美］杰伊·卡尔德林：《时装设计100个创意关键词》，中国青年出版社2012年版，第28页。

的常规与习惯约束的，它旨在对问题作出全新的独特性解答与阐释。但是，创新思维并非完全不受约束与制约的思维方式，它也可能来源于对日常生活的观察，以及对固有思维限制与制约的突破。一切创意的发生都涉及对传统的反思与回应，但创意同时又可能成为一种被沉淀下来的观念，反过来制约或启发后来的创意与设计及其建构。

对于时尚的创意与设计来说，思维定式确实对问题解决具有较大的制约作用。甚至可以说，现实生活尤其是时尚生活无疑是快速变化的，因此就有待于对先前与固有思维模式的改变，以应对与回应时尚的潮流与快节奏的变化趋势。还要意识到，"我们的日常思维以过去的经验为基础，从记忆中提取的事件会直接影响我们对目前事件的反应，这种思维方法存在严重的弊端"①。特别是，在艺术、生活与文化发生变化时，思维定式往往会使艺术家与设计师墨守成规，难以产生出新的或不同的思维与想法。虽然所涉及的因素是多样而复杂的，但影响创意的重要因素，主要有构思概念、选择素材与表达想法。

在此，激活与构思概念无疑是创意的根本性表征之所在。人类的思维方式可以说是各种各样的，而创新并非都是一种完全脱离于传统的、彻底另类的思维方式。向民族元素与传统风格的某种回归，其实也同样是创意发生的一种重要方式，这仍然关涉构思及其历史性特质。但在不少场合与语境里，创意所依凭的思维品质与运思方式，往往是对各种思维方式的独特借鉴与重构，并在与特定社会和文化语境的关联里生成与建构意义。当然，也可以将各种不同的思维方式加以整合，以克服单一思维方式不可避免的视角缺陷。

与此同时，还可以提出与探索一些新的思维方式与方法。毫无疑问，破除思维定式是发挥创新思维根本性的前提。这里所谓思维定式，就是比较稳定的、定型的思考方式与程序。对设计问题的探讨与解决，思维定式既有其成熟与稳定的方面，但它容易使人们在思考上产生惰性，甚至养成僵化、呆板与千篇一律的思维习惯。但一切时尚创意与思维都涉及特定的相关元素，而设计总是在与这些元素的生成性关联里得以实现的。许多创意时装本身其实就是以标新立异为诉求的，它们旨在消解与

---

① ［美］唐纳德·A. 诺曼：《设计心理学》，中信出版社 2010 年版，第 148 页。

解构传统服装的表现方式与手法，也涉及对民族元素及其文化在当代的重构，同时还离不开对各种因素的技术处置与审美回应。

当设计师对按部就班的设计得心应手时，思维的定式往往会使创意的思维陷入误区。为此，创新思维就是针对传统思维特别是思维定式来说的。但是，创造性思维并不是什么稀奇古怪的思维，也不是纯粹无中生有的胡乱杜撰之物，它总是在与各种元素的相遇里来生成自身的。虽然说，创造性思维是所有人都可能具有的思维品质，但这并不意味着它会自然而然地产生。与此同时，创造性思维也并不是所有人都能够运用自如的，因为从众、褊狭、刻板印象与认知误区，都会阻碍人们创造性思维的培养、开启与发挥。

应当意识到，任何新的构想并非仅仅是突如其来的念头，感觉与想法上一个突然闪现的想法与点子，其实都需要经过很长时间的累积与酝酿。因此，人们日常的读书、思考与设计实践都会为创意思维奠基。可以说，直觉的创造性往往体现在，"大量的思维活动和解题活动都是在直觉认识（或通过直觉认识）中进行的"①。对前人观念的借鉴、怀疑与批判，是一切时尚创意得以可能的思想前提。尤其是当思维出现阻塞与不畅之际，反思与重新调整思维方式与设计路径，无疑是促成创意得以生成与建构所不可或缺的。

而且，设计师还要善于巧妙地转变思维方向，随机应变以发现时宜与妥帖的表现手法。在这里，创造性思维善于反思与质疑已有的思维方式，选择最佳方案并富有成效地解决设计面临的各种问题。在艺术表现与创意设计上，直觉的方法就可以克服某些认知障碍与习惯思维。任何关于结构、材料与工艺的调整与改变，都可能导致一种新的创意与效果的产生。与其他的创意一样，时尚创意也往往诉诸人的直观与灵感。对时装设计而言，许多方法都强调凭借个人的直觉等独特思维品质，以及关于时尚流行的艺术与设计的特有经验，对可能出现的与新的流行时尚与趋势加以审美判断。

对于创意与创造性思维来说，这种直觉与灵感具有非常有效的借鉴

---

① ［美］鲁道夫·阿恩海姆：《视觉思维——审美直觉心理学》，四川人民出版社 1998 年版，第 311 页。

意义与价值。而且，直觉与洞见加上丰富的独特审美经验，往往比理性的数据分析可能更为奏效，这当然并不是简单否定非直觉性的认知及其意义。其实，不同的思维方式及其交织都会发生在创意过程中。毫无疑问，个人的经验与直觉在创意中是非常重要与不可或缺的。除了对思维定式的克服外，与时尚创意相关的因素还有许多，比如说，日常生活的变化、街头巷尾的着装、经济社会的动态，以及大众艺术与文化的趋向等，特别是，人们日常衣生活趣味的变化及其当下性特质。

毫无疑问，各种相关因素都对创意产生着重要而不可忽视的影响，并使时尚创意与文化带上特定的文化痕迹与时代性意味。应当看到，时尚创意与流行趋势是相互影响的，二者在彼此借鉴与关联里生成着自身，它们的关系不再受制于传统的决定论与因果论。充分结合流行趋势的预测来进行创意活动，可以更好地把握流行时装新的款式与审美风格。一般来说，流行趋势是指一个时期内，社会或某一群体中广泛流传的生活方式，它是一个时代生活风尚的态势与独特表达，以及这种风尚所表征出来的社会与文化旨趣。

也可以说，流行趋势指在一定的历史时期，人们受生活观念、审美意识与大众文化的影响，模仿进而普遍采用某种生活行为与生活方式等。应当注意到，对民族精神图式与传统文化的关注也是时尚创意的应有之义。在传统设计里，"神话人物的造型或以衣着，或是手中器具，或是背景烘托，勾画出人物特色，用在荷包、肚兜等服饰物件图案中"[①]。但民族时尚创意与设计，从来都离不开对传统元素的挖掘与当代重构。对某种流行趋势加以充分的研究，以揭示与阐释究竟是什么样的创意，促使了一种流行趋势的出现与传播，并预测下一个时尚设计与着装趋势的到来，这对于时装创意与设计无疑具有极其重要的意义。

当然，对流行趋势的研究与预测也有一些可行方式。如问卷调查法、总结规则法与经验直觉法等。在这里，问卷调查法就是通过问卷，来了解人们对未来趋势的判断，以及这些判断所指涉的可能时尚趋势。但所有预测总是侧重于某些特定元素，如色彩、款式等。总结规则法根据一定的流行特征推断出预测结果，但流行趋势并没有一个绝对不变的法则

---

① 汪芳：《中国传统服饰图案解读》，东华大学出版社 2014 年版，第 50 页。

与普适规则可循。某些流行预测机构往往就是参照历年来的流行情况，并充分结合各种流行的历史性特质与文化独特性，从众多的流行提案中分析与建构出下一季的预测结果。

与调查问卷法相比，总结规则法虽然可能更省力，却难免更具有臆测性。所以，很多流行预测机构与组织，往往还是基于流行专家的共同分析，以期得出最终可靠与可行的预测结果。当然，所有预测过程本身也离不开创意的运用。在时尚创意过程中，应当充分考虑到设计元素及其与特定的民族、宗教、文化的关联性。譬如，绿色往往被伊斯兰民族与国家视为神圣之色。而且，还要考虑到如何克服多元与复杂的制约因素。可以说，创意是时尚设计的根本特质之所在，它自身也应该是有灵魂与文化的。卓越的创意设计往往充满灵性与美感，可以充分表达设计者的独特观念与想法。

而且，创意还会让受众得到精神上的愉悦与享受，以及为人们的审美注入文化特质与精神底蕴。特别是，独特创意设计还能够给着装者带来意外的新奇与陌生感，而着装者正是以这种新异感来与日常生活的平均化相区分。抽象艺术与图案一般属于非写实主义的表现手法，它其实也是一种无具象造型表现的装饰性艺术。譬如说，"藏族服饰中的图案纹饰，很少有对现实图景的模仿和再现，多为抽象的几何图形"[1]。对这种几何图形的借鉴与运用，显然是与藏族的宗教和传统文化分不开的。如果没有独特的想法与别出心裁的构想，时尚设计就不可能具有特有的灵魂与品质，也难以给人带来与众不同的印象与审美感受。

一个缺乏新意与陌生感的创意设计，不可能为人们烦琐与乏味的日常生活带来别致趣味。基于独特的理念与思想，设计旨在激活独特的创意想法，再借助视觉化与可行的技艺来实现。时尚设计与创意的内在特质，无法仅仅经由表象来表征与接受，但又不得不通过视觉的方式来传达。之所以如此，乃是因为西方认识论与理性形而上学，导致了视觉表象与本体二分的根本困境。如果说，创意既不能停留在视觉表象上，又难以通达深层的观念与精神性特质，那么，创意只好通过深浅之间的审

---

① 刘天勇、王培娜：《民族・时尚・设计——民族服饰元素与时装设计》，化学工业出版社 2010 年版，第 170 页。

美与文化张力，来回应设计所遇到的问题与困境。

虽然说，时装作品无疑也是一种人造器物，同样离不开观念与创意的视觉化，而时尚审美也指向视觉的生成性建构。但还要意识到，时尚创意难以用机械与技术方式加以控制与把握。对时装创意及其评价而言，有没有内在的精神特质却是一个根本性标志。但不少的创意只是停留在浅表的模仿上，因此既缺乏艺术与文化的底蕴与铺垫，同时也偏离了生活审美化这一生成论基础。对时尚创意来说，精神与文化的问题显然是不可忽视的，因为它是与创意的旨趣、品位分不开的。对于人们的日常生活来说，服饰与衣生活都难以避免某种符合趋势的一致化。

但一切时尚创意却又力图在与他者的话语区分里，来呈现出自身的观念、手法与风格性特质。然而，特定的地方与民族特质在设计里往往付之阙如，并没有成为许多创意所考虑的重要问题。还要注意到，时尚不仅是一种艺术与文化样式，更是一种当下与时髦的大众文化。所有时尚创意、设计与趋势，其实都涉及文化特质与语境的问题，也就是说，一个时尚创意究竟如何，除了具有新奇与别致的感觉外，还必须以一定的文化作为基础。作为一种流行的文化，时尚往往彰显出即时与快变的特点，但这并不意味着可以没有文化的介入，虽然说，精神与文化往往会被通俗化后进入时尚之中。

在这里，流行趋势既是时尚创意所预测与建构的，但与此同时，时尚创意又不得不关注与洞察以后的流行趋势，从而促成新的创意、设计与流行的相互生成。应该说，流行与创意及其相互关联与互文的过程，正是创意设计所必须关注与探究的重要问题。"一般来说，流行的通则是某种东西先让年轻人注意，接受，然后嗅觉灵敏的设计师会把它从街头搬上 T 型台，再返回到大众中间。"① 尤其是，当时尚的微弱势头尚未形成显著态势之际，正是创意灵感与想法得以发生的极好时机。

虽然说，街头巷尾的衣装也是设计师业已完成的设计表现，但对这些装扮及其文化的考察又成为未来创意的重要来源。不同于经典与传统的文化样式，时尚文化强调的是流变性与快节奏特质，尤其是快时尚更加缩短了生产和再生产的周期。而且，时尚创意所关联的大众与流行文

---

① 北京大陆桥文化传媒编译：《时尚帝国》，北京出版社出版集团 2005 年版，第 8—9 页。

化，更多地与大众艺术、人们的衣生活消费相关。随着当代的技术化与全球化，数字化、互联网与层出不穷的新媒体，被广泛地应用到时装的创意与营销上，时尚与流行文化显得越来越拟像化和符号化。应当注意的是，民族元素与传统文化在时尚里的重构，也无不受制于当代技术与大众文化的影响。

在时尚创意与设计的问题上，流行趋势既是顺应人们求变与求新的心态，而不得不与大众文化相关切的一种生活态势。与此同时，流行趋势还可能引导与诱惑人们去作出生活选择。尽管说，时尚动态往往显得难以确知，甚至使人感到神秘莫测，但毕竟可以通过一些有效的途径与方式，对之加以预测与把握。"随着越来越多人以创意作为立身之本，人们会越来越重视这种体验的方方面面，同时这种体验也会成为纯粹的需要。"[1] 其实，对流行趋势所进行的预测，显然也是时尚创意产生所不可或缺的条件。

在流行趋势的预测过程中，社会因素、生活方式、文化习俗、权威机构等都是重要的相关因素，而人的心理、精神与文化需求更是时尚创意所要关注的。当然，流行预测并非只是随着生活的变化亦步亦趋，它其实也可以引领与开启新的时尚潮流的出现。所有的时尚创意与审美表现，应当说都发生在先后不同的趋势之间，因此，这也涉及对这些趋势的关系的回应，并使它们既有所差异同时又彼此呼应。除此之外，时尚与流行趋势还与人们着装的身体性问题相关，甚至可以说当代时尚文化也是一种基于身体重建的文化。对身体与性及其生成性关联的揭示与阐发，从来都是时尚创意发生的存在论基础与社会语境。

对创意关联性的揭示与研究，在当代又有了新的话语建构与表征方式。在福柯看来，历史上的社会构建了各种机制去强调和引诱人们谈论性，而性与权力、话语是紧密结合在一起的。在身体、性与服饰的关系问题上，不同民族或阶层的理解与阐释也会有所差异，这显然也是时尚创意所应加以回应的社会与文化问题。在大众文化的语境里，基于身体的流行时尚更是与消费化和商业化分不开的，甚至能够说，身体自身的消费就成为消费主义的重要诉求。值得注意的是，流行文化正在成为这

---

① ［美］理查德·佛罗里达：《创意阶层的崛起》，中信出版社 2010 年版，第 218 页。

个时代难以回避与不可忽视的文化样式。

有别于康德所强调的审美自律性特质，大众的与流行的文化将艺术与美带入了人们的日常生活，同时也为日常生活的审美化作出了非自律的奠基。对于时尚与流行文化来说，从来没有固定不变的创意与设计模式可循，这其实也正是时尚艺术的根本奥妙之所在。创意就必须在快速变化的社会与日常生活里，寻求可以加以表现并能获得认可的路径与方式，并将这种创意表现渗透到设计与造物的全过程。在时尚设计与表现过程中，独特审美经验得到了日益显著的重视与建构，它甚至还可能成为未来创意的一种重要诉求与旨归，而传统的"为艺术而艺术"的唯美主义难以与各种语境割裂开来。

当然，如果只是对艺术与审美作一般的探究，对创意的表现与设计而言是远远不够的，还必须对日常生活方式与经济社会的复杂关联加以揭示，尤其是，还要关注到不同群体包括民族的生存方式与传统文化特质。虽然说，第二次世界大战后，阿尔巴尼亚的民族服饰被广泛地穿着，但如今在当地已很难见到人们的这种穿着了。在现代性社会里，时尚创意及其对当下独特审美经验的强调，成为大众文化时代日常生活与消费的重要诉求，甚至形成了一套文化上的快餐制造法则，以缩短流行的周期与加快时尚的不断轮回与周转。

不同于人们的生产，消费在很大意义上规定了现代日常生活及其发生。除了消费关涉之外，任何时尚文化都具有某种特定的精神与文化表征，这无疑会涉及不同社会阶层对时尚的差异性诉求。但时尚的这种阶层性特质，以及各种经典的流行方式与路径，往往又被不断更新的时尚创意所解构与消解，以期在新的一轮流行里来建构新的流行美感。"也许正因为艺术受制于时尚的逻辑，时尚与现代艺术二者都被一种'创新驱动力'所左右。"[1] 但与之而来的同质化问题，却是艺术表现与时尚设计应当克服的。要注意到，流行还以各种方式发生在不同的阶层或族群之中。

在这里，各族群或群体既有着不同的信仰、习俗与文化，同时不乏与其生存、存在相关的特有生活方式。正因为如此，创意与设计有待于

---

[1] ［挪］拉斯·史文德森：《时尚的哲学》，北京大学出版社2010年版，第23页。

从不同民族文化语境，探究与特定族群的文化特质相关联的思路。与此同时，创意还必须充分考虑到人们日常生活方式的变化，以及与生活方式相关的历史、习俗与文化，但这些又与不同的族群或阶层的生存分不开。如何才能寻求新想法得以产生的各种可能性，显然也有赖于时尚创意人的艺术感悟与审美经验。与创意相关的各种因素及其存在，显然都是时尚设计所要关注与探究的。

当然，从创意、设计到制作的完成，是一个不断选择、评价与重构的过程，这涉及艺术、文化与技术等诸多复杂性因素。还应注意到，这里所说的各种元素之于时尚创意，并非一种部分与整体的传统关系，而是一种相互之间的生成性关联，当然还与独特的视角与阐释分不开。在时尚创意与设计过程中，不仅应充分考虑各种不同的关涉因素与复杂语境，还要将这些因素与语境纳入传统与现代的文化对话里加以重构。实际上，时尚创意不仅是一种艺术与设计的问题，它还与作为人类学意义上的民族或族群密切相关，甚至可以说，民族或族群成为艺术与文化的人类学此在。

第三节　时尚创意及其民族文化语境

在人类学的意义上，时尚创意还与民族生活方式和传统文化分不开，因为人们个体的生存也是与特定群体相关联的。而且，不同民族或族群的日常生存与生活方式，曾经又是以服饰为标识而实现彼此间的区分的。在传统的社会与历史语境里，民族服饰与时尚的符码意义是不可忽视的，因为这不仅相关于民族的生存与日常生活，更是与民族文化的存在及其精神特质联系在一起的。进入现代的社会与日常生活后，不同民族在生活方式上的融合是非常明显的，与此同时，现代的一致性及其极致所形成的全球化态势，可能导致时尚样式与风格的雷同与同质化，而对这种同质化问题的克服，无疑离不开民族文化这一根本性语境。对民族创意与文化的关注与研究，不仅是时尚创意与设计所应加以考虑的问题，更是一种时尚创意能否具有传统文化底蕴，以及能否得到广泛的世界性文化认同的重要前提。

一　时尚创意的元素与含义分析

应当说，时尚创意所涉及的元素是多种多样的，甚至可以说是纷繁复杂与不可穷尽的，但这些元素显然又能归结为几种重要类型，或者说，一些与创意相关的基本元素及其构成方式。在创意过程中，当我们说这是什么元素的时候，其实也是在某种分类的基础上来谈论的，当然，这些分类方式具有相对性、可变性与开放性的特征。比如说，与时尚创意相关的元素有历史性的元素、自然性的元素与社会性的元素等，毫无疑问，这些关于元素的分类方式都有其独特的艺术、社会与文化意味，并与特定民族的生存、生活方式和传统不可分离。

但在本性上，那些被从整体分解出来的元素，从来都不是孤立的与彼此无关的。实际上，一切在创意中得到借鉴与重构的单元或构成成分，往往都可以称为时尚创意及其相关的元素。"同样，艺术家和设计师为了创造出富有意义和趣味的形象，需要把视觉元素加以有机的组织。"① 就艺术的意义而言，元素当然首先是在艺术表现与设计旨趣上的含义，这同时还涉及其在创意构成里的意义、定位与作用。在这里，艺术从本性上来说显然是愉悦的与自由的，甚至可以说，自由是艺术与设计的根本性精神诉求，也是艺术表现的最高境界之所在。但又应看到，设计自由的实现总是与创意的功用、涉世性相关联的。

作为一种艺术样式，设计涉及自由艺术与器具功能及其关系问题。这里所说的自由艺术，往往指那些无功利与祛目的的艺术，它典型地体现为绘画、雕塑、音乐、舞蹈与戏剧等样式。虽然说，时尚创意与设计无不带有一定的功用性，但自由艺术之于时尚仍然具有非同寻常的意义，而且，自由艺术与创意设计还构成了一种互文性关联。其实，设计本身就是一种艺术与制作活动，同时也是艺术生产的一种重要构成方式。可以说，对美的不断切近规定了设计的艺术情调与审美意味。

在日常生活方式中，创意与设计之于时尚表现从来都是不可或缺的，同时还与对元素文化意义的揭示、阐发分不开。而且，艺术史上的各种

---

① ［美］帕特里克·弗兰克：《视觉艺术原理》，上海人民美术出版社 2008 年版，第 72 页。

流派与审美风格，曾经并将继续对设计产生重要的影响，各种艺术流派经由向设计的介入与渗透，已成为设计风格与审美经验不可分离的构成。可以说，中国是世界上第一个制造出丝绸的民族。"但因为所有图案都可以被模仿，所以最可靠的中国制造的证据是汉字，只有中国人才会把汉字织进布里。"① 无论是元素本身，还是元素的构成，它们在设计与时尚创意里都是开放的与生成性的。但随着社会与审美的历史性变迁，关于唯美与实用的区分越来越显示出自身的局限性，而设计对各种艺术手法的移植与借用从来没有停止过。

与此同时，许多自由艺术样式也借助设计艺术与时尚风格来表达自身的观念。虽然说，设计艺术更多地与依存美（附庸美）相关，但唯美主义所遭遇的困境却是难以回避的，设计艺术与自由艺术的区分日益模糊甚至消失。一切时尚创意都可能带来对唯美与实用传统区分的颠覆，以及在此基础上所实现的艺术、审美与文化重构。其实，设计已经成为当代艺术不可分割的重要构成，而当代艺术也前所未有地介入设计中去，特别是，艺术所表现出的当代性与时尚感往往难以为人们所区分。

一般来说，艺术元素主要有线条、形状、块面、空间、时间、运动、光线、颜色与质地等，这些元素在时尚创意与设计之中都有其不可替代的重要作用。同时，还要关注与揭示元素与各种文化语境相关切的社会与文化含义。当然，时尚创意又有其不同于一般艺术与设计的方面，比如说，面料与廓形等就是时尚创意独特的构成性元素。除了艺术的基本含义外，时尚创意所关联的元素还有其社会与文化意义。这是因为，人无不是生存于社会之中的，并具有各种审美情趣的人。

在原始社会阶段里，人类就开始了极为简单的纺织生产。随着农业与牧业的发展，人工培育的纺织原料渐渐增多，用于制作服装的各种工具，发生了由简单到复杂的变化，同时服装用料的品种也日益增加。其实，自从欧洲旧石器时代以后，"穿用服装的主要动机似乎已不再是抵御

---

① ［美］芮乐伟·韩森：《丝绸之路新史》，北京联合出版公司 2015 年版，第 23 页。

恶劣气候，而变成审美价值、宗教价值或社会价值的表示"①。可以说，社会与文化成为时尚创意灵感的文本或语境来源。除此之外，创意还涉及艺术与设计应该遵循的一般原则，如统一性与多样性、平衡、主次、对比、方向力、重复与节奏、比例与比率等，以及它们之间密切与复杂的生成性关联。

因此，人的着装也就是一种与这些审美和文化相关的社会行为。在现代，服饰与时装设计的原始主义风格，所强调的正是古朴、夸张与丰富的色彩。在人们的日常生活中，服饰的社会性有其特定的历史性特质与文化意义，不同阶层或群体的着装方式也是有所区别的。在人类生活史上，各个群体都曾将服饰作为符号或标志，以寻求在社会与文化层面上的认同与承认。在人类的生存过程中，服饰除了能够保护人的身体外，还始终离不开与社会、文化的密切关联。应当说，服饰的社会性也是文明与文化建构的基础与前提。

对各种不同地域服饰的社会性关涉的理解，应与不同族群之间的沟通与对话联系起来。但无论如何，人类尤其是各个族群总是生活在不同的气候、风俗与习惯，以及各种相关的精神、社会与文化语境里。创意设计及其时尚化的可能性，其实是极为多元的与难以限定的。"因此，时尚能够吸收所有外表上的东西并且把任何选择了的内容抽象化：任何既定的服饰、艺术、行为形式或观念都能变成时尚。"② 人类不同族群之间的往来与交往，使特定着装样式发生了跨文化的传播，这也为各种创意的相互借鉴与交织提供了可能。在不同的社会与历史时期，服饰与衣生活方式的跨文化传播，具有相应的族群特质与人类学差异。

而且，服饰与时尚的建构与传播，无疑也是以特定民族元素及其精神与文化特质为基础的。即使是关于服装的起源说，也不可能没有社会性语境的介入，这种社会性仍然存在并呈现出显著的人类学特征。作为"人的第二皮肤"，服装可以理解为人的皮肤的一种延伸，这种延伸也是服装社会属性的揭示、建构与表征，还应注意到，一切

---

① ［法］弗朗索瓦－玛丽·格罗：《回眸时尚：西方服装简史》，中国纺织出版社 2009 年版，第 23—24 页。

② ［德］西美尔：《时尚的哲学》，文化艺术出版社 2001 年版，第 91 页。

服饰都带上了不可分离的肉身性特质，并以人的身体及其存在作为存在论基础。而不同族群的精神与文化特质，嵌入了服装的这种身体性存在之中。

创意往往还具有标识、礼仪、象征等特质，之所以如此，乃是因为服装所具备的社会性功能，使它可能成为社会角色与身份的能指符码，并通过这些创意符码表达出所蕴含的社会意义。比如说，人的角色参与性既会受到自我意识的影响，同时也是社会身份与关系在着装上的体现。就服饰来说，能指与所指的关系其实并不是简单对应的，因为，任何人都可能具有不同于其身份的着装风格与方式，这与人们所出现的场合和人文语境是密切相关的，也可能涉及人们以另类着装来隐蔽自己的真实身份。随着跨地域日常衣生活的发生，不同民族元素的相互借鉴显然是不可避免的，同时还会出现着装方式与意义上的彼此渗透。

对某种社会身份参与程度的不同，着装者对自己社会地位的认识与理解也有所差异，从而导致了着装者不同着装在意趣上的相互区分。毫无疑问，时尚的创意、设计与社会生活有着密切的关联，并相关于生活的审美意义的揭示与建构。其实，创意元素的含义还涉及社会生活的诸多方面，诸如人的着装的社会身份与角色的标识，以及服饰符码的各种社会与文化意义及其建构。而且，时尚创意的社会因素还关涉政治、经济等问题，以及人们通过特定的观念性着装，来表达诉求并回应其与社会的复杂关系。所有创意表现的视觉化与赋形，都可能沉淀为一种新的习俗与风格。

还可以说，服饰与时尚复杂的社会性关联，显然也是创意与设计不可忽视的问题。时尚创意的这种社会性关联，往往还经由人类的生活史体现与彰显出来。尤其是，人们的日常衣生活及其历史性存在，更是创意得以发生与建构的生成论基础。而且，"在社会中，差异化的存在才使得各文化间能够取长补短、相互融合"①。因为，时尚元素与创意的社会性意义的发生，从来都不可能脱离人类社会与衣生活方式。在这里，不同民族的艺术与文化的差异也是创意得以生成的人类学基础。而且，人类衣生活的特质又相关于元素的借鉴与创意表现。而进入社会与历史的

————————

① ［美］提姆·麦克雷特：《设计的语言》，辽宁科学技术出版社 2015 年版，第 71 页。

维度与语境之中，是探究与揭示人类时尚生活所不可缺少的方面。

　　一切时代的时尚创意都有其特定的文化旨趣，文化的意义是时尚创意所应加以发现与阐释的。无论是什么样的元素，在整个的时尚创意过程中，都有其独特而不可替代的审美价值与文化意义。对时尚创意的各种相关元素，其实可以进行与施以不同的分类。比如说，分为有形的实物与造型的元素，以及无形的精神与象征性元素。人类学所强调的其实正是，文化是由信仰、知识、价值观与实践等构成的协调性整体，这就为民族元素及其意义的揭示与阐发作出了文化奠基。

　　但文化的这种所谓协调性整体，在实质上既会发生结构性冲突与失序，也会由于开放性而发生历史性的生成。各个民族都有自身特有的民族元素，并以此与其他民族的元素区分开来。当然，各个不同的民族也具有不少共享元素，但它们对这些元素的理解难免会有所差异。一切民族性元素无疑都有自身独特的审美与文化意义，各种文化其实也是民族精神贯注的生成之物。在民族与族群的生活方式之中，某些服饰与着装行为因为周而复始的重复，成为被日常衣生活所接受的惯例与习惯。从族群乃至整个人类存在出发，对时尚创意的考察是极有意义的艺术人类学课题。

　　在这里，所谓服饰文化传统还是一种社会的符号表征，它一旦形成即会反过来规范与约束人的衣生活及其旨趣。许多时装设计不仅在借鉴那些传统的元素与意义，同时又在极力解构与重构传统意义的解读，并赋予传统元素与文化以新的意义与象征性意味。时尚元素的精神关联与文化性特质，也体现为文化生成与变迁的某种独特形式。因此可以说，时尚创意与衣生活都属于日常生活史的研究课题，它旨在发现、揭示与重构文化里所隐藏的独特情趣。而且，日常生活世界成为时尚与文化所依凭与投射的领域。

　　还应注意到，时尚元素及其重构往往具有新奇性、陌生性、开放性的特征。与此同时，时尚文化总是与大众艺术与传媒密切相关的。如果说，大众艺术强调的是艺术与生活的现代关联，那么，大众传媒则是时尚艺术生产与文化传播的重要路径与方式。其实，"人们总是有可能像时尚理论家卡洛琳·伊文思那样说，时尚可以表达出在文化中循环流转的根本趣味……"① 应当说，通俗文化强调了创意与时尚的民间与地方性特质，而大众艺术与文化则旨在建构技术时代创意表现新的可能性。时尚不仅可以激起与满足人们的审美与消费欲求，还以一种工业化的生产方式解构着业已流行的审美品位。

甚至可以说，时尚元素及其传承与当代文化重构，既要借鉴传统的艺术表现手段与方式，同时又可能消解与放逐艺术本身的内在精神，以获得一种带有破坏性与震撼力的时尚感。譬如说，以嘻哈文化为代表的新一代时尚文化样式，就是在反对传统中来张扬个性与建构自我。其实，早在 20 世纪 60 年代，嬉皮士风格在反叛传统艺术与文化的同时，也对环境表达了关注与拒绝西方的物质主义及其问题与困境。应该说，嬉皮士还影响了 70 年代的全球性民族或民俗服饰。正因为如此，在传承与重构之间建构与保持一种审美与文化张力，对时尚元素内涵的挖掘与艺术表现都是不可或缺的。

在时尚元素的问题上，内在精神与文化的分析不仅是揭示原初的含义，往往还要去敞开那些被遮蔽与掩盖的意义和旨趣，以及为其原初含义及其在当代时尚里的重构奠基。其实，在还没有自由艺术的远古时代，原始艺术本身就与人类的生存、生活密不可分。比如，原始人所创造的具有形式美感的工具、原始洞穴壁画和雕刻等，它们与生存、实用都有着千丝万缕的联系。尤其是近代以来，原始艺术与审美经验才为对纯粹、唯美与超脱的强调所淡忘，以及在现当代发生的对原始主义艺术风格的回归与重构。

应该说，一切时尚元素都具有审美与文化的内在特质，同时又难免被借鉴到对视觉印象的表现上。就时尚创意与设计来说，艺术与社会、历史、文化等各种意义之间也是密切关联的，这种关联突出地体现在它们之间的交织与互文方面。那些主张"为艺术而艺术"的唯美主义者认为，艺术的使命在于为人类提供感观上的愉悦，而非传递某种认知与道德上的诉求与关涉性。"为艺术而艺术"强调的是艺术自身的自律，以及这种思想受到过康德审美无功利观念的影响。但当时尚的创意与设计，针对人们衣生活的实用诉求之时，审美就不得不关注社会与文化语境及

---

① ［挪］拉斯·史文德森：《时尚的哲学》，北京大学出版社 2010 年版，第 165 页。

其相关问题。

因此，一切时尚元素的社会、文化象征与意味，其实也是艺术与审美表现所要关注的问题。在19世纪，法国巴黎的时尚女性们常常相聚时尚沙龙，这种交往无疑构成了她们日常生活的重要方面。当然，"她们来这里不仅是为了获取装扮的行头，而且还参与社交聚会，互相观察、交谈，以便在最新的时装、文化和上流社会中更新自己"①。然而，人们不可能完全生活在唯美的象牙塔之中，服饰与着装者的社会与文化关涉及其问题，显然也是时尚创意与设计所要面对与不可回避的。但即使如此，唯美主义至今依然是一切时尚创意与设计的艺术与审美基础。

如果说，唯美主义者如痴如醉地追求艺术之美，认为只有纯粹的唯美才是艺术表现的本质，并且主张生活应该模仿艺术与美的东西，而艺术不必在乎现实与生活及其对美的影响，那么，这种唯美主义就难免陷入因与社会隔绝而面临的困境。作为一种艺术思潮与审美风格，现实主义不同于唯美主义与浪漫主义，它在艺术创作中既强调使用写实的艺术创作手法，同时也提醒服饰设计应当对生活加以关注与回应。因此，现实主义艺术家与设计师赞美自然与歌颂劳动，进而深刻而全面地展现现实生活本身所呈现出的画面。

但现实主义的问题与困境在于，究竟何谓现实本身却难以得到根本性揭示，因为这一问题的阐明从来都离不开审美与文化的建构，这同时也表明了服饰艺术及其对生活表现的复杂性。其实，一切时尚元素都不能被简单地限定在某一艺术流派与风格之中，而是应当对这些元素进行多元的与交织性的分析与阐释。而且，不同民族对时尚元素的理解与阐释也有所区别，这既相关于时尚创意在社会与文化层面上的传播，也与一定时期人们对时尚创意及其意义的理解分不开。虽然说，社会建构所关联的艺术与语境是多元与复杂的，但文化在这里却是社会建构不可或缺的根本性因素。

---

① [美]露丝·E.爱斯金:《印象派绘画中的时尚女性与巴黎消费文化》，江苏美术出版社2010年版，第233页。

二 创意的民族元素及其特质

在这里，民族一般指人们在一定的历史阶段形成的，往往具有共同的地域、语言与生活方式，以及基于共同的心理与文化语境的人所组成的稳定共同体。在生活方式中，各个不同民族的传统服饰都有其自身的元素，这些民族元素也是当代时尚艺术与文化的重要构成。应当说，民族艺术与文化的多元性存在，为民族时尚创意提供了丰富的灵感与启示。民族性的存在之于世界性不仅是基础性的，还是经由民族间性通达世界性的审美与文化前提。但究竟何谓民族元素，显然相关于不同时代人们的独特理解与阐释。

人类祖先为了生存与生活的需要与诉求，只能以自然及血缘的关系组合的形式共同劳动生活，但后来人们对这种原初性的理解却不再局限在族群之中。从最早的人类生活史，就可以揭示出人类生活的族群性特质，以及这种族群生活的历史性生成与展开。应注意到，"社会结构法容易陷入'表层结构'，把文化看做潜在结构的附带现象"①。人类族群是从不同的气候、风土、习惯，以及相关的自然和社会环境中生活过来的。在人类文化与文明开始的早期，原始社会的人们就有了生产劳动的行为，以及对装饰与着装的各种需求与诉求。即使对于今天的时尚来说，民族元素及其当代建构依然是创意与设计必不可少的。

在一定的族群范围内，人们逐步有了类似的生活方式与风俗文化，当然也存在着个性品质上的差异与区分。因此，人类早期的服饰与衣生活方式，也与特定族群的生存处境密切相关。广义的民族或族群的含义，泛指人们在历史上形成的、处于不同历史阶段的各种共同体，如原始民族、古代民族、近代民族、现代民族，甚至连氏族、部落也应该包括在内。但这种所谓的部族所涉及的特定元素，既不同于一般的元素及其样式与风格，同时又不乏与本民族相关联的民族与地方性特质。

在人类学的视野里，民族总是相关于一定种族、族群的存在与生活的，尽管在艺术与生活的关联里问题仍然是复杂与繁难的。与此同时，民族也指一个国家或一个地区的各民族，如中华民族、阿拉伯民族等。

① [英] 杰克·古迪：《神话、仪式与口述》，中国人民大学出版社 2014 年版，第 69 页。

还可以说，"部族的最基本的特点，是拥有一个共同的起源、有共同的价值观的族群意识"①。另外，狭义的民族是指各个具体或独特的民族共同体。如英吉利人、德意志人、法兰西人，以及汉民族、蒙古族、满族等少数民族。民族属于一定社会阶段的历史范畴与生成物，它的建构显然离不开社会、历史与文化语境，还往往以其特有的方式重新介入与构成当代的衣生活方式。

在民族形成与生存中，民族的艺术、精神与文化也是一个被建构的过程，而这些建构都是在特定的生存环境与社会生活里实现的。作为民族身份的一种象征与标识，传统服装总被灌注着民族的艺术、精神与文化。在人类共同的生存与生活过程中，各民族的共同性可能甚至必然会越来越多，同时它们之间的差异性也会变得越来越小。随着民族融合趋势的加剧，民族元素与服饰创意及其独特关联性，都成为不可或缺与难以替代的文化特性。与此同时，对民族元素的借鉴还涉及各种学说与思想的视角与重建，但不同思想视角对民族元素特质的揭示与重构无疑又是有所差异的。

各个不同民族的服饰元素与服饰艺术表现，不仅是民族生活的文化积累与历史性沉淀的生成物，同时也是时尚创意与艺术设计的重要灵感来源，虽然各种元素难免以变形等重构方式出现在设计里。即使是在当代时尚领域，民族的传统创意元素都是不可忽视的文化底蕴。一种时尚要成为当代世界性的时尚样式，民族性元素无疑是不可缺少的审美与文化资源。对服饰与时尚来说，民族元素一般可以分为造型、图案、质料与工艺等方面，而这些类型往往还发生相互间的交织与融合。民族元素的特质与文化往往具有构成性与整体性，并在这种整体及其内在生成里，把各种分离的元素纳入关联与重构之中。

当然，对时尚创意的民族元素及其传统文化的强调，并不是简单地恢复与回归到民族原初生活状态与语境里，而是旨在极力主张在时尚创意的过程中，关注时尚文化的历史传承与民族意义的揭示。其实，这显然也是以民族元素文化特质的挖掘与重构为基础的。例如，在清代，衣冠形制就保持了满族的风格与特征，并将汉人的宽衣大袖改为紧身窄袖

---

① [美] 乔尔·科特金：《全球族》，社会科学文献出版社 2010 年版，（序言）第 2 页。

的样式。实际上，经过长期的分化、融合和历史性变化，最终形成了汉族和少数民族衣生活方式并存的局面，而各民族在精神与文化特质上显然是既区分又密切关联的。

不同民族的元素与文化及其交融，使时尚创意的民族传统文化的建构成为可能，并为在当代的不断创意与重构作了文化奠基。当然，世界各民族都很注重本民族的传统服饰文化，并在借鉴其他民族元素的基础上将民族元素加以创新，并以之作为服饰与时尚设计的传统文化根基与灵感来源。民族时尚的创意是以民族文化的特质为根本基础的，再加上各个不同民族间的文化相关性，以形成思想对话与多元的艺术与文化语境。作为一种重要的时尚样式与风格，民族时尚是以民族元素及其文化的整理与重构为前提的，并以此区别于古典风格、都市风格、田园风格与前卫风格。

但不同时尚风格之间的区分是相对的，它们常常密切地关联在一起并相互生成，从而形成了许多混杂的当代时尚风格样式。在这里，"民族文化中的各种元素，特别是少数民族服饰文化的外观物质元素和内在精神元素，是世界服饰文化元素宝库中最为丰富多彩，最为生动活泼的一个部分"[1]。就民族元素自身而言，这种外在的表象与内在的精神又是相互关联的，而对这种关联性的揭示与阐发则是时尚创意所应回应的问题。实际上，每个民族文化都包含着丰富的素材与元素，并因此为时尚设计提供了诸多的思想与文化可能。

还可以说，传统的民族元素与文化的历史性构成，影响着各个时代的时装设计师的创作思维，并成为一个永恒的创意话题与设计符码，从而在时尚设计的各个层面得到了表现。其实，对民族传统元素与文化语境的关注与强调，并不局限于一般的民族地区与国家，往往还包括世界上许多发达国家如欧美各国。法国、英国与意大利等国，都非常注重民族文化与精神的传承与重构。譬如，在圣·洛朗的不少时装设计里，都有着对东方元素的借鉴与神秘的东方风格。虽然说，国际流行的西洋服饰在日本社会是一种普遍着装，但日本本民族的传统服饰风格也保存完好、穿戴至今。

---

[1] 钟志金：《民族文化与时尚服装设计》，河北美术出版社 2009 年版，第 54 页。

实际上，那些世代相传的经典图案与样式，无不被广泛地借鉴到服饰创意与设计之中，并构成了现当代时尚的民族性文化基础。在古代与传统社会，织绣龙纹的龙袍为至尊之服，但各个朝代的龙纹并不相同，以明清时期的龙袍图案最为精美。所有传统图案在当代的重构，都涉及色彩、技法、款式、工艺及其历史性等问题。应当说，当代时尚又会以新的观念与想法，对民族图案与传统技法加以重构。例如，在日本时尚设计界，不乏对民族时尚所进行的大胆创新，创造设计出既有本土民族特色又有现代时代感的时装与时尚文化。当然，这种对传统的借鉴与重构还取决于设计界独特的创意能力。

在"冷战"结束以后，民族元素与文化的挖掘、重构与世界性认同，成为所有民族与国际时尚界所共同面对的问题。在时尚创意过程中，正是各个不同民族衣生活元素所蕴藏的文化，成为民族与国际时尚创意所极力关注的问题与文化语境。21世纪，随着经济一体化与全球化进程的加剧，民族的元素与文化面临式微与被同质化的危险。因此，亟待在开放与多元的文化语境里对同质化加以克服。而如何挖掘、梳理与重构民族元素与文化，在时尚创意上既非常的重要又十分的紧迫。

在当代，各个民族的创意元素与文化传统，有着越来越重要的审美价值与精神意义，并将对世界时尚界产生前所未有的文化影响。对民族元素与文化的发掘，正在成为不少民族艺术与文化的一种自觉。与此同时，"异域风格和民族服装是重要的灵感来源，许多国家和地区的收藏单位已经扩大了这一部分的藏品量"①。譬如，泰国、菲律宾等国家还将本民族服装的造型与风格，作为一种重要的传统文化与生活方式保存下来，这无疑也是对待民族时尚文化及其传承的应有态度。当然，这种异域风格总是相对于一定的民族生活而言的，它并不能被局限在某些特定的民族及其文化里。

任何民族都可以借鉴其他民族的元素，但这种借鉴又必须以本民族的元素与文化为基础。在当今世界时尚领域，不少艺术家与时装设计师，更是自觉地与创造性地运用各种民族元素与文化。在艺术的表现方式与审美经验上，不同的民族或国家存在着不可忽视的差异，这些不同的艺

---

① ［英］苏·詹金·琼斯：《时装设计》，中国纺织出版社2009年版，第19页。

术元素与文化特质，正是构成其特定精神图式所不可或缺的。应当看到，源于传统、富有历史感和文化韵味，成为当代民族服饰设计极其重要的审美诉求。在审美需求与文化意味上，民族独特的生活方式与集体无意识是不可忽视的，但各个民族之间通常也难免具有某种关联性与相似性特质。

在荣格看来，这种集体无意识来源于种族祖先的生活经验。在集体无意识里，原始经验往往是由原型、象征性图画等表现出来的。因此，民族时尚创意离不开深厚的传统和文化积淀作基础，从而才能充分表现出民族艺术与文化的独特情致与魅力。当然，不同民族元素的内在特质也是有所差异的，它们都是不可或缺的与无法相互替代的。通过对民族元素与传统的理解与文化阐释，时尚创意与设计就有了历史与文化的多元视角，审美观念与构思也将获得某种历史感与文化底蕴。作为时尚创意的要素，民族元素无疑体现了民族独特的精神、文化与思想，以及与之相关的生存哲学与民族生活方式。

只有基于对民族元素的揭示与理解，才能为时装设计注入本土文化的内在精神，进而彰显与表征出民族独特的文化特质，而正是这些文化特质构成了民族时尚及其与民族精神图式的密切关联。但要意识到，民族服饰的现代化与现代服饰的民族化，这些提法本身都是不确切的甚至非常模糊的，它们是对民族元素与文化的一种简单化处置。因为，民族的元素与现代的元素的区分与差异，其实从来都是相对的、历史的与语境性的，根本没有什么非此即彼的严格界限与绝对分割。

在本性上，设计创新不是把民族元素、图案，以及少数民族图腾等的特点与风格，简单地移植与搬抄到现代服装的造型上，那样只会让人感觉到浅薄、穿凿附会与不合时宜。这是因为，民族元素的特质并不是一个固定不变的实体，而相关于通过传统与现代的对话而来的重构。实际上，"影响时尚发展的因素包括可谓'无所不有'，如体育、俱乐部、社会、经济地位以及不同的文化，这就需要设计师对它们进行解码和演绎，去适应当下主流的时尚趋势"①。民族的独特个性与传统文化特质，

---

① ［美］杰伊·卡尔德林：《时装设计100个创意关键词》，中国青年出版社2012年版，第78页。

无疑是任何一个民族成为自身的前提，同时也是各个民族相互区分的根本标志之一。

毫无疑问，如何将民族精神与文化特质，灌注到与渗透进时尚的表现方式里，是时尚创意与设计应考虑的重要问题，而对民族元素特质的发现与挖掘是这种表现的基础。譬如说，作为中国古代的一种服装款式，深衣开创了上衣下裳相连的服装形制，对后世与现代的服装设计产生了重要影响，因此亟待加以系统与深入的挖掘、整理与重构。不同民族在精神与文化上的区别和差异，其实就是各个民族所具备的民族特色之所在。而且，任何民族元素的理解与阐释，显然都离不开民族的精神图式与文化特质。

无论是就创作者、接受者而言，还是考虑到艺术设计活动，创意的文化关切都是不可避免的话语建构方式，这是艺术民族性存在得以可能的文化基础。"我们可以从对民族文化的了解探索中发现激发创作灵感的各种元素，如形式、色彩、图案、材质等。"[1] 例如，始于唐代并借鉴到近年来的时装的中国红，就具有鲜明与显著的传统风格与民族气节。由于红色独特的符码与象征意味，它在民间喜庆、传统节日里得到了广泛使用。作为一种社会与文化符码，时尚还与人们的社会地位、职业身份、文化修养密切相关，但它又总是在突破原初族群性限制而成为大众普适的衣装方式的过程中实现自身的。

因此，时尚创意元素的起源与建构不仅与民族相关，同时也离不开民族特定的社会与文化语境。在这里，文化的民族性也可以看成艺术表现沉淀后的生成物。同时，时尚创意还揭示了民族文化存在的品质与精神特征。但如此理解的文化性却不仅是视觉性的，还涉及与视觉相关的诸多要素。在艺术、时尚与审美过程中，民族性特质的结构性表征在：表层的视觉与表象、中层的观念与文化、里层的精神与信仰，与此同时，这三个层次又密切相关并相互生成，而且，结构的开放性与历史性特征也是不可忽视的。

尽管民族创意的途径与方式是多元的，但它们都从特定的维度与视角，表征与彰显了民族文化独特的存在。正是民族独特的文化性品质，

---

① 马蓉编著：《服装创意与构造方法》，重庆大学出版社 2007 年版，第 13 页。

使创意的民族性与世界性的相融得以可能。与此同时，这种文化性也正是民族间性的本性特征。不同民族的时尚风格与衣生活的关联与融合，从来都离不开长期的共同生活、文化交往与历史传承。在中国服装史上，各种吉祥图案及其隐喻与象征意味，在时尚创意与设计上得到了借鉴与重构。各个民族的元素与文化之间的对话，既是不同民族时尚艺术表现与存在的重要方式，也为民族艺术的多样性特质提供了可能，同时还是民族时尚世界性建构的思想与文化基础。

对话性既要揭示各民族艺术的某些相同性，又必须承认各民族艺术与文化之间的差异，而不是以某种所谓的一致性来耖平各民族的特质。因此，对民族的元素与服饰文化的自觉，成为设计师们重要的审美与文化诉求。实际上，在传统服饰与时尚中，各民族精神与文化的独特性得到了视觉表征。譬如，"南美洲视觉遗产的生动性在欧洲人到达之前的织物中得到了充分展现"①。应当注意到，一个民族的艺术与文化，可能随着外来艺术与文化的渗透而式微，正因为如此，对民族艺术与传统文化的保护成为当务之急，但也不应该因此而将民族与传统文化封闭起来甚至与世隔绝。

因此，民族艺术与文化的保护与传承离不开合理的文化政策。对于民族性元素而言，历史性、生成性与文化性是其根本性的基础。历史性是民族性艺术自身的来龙去脉，它使艺术烙上了基于时间的民族自身的印记。文化性指那些有厚重感的精神及其历史沉淀，它是一种既确立、稳定又不断生成的历史性，并沉浸在艺术表现与设计的历史性发生之中。一种时尚元素长久的艺术与审美生命力，也许正是在于其开放性的文化特征。在一个开放的社会与文化语境里，互文与对话从来就渗透在各民族艺术之中。实际上，导致民族艺术与文化衰落的，可能并不是其对外的开放，相反也许正是其封闭与守旧。

其实，"民族的就是世界的"及其重要意义与启示，以及时尚的民族性通达世界性的必要条件，无不关联到民族时尚的历史性、开放性与互文性等特征，这也强调了民族时尚所内含的民族精神与文化的世界性意义。但民族性及其向世界性的通达的实现，并不是单向的与不可逆的，

---

① ［英］玛尼·弗格主编：《时尚通史》，中信出版社 2016 年版，第 26 页。

而是双向的与互动的：一方面，民族性走向世界性；另一方面，世界性融入民族性。因为只有这样，才能既坚守艺术独特与不可替代的民族性，又不丧失基于世界性的时尚多样性特质。在民族性与世界性的交织与相互生成之中，民族元素与文化成为世界性民族时尚不可或缺的人类学构成。

三　民族文化作为时尚创意的语境

在时尚创意与设计的过程中，民族文化既是时尚表现重要的文化诉求，同时还可以成为一种不可忽视的文化语境。甚至可以说，一切时尚创意与设计表现，都离不开传统与民族的文化这一语境。"在原始先民那里，服饰图纹就是一种创造性的纹饰，一种展示精神祈愿的经验图式。"①否则，就没有文化的底蕴与脉络灌注在时尚作品里。民族文化是各民族在其历史过程中与生活方式里，形成和建构起来的并具有民族特质的文化样式。应当说，民族服饰元素无不是从民族文化里生成并成为自身的，而民族文化又成为时尚创意不可分离的精神与文化语境。

一般来说，民族文化往往体现在艺术、风俗与宗教等表现样式之中，当然，人们的服饰与衣生活方式显然属于民族文化的必要构成。在这里，民族的生存及其所关联的民族性特质，既是民族文化重要的、不可或缺的基础，同时也是民族时尚观念与思想发生的前提。但这并不是说，民族性简单地规定着时尚的创意表现与设计，而是旨在表明与强调，民族性渗透在民族时尚创意及其相关文化的根基里。毫无疑问，民族文化渗透在服饰与时尚艺术的表现里，并成为艺术与审美无所不在的、不可或缺的语境。

在设计过程中，民族元素及其向时尚艺术的介入与渗透，还必须充分考虑究竟如何实现时尚化，以及怎样才能生成与建构时尚感的表现与审美问题。在艺术与文化的语境里，民族性及其元素得以创造性地重构，无疑是激活民族创意与设计灵感的重要方式。例如，"1922 年，古埃及法老陵墓的发现掀起了一阵古埃及潮流。裙子的前裙摆设计成了褶皱，古

---

① 张志春：《中国服饰文化》，中国纺织出版社 2009 年版，第 60 页。

埃及图形作装饰，搭配以圣甲虫珠宝项链"①。可以说，民族文化及其精神既是民族时尚创意的根本性所指，当然还有一个如何表达生活情趣与情调的问题，而民族文化本身又构成了这种创意不可或缺的语境。也就是说，民族文化是民族衣生活时尚感赖以建构的文化基础。

如何在视觉化中去表现民族意识与文化，无疑也是民族时尚创意与设计的重要问题。但民族时尚创意并不只是局限在其与民族精神图式的内在相关上，它还与民族生活方式的社会性与历史性相关联，并把这些关涉当成民族元素重构与创意的文化语境。为此，当代时尚设计不仅应当关注主流或流行的文化，它也要注重从民族文化语境里汲取灵感与得到启发。对于民族时尚来说，民族文化语境与创意文本，既可以发生相互转化，同时又是相互生成的。在时尚的创意与设计之中，各民族元素及其特质的深入揭示是不可忽视的。

对于不同的民族或族群来说，视觉思维与心理习惯也是有所区别的，这也是设计与着装所应考究的文化问题。因此，民族元素的揭示与视觉化表现，应考虑到民族性特质及其人类学差异。视觉化不仅应将民族精神特质加以一般的表现，更要揭示与彰显这种民族性所蕴藏的独特文化意义。应该说，这种民族性是民族时尚创意的艺术、思想与文化之源，而独特的民族存在者又是通达民族艺术与文化的根本性路径。同时，民族文化规定了时尚创意的意义及其表现方式。对于各个民族或族群来说，传统与民族文化的存在与认同无疑是非常重要的。

其实，民族文化对于民族的日常生活方式的建构，以及民族艺术的表现与时尚创意的生成，不论在过去还是现在都具有特别重要的意义。尤其是，在当代时尚创意的独特表达与传播之中，民族文化甚至成为不可或缺的资源与基础。"在人类的服饰史上，西方重裸，中国重藏，西方多推崇人体美，中国多讲究扮饰美。"② 在这里，民族文化与时尚创意密切的生成性关联，存在于民族生活方式的各个层面与构成之中。民族文化所蕴含的民族精神与文化特质，往往在民族艺术与服饰及其解码后得以彰显。当然，这种说法与见解只是就一般情况来说的，并不是绝对的

---

① ［英］奥蒂莉·戈弗雷：《复古时裳》，北京时代华文书局 2015 年版，第 8 页。

② 张志春：《中国服饰文化》，中国纺织出版社 2009 年版，第 58 页。

与一成不变的，这与中西不同民族或国家的文化及其对身体的理解分不开。

在民族精神的形成与揭示过程中，民族艺术与服饰及其在当代的重构具有不可忽视的意义，这当然也不得不涉及不同民族文化传统的差异与区分。在时尚的创意与设计之中，特别是就当代的服饰与时装设计来说，设计师们更加关注与侧重对民族元素的借鉴，但这不应仅仅停留在对民族元素的简单移植上，而应将民族元素纳入文化里加以对话与重构。在民族元素的借鉴上，有的设计师比较注重殖民主义的艺术风格，有的设计师只是将某一特定民族元素加以强调。但只有重视民族性与世界性的生成性关联，才能促使民族时尚融入并成为世界性时尚。

而且，民族间的相互借鉴与互文，早就发生在历史上不同民族的衣生活方式之间，同时也是当代时尚与文化世界性重构的人类学前提。但各民族的特质与服饰风格的差异，显然也是时装创意与设计不可回避的问题。相较于同行，普拉达更加古怪与标新立异，这是因为，"她喜欢在作品中通过结合对立面，制造冲突元素，不管是风格上的冲突，还是以新代旧，或者别具一格地设计充满艺术感且融合历史元素的服装"①。在存在论与生成论的基础上，不同民族的艺术与审美风格的关联与交织，其实都离不开多民族的长期共同生活，以及各个民族之间的交往与文化的相互渗透。

与此同时，民族的元素、设计风格与生活方式，沉淀到文化里并成为后来设计的语境。在当代时尚领域里，对传统元素与民族文化的挖掘与借鉴，不能仅仅局限在直接的吸收或扬弃上，否则，就会使对传统艺术与文化的借鉴陷入简单化。在清代，衣冠形制保持了满族的风格与特征，并将汉人的宽衣大袖改为紧身窄袖的样式。任何简单化与极端化的处置与执态都是失之偏颇的，更不可能切中民族文化及其传统的根本性特质。对民族艺术与文化的研究来说，发现与揭示风格的文化关联无疑是重要的。譬如，对雅皮士风格的理解与阐释，其实就离不开北美职业青年的生活与文化境况。

无论是各种形式的殖民主义，还是极端的民族主义情结，它们都没

---

① ［英］邦尼·英格利希：《时尚》，浙江摄影出版社 2012 年版，第 80 页。

有恰当地对待民族时尚与文化。对民族生活方式及其机制与文化的揭示，可以说也是时尚艺术与文化研究中的重要课题。在研究中应看到，"此种机制必须能够认知到生活文化的动态过程，但却不能忽视那些构成生活文化轨迹、生活选择以及世俗日常生活的主要力量"①。但这种所谓的机制建构，还应注意对技术的规定及其形而上学加以克服。在全球化以不可逆转的趋势到来之际，现代性及其规制对民族文化的延续与生存，不可避免地带来诸多难以克服的问题与困境，在新旧文化间产生了亟待调适与缓解的心理与文化焦虑。

而且，民族文化的生存与文化遗产的保护，对创意与设计既格外重要甚至还迫不及待。在博厄斯看来，文化实践只有放在特殊的文化语境里才是可解释的。尤其是，民族精神与文化及其在当代的揭示与重构，出现了许多令人忧虑的文化与思想问题。那些一味地模仿其他民族的风格而缺乏本民族文化底蕴的做法，就有待于以对本民族文化意义的强调来克服。此外，还要对民族元素的精神、社会与文化意义给予关注，这不仅可以促成民族文化的历史性传承，同时还能够赋予传统的民族文化以新的时代意义。正因为如此，充分思考与借鉴民族精神与文化这一根本性语境，已经成为艺术、设计与审美研究不可忽视的问题。

毫无疑问，民族文化与历史遗产的抢救与整理，为时尚创意的生成与拓展提供了根本性的文化契机。在民族时尚创意过程中，应通过深入与系统的挖掘、整理与研究，揭示与阐发民族文化之于现代生活所具有的重要意义，以及在设计中引入与运用民族元素与文化的可能性。甚至可以说，作为语境的民族文化从来都是沉浸在整个创意与设计过程中的。不论是民族历史上形成的观念与思想，还是民族所创造的各种艺术样式与审美表现，实际上都是时尚创意与设计重要的思想与文化语境。

当然，着装的身体并非什么固定不变的实体，它的建构离不开时装的规则与文化系统，而这种服饰习惯与传统又离不开民族文化。"在这种情况下，时装行为随其社会背景而变化。因此时装没有绝对的本质意义，

---

① ［英］安·格雷：《文化研究：民族志方法与生活文化》，重庆大学出版社 2009 年版，第 41 页。

服装—身体这一综合体以适应某种具体的习性或环境的方式运作。"①　着装所关联的社会习性与文化语境，也是与民族精神和文化不可分离的，衣着就是对着装者与社会关系的一种回应。应当说，民族风俗、习惯与文化都可以内化为人们的素养，并逐渐积淀为民族的心理、品格与文化气质。在全球化的时尚与审美趋势里，亟待探讨与建构民族自身的时尚艺术与审美的话语体系。

在民族文化中，作为最具民族性与精神特质的各种艺术样式，其实都会对当代时尚创意与设计提供思想启示与文化借鉴。还可以发现，不同人穿着同一装束所彰显的气质并不一致，人们如何着装因此也有一个文化适应性的问题。当然，民族的一切着装方式，包括宗教仪式、传统节日与日常生活中的衣着，无不体现着民族特质的深刻影响与文化潜质。在民族文化的语境里，不仅包含民族特有的审美观念、意识与文化心理，还关联到民族的生活习惯与风土人情等，而且，民族的服饰样式与传统文化，还涉及艺术与文化人类学的基础。

对民族服饰与艺术人类学的研究，可以有助于揭示时尚创意及其民族文化的语境性特质。即使着装者或许并未意识到衣着的意义，但这仍然不能掩盖装束所显露出来的旨趣。为了时尚创意的发生与设计表达的审美实现，对民族生存、生活及其文化语境的揭示无疑是非常必要的，因为这对于创意究竟如何与文化发生关联具有重要意义。值得关注的问题还有，如何在诸多的民族性元素的存在与重构之中，揭示那些共有的或相似的民族性元素与文化特质，以及这种相似性在生活方式与文化语境里的特有意味。但即使是那些相似的民族元素及其精神特质，在不同民族的历史与文化语境里的含义与理解也是有所差异的。

应当看到，西方视角对某种东方元素的揭示与重构，就可能不同于其在东方文化语境里的意义。因此可以说，民族文化就是创意与设计不可或缺的社会、历史与文化语境。除了相似性外，还要关注到，哪些元素又是不一致的、有区别的，各个民族对这些不同元素有何独特的理解，这些差异与区分对于民族创意的解读又意味着什么，以及设计师应当怎

---

① ［美］珍妮弗·克雷克：《时装的面貌——时装的文化研究》，中央编译出版社 2000 年版，第 15 页。

样去回应这些彼此相异的文化特质。对这些问题的探讨与研究，对于民族元素的整理、阐发与借鉴也是非常重要的。在此基础上，还应促成不同民族在时尚创意上的密切关联，以及在民族文化语境里所发生的沟通与对话等。

正是各种民族创意元素的特质与独特意义，将不同民族的时尚艺术与文化表现与建构出来。与所有文化一样，民族文化也不是一成不变的，它既是独特的、多元的，同时又处于历史性的变化之中，而且，不同民族的时尚与文化间的区分也是历史性的。还要看到，"在民族文化传统中，生活习惯是一个对服装流行有着重要影响的因素"①。实际上，许多民族的传统服饰的设计与制作，从面料、工艺、样式到装饰等诸多方面，往往都保持着独特与鲜明的民族和地区特色，特别是那些历史性沉淀下来的传统衣生活方式。

可以说，不同民族的时尚创意与设计，既与民族的生存和生活方式有关，同时也离不开特定的生活习俗与文化。有别于西方的服饰观念，中国民族服饰图案往往会涉及福禄寿等文化内涵，因为这些吉祥文化特质都是民族不可缺少的精神性关涉。就旗袍来说，它之所以能在世界服饰与时尚史上占有相当重要的地位，在于其保持着民族个性和独特的民族文化特质。与此同时，旗袍也因此成为中国民族文化的一种重要符码。源于在生存环境与习俗文化上的差异，各个民族往往都具有独特的民族服饰与文化。应把民族元素的借鉴与创意设计，纳入相应的民族文化语境加以思考，以回应不同民族时尚之间的差异与文化特质。

值得关注的是，民族服饰与时尚的创意与设计，也是在民族文化语境里得到实现与理解的。在传统与民族的服饰设计之中，红色常常象征着喜庆与吉祥，体现了一种喜气的、祈福的民族心理。也可以说，服饰是人类或特定族群艺术与审美的生成之物，它同时还与人们的生活习俗、心理与文化密切相关。例如，各个不同的民族都有其风格迥异的裙装，它们被赋予的文化意味与情趣也有所差异。在不同的历史时期，裙装的长短、样式与风格也并不相同。甚至可以说，民族心理、审美与文化积淀都表征在服饰之中。

---

① 张星：《服装流行学》，中国纺织出版社 2006 年版，第 34 页。

但在对待民族或传统素材与元素上，不可能也不应该只是原样照搬或简单拼凑，而是要把它们纳入当代文化语境里加以审美与文化重构。在时尚创意中，应凭借与运用当代服装设计手法和时尚技法，对民族与传统的时尚元素加以提炼与加工，使其更具当代时尚感、成衣感和日常生活化特质。例如，苗族服饰设计所涉及的刺绣、织锦、银饰、蜡染，不仅工艺精湛，还显得美轮美奂。因此应当说，这里的民族文化是服饰与时尚创意不可或缺的文化语境。作为时尚创意之语境的民族文化本身，其实就是人类文化不可分割的重要构成。

不少的民族元素与地方服饰文化，往往映射出了浓郁的民族习俗、风尚与古老的文化传统。正是这种民族文化，将各种与地方性相关联的人类学特质贯注到创意与设计之中。值得注意的是，"在服装历史中的民族主题服装设计，曾经借鉴许多国家的民族传统，包括非洲、美洲、亚洲和欧洲的各类型民族风貌都相继出现"①。在很大程度上，少数民族的服装与饰品都保持着该民族特质及其意义，往往通过质朴的面料、鲜亮的色彩与强烈的对比等，表达了着装者浓郁的民族情调与地方文化特质。

在民族的祭仪活动中，巫师的形象便是由特殊而神秘的服饰来加以体现的，头部往往需要神秘面具或是夸张的头饰。应当看到，不同的自然环境、生产方式和生活方式，生成了独特的民族性格、民族心理与民族文化，以及民族间各不相同的服饰艺术与审美风格。在传统礼仪活动中，民族元素的装饰性往往得到了强调，如瑶族的丝须项饰、侗族的银饰围腰等，但在民族元素与配饰的时尚化中，无疑也涉及材质与造型上的转换与重构。在这里，风格的独特性与表现的多种多样，构成了少数民族服饰与时尚文化的基本特征。

与此同时，民族文化成为现当代时尚创意的文化基础。其实，独特的民族文化既与族群、地域相关，又成为当代文化多样性生态的重要构成，进而在全球化时代建构出差异性与一致性的审美与文化张力。因此可以说，民族文化往往都具有世界性意义与旨趣，这当然也意味着民族文化在任何一个国家或地区，都具有并彰显着民族不可或缺的特定意义

---

① 卞向阳主编：《服装艺术判断》，东华大学出版社 2006 年版，第 132 页。

与情趣。激活与重构民族的独特审美感受与文化传统，对于民族乃至世界性时尚创意与文化建构都是极其重要的。在民族文化的语境里，建构出来的民族时尚又成为民族文化及其特质的重要表征方式。

第二章

民族元素及其时尚创意的生成

　　作为一种观念与想法的表达，时尚创意与设计的表现既是新异的、审美的，它往往又发生在族群存在及其文化的语境里。时尚创意所关涉的民族元素无疑是历史性的，对民族元素的揭示与阐明不可能与民族文化分离开来。而且，时尚的创意、设计与审美表现，应成为文化认同与传播的一种可接受的方式。在创意与设计过程中，文化认同还显明了时尚史的某种连续性，如近些年流行的新唐装，其实就是一种现代的中式服装，也是对传统中国服装的现代重构。但在不同民族的时尚艺术与文化之间，迫切需要不断的沟通、对话与相互理解，以促成不同民族之间文化相互认同的实现。在这里，各民族时尚元素及其构成的跨文化传播，是以人类共同居住在此大地上为基础的，并表征为文本上的彼此互文与相互交织，但这又是以各民族文化独特性的建构与保持为前提的。就时尚艺术创意与设计而言，其实并不存在任何天生的与一成不变的民族元素，一切元素原则上都可以得到基于创意的视觉与艺术表现。当然，民族元素涉及的方面与类型也是异质的与多元的，它们为时尚创意与设计提供了素材、话语与文化语境。在艺术的表现与审美上，民族元素是在不断地发生与演变之中而得以生成自身的。当民族元素被借鉴到时尚创意与设计之时，也会发生审美重组与意义的历史性变化，并与当下的时尚观念、想法发生互文性交织与对话，进而使得那些具有独特民族特质的创意与时尚设计成为可能。实际上，各个民族原生态的审美倾向与独特文化旨趣，已经成为当代时尚创意与设计不可或缺的灵感来源。同时还应意识到，时尚从来都不只是隶属于某一特定民族或族群，各个民族都有其属于自己的时尚样式与艺术风格，而时尚表现方式又在不同民族之间发生交流与当代重构。

第一节　民族元素的构成、关联与特性

　　这里所说的元素，指一种内在于事物本身的、事物最初由之构成的，且不能再被分解为其他组成的基本单元。据此，民族元素可以理解与把握为：民族艺术与文化沉淀其中的、极具象征性意味的基本单元。对于视觉艺术与表现来说，线条、色彩、形状与纹理等无疑都可看成元素。当然，不同的民族元素与文化既有所区分，同时它们也是相互关联与彼此交织的，并共同构成民族生活方式与文化这一开放性整体。值得注意的是，这些民族元素并不是民族文化可以分割的部分，虽然它们在本性上都是从某一特定的层面与视角，对民族存在与生活方式的一种敞开与揭示，其实也都是对民族文化的整体性的一种阐明。正因为如此，民族元素无不具有某种不能分离的整体性与生成性特征。在各种民族元素及其揭示与阐释之间，一种互文式的艺术与文化对话是不可或缺的。

一　民族元素的规定与构成问题

　　一般来说，元素是一种文化的基本构成单元与成分，它存在于民族艺术与文化的生成过程中。作为民族艺术与文化的一种基本构成，民族元素是民族结构得以成为自身的因素与必要构成。但应当考虑到，"由于各要素间具有可重叠的特性，所以不能用死板的界线来划分它们"①。实际上，民族的精神与文化特质，又是通过其构成中的元素得以显明与彰显的，与此同时，各个不同的元素及其文化特质共同构成民族文化本身。在民族的生存与生活之中，民族元素及其构成是关切于民族自身的社会、历史与文化构成。

　　在民族时尚的创意、设计与表现之中，元素的结构往往是由内在、浅层与表观等构成的，不同层次的可视化程度是有所差异的，它们在相互关联中共同生成着民族元素与文化的整体性特质。与元素结构相对应

---

　　① ［美］帕特里克·弗兰克：《视觉艺术原理》，上海人民美术出版社 2008 年版，第 40 页。

的是，民族精神与文化所关联的信仰、仪式与器物，它们不仅在不同层面上得到揭示与阐发，还在艺术、思想与文化语境得以回应。因此，可以从民族元素三种不同的构成层面，揭示民族元素的规定与其艺术、审美和文化含义。对于所有的民族元素及其文化特质来说，信仰、仪式与器物又是彼此关联与相互影响的。在很大程度上，元素的各个不同层面的意义与旨趣，往往又是由某种整体性结构所规定的。

应当说，民族元素及其存在样式是多元化的与无穷尽的。在民族精神与文化构成里，信仰、仪式与器物是对民族整体性特质的揭示。对于民族元素而言，信仰、仪式与器物是揭示与阐释民族精神与文化的根本性路径。"这种模式的宗教信仰特性目前仍然在非洲、澳洲、东南亚、太平洋岛屿、西伯利亚和北美以及南美的原住民之间持续着。"① 应当说，原初的、历史的宗教塑造了人们的感性。对民族的生存与文化来说，信仰是一种精神寄托与根本信念，同时也是一种对终极性的诉求与信赖。信仰旨在超越，超越一切有限的东西。

只有可以超越现实局限性的无限，才能为弥补人自身有限性提供可能。各个民族的元素与文化，既可以相关某种共同的信仰，也可能与不同的信仰相关联。应当注意到，这里所说的信仰也与仪式、服饰分不开。信仰处于民族精神与文化结构的最高层，最底层是民族生活所依凭的器物，而仪式则介于信仰与器物之间。作为一种神的话语，神话以寓言式的、想象性的叙事来表达，它在民族艺术与文化的传承过程中，曾经起着重要的符码象征与规定性作用。无论是信仰、宗教，还是古代艺术形式，都无不受到过神话深刻与广泛的影响。神话不仅构成了传统民族元素与文化的底蕴，它同时也在服饰设计里得到不断的借鉴。

在这里，神话学旨在对神话叙事加以研究与阐释，进而揭示诸神与人类关系的超自然性存在的意义与启示。作为一种原始的宗教信仰，图腾崇拜把某种动物或植物当成神灵。应当说，"的确，神话作为一种复杂、混合的精神构成物，本身带有一些永恒性（人类生活的意义，功勋，幸福）的问题，它正是用艺术形式将其传给后代"②。信仰往往带有情感

---

① ［美］休斯顿·史密斯：《人的宗教》，海南出版社 2013 年版，第 345 页。
② ［俄］雅科伏列夫：《艺术与世界宗教》，文化艺术出版社 1989 年版，第 8—9 页。

体验色彩，这在许多宗教信仰上得到了体现与强调。但要看到，信仰与所信仰的物件是否客观存在没有必然联系。为了表达对图腾的崇拜，以及与其他氏族部落的区分，原始先民在自己的身体上描绘或雕刻图腾形象。

对于原始先民来说，作为一种图腾装饰的文身关切的正是身体外表。而且，不同氏族先民与族群装饰所用的图形也是有差异的。信仰过程必须是经过内在回应的，其中需透过个人的经历和对灵性的追寻，进而选择一种适合自己的宗教信仰。人类在创造自己的现实世界的同时，也建构了一个带有民族精神与特质的神秘世界。在这个神秘的领域里，人们寄托着自己的信仰和希望。实际上，一个民族不可能完全没有自己的信仰与精神寄托，因为，只有依靠信仰才能拉近有限和无限的距离，进而构成民族元素与文化不可或缺的精神特质。

就世界范围而言，犹太教、基督教与伊斯兰教是主要的信仰体系。事实上，基督教、伊斯兰教都起源自犹太教，都发祥于中东的闪族即闪米特人，也即原属同一个先民，都反对偶像崇拜、多神崇拜，只信仰一个主宰宇宙万物、至高无上的造物主。"在这点上，神话是地方性的，是具体知识环境的产物。"① 在中国历史上，儒教与道教曾经是基本的信仰体系。应当说，民族的信仰深刻地建构着民族的心智、精神与文化。自古以来，对神秘力量的坚信不疑，一直是许多中国人与东方人的信仰旨趣，这往往表征在对护身符、符咒与其他辟邪镇妖符码的迷恋上。

在儒家的思想中，孔子强调仁，重视礼。孔子的仁学是儒家的核心思想，它是对于先秦礼乐文化的创造性改造，也即用仁来解释礼乐文化。以孔子思想为核心建构起来的儒教，无疑是中国传统精神与文化的重要构成。在儒家那里，比德说强调了衣与人的关切甚至合一。与孔子同时代的老子，重视"道"，强调"德"，崇尚"无为"与"清净"。而且，道家所理解的艺术是关于道即无的艺术，如大象无形、大音希声表达了无之境界。在这里，各种具有信仰旨趣的观念与思想，都构成了民族服饰艺术与文化的精神特质。

原始道家主要指老子和庄子的学说，魏晋的新道家也即魏晋玄学。

---

① ［英］杰克·古迪：《神话、仪式与口述》，中国人民大学出版社 2014 年版，第 11 页。

道家的核心思想是道自身，也即作为自然的道。作为道士的服装，道服是中国古代的一种释道之服，元代与明初流传于民间生活。在佛教里，除了释迦牟尼外，还有一些菩萨从印度之外的其他种族的传说与信仰中来，如阿弥陀佛、弥勒佛等。作为佛教的重要派别，禅宗的核心思想是心灵的觉悟，其根本问题不是外在的，而是内在的，也就是对于人自身的佛性即自性的发现。到了后来，禅还成为日本的佛教样式，它是经由中国传播到日本的。应当说，佛禅的题材成为艺术表现与服饰设计的重要文本与话语构成。

　　毫无疑问，民族元素的规定与内涵的揭示，也是离不开信仰与民族宗教及其文化特质的。一般来说，仪式是对具有宗教或传统象征意义的活动的总称。"仪式"一词来自英文的"ritual"，其原意是指手段与目的并非直接相关的一套标准化行为。在艺术史与美学史上，艺术与仪式的关联由来已久。"综上所述，我们看到，艺术和仪式，不仅在古希腊，而且在埃及和巴勒斯坦，都是密不可分的……"① 与此同时，仪式往往具有一定的时段、特定的场合。在宗教里，仪式指在祈祷与礼拜中所奉行的某些固定程式的做法。

　　而且，仪式可以由个体、群体或团体组织主持和组织进行。也就是说，仪式中所表现的行为经常另有更深远的目的或企图。仪式既可以在任意场合或特定的场合，同时也可以面向公众、私人场合或特定人群。作为信仰的主要载体，仪式不仅体现与表达着信仰旨趣，而且还传递着符码象征的文化意义。民族地区的社会活动与日常生活，如交往、节庆、丧葬、嫁娶等，都是与特定的仪式、礼仪、着装相关联的，无疑也是民族风俗和习惯所特有的文化样式。在此，礼仪是在交往中所体现出来的人们之间互相尊重的意愿，也就是与人交往的程序、方式以及实施交往行为时，人的外在方面的规范包括服饰、仪态、语言与风度等。

　　伴随着人类社会与文化的变迁，仪式本身其实也会在不同的历史时期，表现出各不相同的形式及其社会与文化意义。"总之，我们用仪式一词指代一种标准化的行为方式（习俗），其目标与手段的关系不是'直观

---

① ［英］简·艾伦·哈里森：《古代艺术与仪式》，生活·读书·新知三联书店2008年版，第10页。

的'（intrinsic），而是非理性的或无理性的。"① 应当注意到，仪式通常被视为象征性的、表演性的，以及由文化传统所规定的一套行为方式，经常被功能性地解释为：在特定群体或文化中，用以沟通、过渡、强化与整合社会的方式。譬如，过渡仪式就是指那些在人生特定时刻（出生、成年、结婚等）所实行的典礼。

在中国西南、中南、东南等南方地区生活的少数民族，较为普遍地保持着基于万物有灵的原始宗教信仰。民族特色仪式就是指受少数民族风俗习惯，以及传统文化所支配的象征性活动，它能够使仪式参与者在心目与情感中，产生认同民族社会价值观念的直接效果。但可以说，民族的风俗与习惯一经形成就具有相对的独立性，成为民族灵魂深处难以摆脱的一种文化象征与价值取向。在这里，仪式成为一种与信仰相关的行为方式，这种行为的根本意义是具有精神指涉的象征性。在仪式发生的行为叙事里，特定的着装也有助于人们体验与理解精神旨趣，以及分享种族或族群集体的历史与文化记忆。

其实，民族艺术与文化及其对社会关系的整合，离不开习惯、惯例、禁忌与道德规范等。还要意识到，仪式与习惯相关于民族的价值观与文化特质，不同民族的仪式则是其特有观念与精神的表现。当然，艺术不仅是一种有形的表现方式，更关切于族群的精神与文化诉求。因为，"人们所观察到的艺术品是对一种文化的有形的表现，因此，是依据该文化的视觉表征习惯建构和表达的一种精神"②。值得注意的是，器物、工艺与服饰设计也是民族早期的艺术品样式，服饰设计与文化也同样离不开各民族特定的视觉表征习惯与文化传统。

当然，民族风俗与习惯主要还是以文化、观念与思维模式，介入与渗透到民族生活里并影响着人们的行为。在民族信仰的基础上，独具特色的仪式使民族风俗与习惯，通过一套象征性体系外化为可视的行为与过程。在民族的生活世界之中，传统的艺术与文化及其特质，其实无不相关于特有的风俗与习惯。对于创意来说，器物是理解与把握民族元素及其存在的存在者，这里的器物不仅是艺术与文化印记的载体，它本身

---

① ［英］杰克·古迪：《神话、仪式与口述》，中国人民大学出版社 2014 年版，第 33 页。
② ［英］罗伯特·莱顿：《艺术人类学》，广西师范大学出版社 2009 年版，第 31 页。

就是传统艺术与文化的历史性呈现。应当注意到，民间工艺的审美生成关切到民族的历史性此在，民间工艺品则聚集了天地人与信仰旨趣。还要看到，器物及其实用性却往往遮蔽了作品自身，因此对实用性的悬置就是不可避免的了。

在对实用性加以克服的基础上，器物才能够关切与通达存在自身，使生存世界的敞开与彰显成为可能。在海德格尔看来，纯物虽是外显之物，但其自身并没有显现，而是幽闭与封锁的，它并不敞开什么，而且，人们极难探究纯物的深幽。与此同时，器物的上手状态表明，由于合手或者说好用，它却从未受到过关注和打量。在海德格尔那里，作为一物或存在者，艺术作品既不同于纯物，又不同于一般的器具。因为，艺术作品自为地存在着，它具有某种自足性。而且，它既可以敞开自身，同时又不受实用性规定。

然而，对民族元素与文化来说，民间器物并不完全等同于海德格尔所说的器具，因为民族与传统生活方式里的器物更具有神秘性，而不仅仅局限于一般所说的工具性特征，它总是与民族的精神特质和地方性文化相关的。"伊里巴强调的简洁、明亮色彩和异域风情的艺术风格，深深地吸引了波烈，波烈认为那些都是受客户欢迎的元素。"[①] 因此，不能把民族器物或工艺简单地归结为某种功能性实体作为古代民间工艺的许多绣品，其图案主要是传统的与符号化了的自然，但这些关于自然的传统图案的含义往往又超出了自然本身。如何对器物命名与作出规定的问题，也是与器物功能与文化等诸多元素和关系分不开的。

作为人的身体的装饰与美化，衣服既是一种具有实际功用的器物，同时也是一种社会与文化象征符号。在艺术史与审美文化里，各种器物还成为视觉表现的原型或母题，并以图案的方式进入民族服饰与艺术的表现之中。但一旦进入艺术表现与服饰审美里，那些器物却不再是一般的用具与实用品，而是已嵌入艺术、历史与文化语境里的文本存在。在这里，器物造型也称为"器形""形制"等，它与物质文化、仪式和日常生活密切相关。而且，这种生成性关联及其特质，还成为器形意义和信

---

① ［美］诺埃尔·帕洛莫·乐文斯基：《世界上最具影响力的服装设计师》，中国纺织出版社 2014 年版，第 14 页。

仰旨趣形成的语境，正是在这种语境里，器物与仪式、信仰之间的相互生成才得以发生。

应当看到，不同民族的器物的造型与文化特质及其关联也是有差异的。考古学对物质文化、仪式和日常生活关系的界定，传统上是以它们的特质及其区别为基础的。一般来说，仪式在特殊场所举行，并且运用较为特殊的手段。作为一种独特的符码，仪式与日常生活的世俗性相分离，而指向了某种神圣性与精神的文化特质。正因为如此，仪式中的物质文化以其反常规性被彰显出来。从形式和语境及其关联来看，仪式所凭借的器物都与日常事物有着明显的区别。作为一种器物的服饰，既被用于人们的日常生活之中，但也会被用于特殊的非日常性领域，比如节日着装与各种礼仪。

作为一种独特的器物样式，礼服往往使用于某些重大的场合之中，它是参与者所穿着的既庄重又正式的服装。还要注意到，许多器物与工具都可能成为禁忌之物。譬如说，"也许早在铁器还是新奇之物的上古社会就已经因迷信而不肯使用它了"①。对服饰来说，禁忌主要指普通民众衣冠与着装行为有关信仰的禁忌。仪式与信仰的关联虽然与技道关系相似，但又不能仅仅归结与阐发为这种技道关系。在时尚创意与设计中，色彩元素无疑与各民族的文化特质密不可分，如绿色往往被伊斯兰民族视为神圣之色。

毋庸置疑，技是揭示与通达道所不可或缺的东西，而道又反过来规定与制约着技，但在生成论的思想语境里，任何关于技与道的二元论及其问题与困境都亟待得到克服。而且，道要规定技，技要服从、归于与通达道本身，但两者之间的相互生成与融为一体才是至境。但任何对技的极端强调，往往容易导致技术主义，从而对道本身带来遮蔽。对于民族元素来说，器物既要使仪式成为仪式，同时又经由仪式来通达信仰旨趣。因此，应对技道的传统问题与困境加以悬置与克服。与此同时，元素构成的分层与对分层的不断突破与解构，正在成为一种基于互文的创意发生的可能基础。

---

① ［英］J. G. 弗雷泽：《金枝——巫术与宗教之研究》，商务印书馆 2013 年版，第 375 页。

二　民族元素意义的关联与互文

在这里，创意元素无不经由视觉化转换来表达，从而将观念、想法传递到时尚艺术与服饰中去。与此同时，民族元素意义的关联与传达不仅是非常重要的，无疑也是一个极其复杂的生成性过程。因为，"我们不要忘记，在列维－斯特劳斯看来，意义对于认知来讲，永远是不可公度的。"① 但还应看到，一切意义都处于不断解构与建构的交替过程之中。在语言哲学里，意义相关于词语与事物的关联及其含义，因此离不开各种意义理论对词与句的理解与阐释。当然，民族元素不仅是一般性存在的，它还成为民族艺术与文化的重要构成。

而且，民族元素及其构成的内在、浅层与表观，其实都是元素及其社会性、文化性关联所发生的不同层面。创意元素内在、浅层与表观之间的意义关联，也是经由信仰、仪式与器物的特定含义来理解的。当然，不同元素创意的视觉化方式与途径，也是有所区别与彼此不同的。在内在、浅层与表观之间，以及在信仰、仪式与器物之间，存在着不可忽视的互文性关联，除此之外，在这两种互文性之间，还存在着一种元互文。民族元素的意义建构能否得到民族文化的认同，却是所有民族时尚创意与设计所要面对的问题。作为人类的一种内在精神诉求，宗教信仰沉淀在有限的人对无限性和终极的敬畏之中。

换句话说，宗教信仰满足了人对神圣性与超越性的向往与渴望。因为，人类包括所有族群的存在总是具体的、有限的，但人的精神又往往不满足于这种有限度的状态。民族的宗教信仰常常是经由仪式、器物来表达与实现的，并由此在内在、浅层与表观等层面彰显出相关的意义。任何民族元素的揭示与阐发，其实都离不开复杂的生成性互文。各个不同民族有其自身的精神与信仰的诉求，这些都表现在民族元素的内在性特质。笛卡儿提出的"我思故我在"思想，把"从自身出发的思维"亦即"内在性"当作哲学的基本原则。

但只有到了黑格尔那里，思维内在性原则才真正成为近代哲学的基

---

① ［法］若斯·吉莱姆·梅吉奥：《列维－斯特劳斯的美学观》，天津人民出版社 2003 年版，第 137 页。

础。这里所说的内在的东西，显然是相对于外表而言的，但这种内外之
分不是历史性的。但古典美学与哲学的认识论及其二元分立困境，难免
又将民族元素规限在这种问题与困境里。还应当看到，仪式由个体或群
体主持和组织进行，可发生在特定的场合或任意的地方。在古代，仪式
也有取法、仪态的含义，它往往具有符码与象征的意义与旨趣。还应注
意到，宗教仪式是人神相通的必要手段和基本途径，但它仍然处于信仰
旨趣的浅表层面，并生成出与信仰旨趣相关的象征意义。作为一种礼仪
或表演性器物，脸谱往往具有神秘怪异与强烈的视觉效果，但不同民族
又有其特定的造型样式与风格特征。

　　在仪式施行过程中，一般都有一套严格规定的程序与格式，并由此
体现出人们的笃信和虔诚。在维特根斯坦那里，仪式的某种独立性得到
了强调。"从他对詹姆斯·弗雷泽爵士所著《金枝》的注疏中可以清楚地
看出，他主张行为模式、举止以及仪式这类词，应该与信念、解释、神
话这类词有所区别，而拥有自主权。"[1] 就宗教人类学派的礼仪先行论来
说，首先提出这个理论的是罗伯特·史密斯，其后，马雷特与普洛伊斯
等也都提出了类似的主张。泰勒、弗雷泽等都认为，原始时代的宗教发
生于原始哲学家头脑内萌生的某种宗教观念，比如说万物有灵观念、巫
术观念之类。

　　史密斯、马雷特等人则反其道而行之，认为行动先于观念，先有宗
教的行动，后来才在此基础上产生比较明确的宗教观念。因此，这种宗
教行动就是宗教礼仪。在大多数民族中，是从宗教礼仪中派生出神话，
而不是从神话中派生出宗教礼仪。而且，礼仪本身就是由感受到同一宗
教情绪的人们集体进行和完成的，各种祭祀活动的着装与仪式往往具有
特定民族的精神与文化特质。社会集体赋予行动以一定的规则，依靠规
则使行为活动固定下来，并为以后仪式的实施提供了示范。当然，民族
宗教礼仪的实施离不开器物的介入与凭借。

　　作为一种礼仪性的器物，服饰在许多具有神圣意味的活动中，彰显
了一个人的审美情趣与文化素养。例如，印度传统风格服装一般以披挂
围裹式的沙丽为特征，加上带有神秘感的土红、深灰与褐色。人的服饰

---

① ［意］马里奥·佩尔尼奥拉：《仪式思维》，商务印书馆 2006 年版，第 37 页。

与着装既要自然得体与彰显个性，同时还要遵守某种约定俗成的规范或原则。在传统的傩文化里，无不涉及服饰、面具与歌舞等诸多方面，傩舞本身其实就是傩仪式的重要构成。但在现当代，许多传统的仪式也正在变得世俗化与人性化。人类早已将其生活习俗、审美情趣与宗教观念，都积淀在日常生活的服饰穿戴方式之中。此外，还必须关注生活环境与场合对人的着装的要求，也就是考虑与时间、地点和目的等的协调或呼应。

在戏剧表演之中，道具、情节与场景对着装也有其特定诉求，这些传统都可以在现当代时装设计里得到表征。服饰文化的精神贯注与器物文明的内在特质，奠定与开启了民族衣生活与服饰文化及其建构。每个民族的创意元素都有其独特的、区别于其他民族元素的特质，所有特定元素及其文化特质也都是意义生成的基础。从工艺来看，民族服饰图案可以分为刺绣图案、织锦图案、蜡染图案、扎染图案、镶嵌图案等。一般来说，刺绣主要有苏绣、湘绣、蜀绣、粤绣与汉绣等。在众多少数民族的刺绣之中，苗族以刺绣精美细致与手法多样而著称。

在所有的器物或器具类型之中，仪式型器物往往具有最高的精神性特质，而与一般器具的工具性与实用性相分离。仪式型器物往往只能出现于仪典性场合，在人与人或人与神的盟誓中扮演角色，这种器物在艺术与文化史上成为宗教性收藏品。比如说，佛教要求仪式型器物必须经过"开光"程式，而后才能获得必要的神通。各民族都有其悠久的历史与文化，以及独特的民族元素与服饰传统。因此，应强调揭示与研究各个民族独特与不可替代的元素及其特质，以及这些民族元素在时尚创意里的表现方式，进而经由时尚创意来表征与彰显元素背后的民族文化，并由此彰显民族元素所隐含的精神意义是创意设计不可忽视的。

传统的民族服饰不仅涉及视觉性建构，还往往将信仰、仪式与器物特质关联在一起。在牯藏节上，苗族男子穿着牯藏头服饰举行祭祖大典，衣色鲜艳，纹样淳朴。在传统艺术表现与审美过程中，"通常每个部落都会使用一套族人都能看懂的基本符号，艺人可以按自己的意愿修改或组合这些符号"①。在古代的交往仪式之中，鞠躬是对他人敬佩的一种礼节方式。在传统的鞠躬礼仪中，人们必须立正、脱帽。其实，人们日常生活里的许多行为，都与特定的服饰、着装和文化相关。在仪式、宗教文化等行为与器物传承之中，同样涉及深层的民族心理与文化特质，而且，各种行为与器物往往都只有象征意义。

其实，仪式型器物本身就是仪式与器物的密切结合。值得注意的是，器物不仅能够在宗教仪式中通达神圣，而且它本身就被赋予了某种神圣性特质。除了仪式型器物外，还有功能型器物、身份型器物与精神型器物等。器物还往往成为时尚创意的构图元素，广泛地存在于民族的日常衣生活方式之中。不少传统的时尚风俗如缠足等，无疑是对女子身体的一种形塑与重构，这种行为与器物、仪式发生着密切相关，但这种做法由于贬损身体与缺乏人性，在现代衣生活方式里已不再使用。

还要看到，西周的祭服表明了冕服制度的形成与建构，此后礼就成为中国服饰文化的根本性规定。在日常生活中，人们往往采用招手致意、欠身致意、脱帽致意等形式来表达友善之意。但器物并不仅仅是属于形而下的东西，它还被赋予了形而上的与精神层面上的意味。形而上指的是可感世界的根本性规定，它往往是抽象的与难以感知的，并且是作为可感世界的根据而存在的。在英加登那里，"形而上学质"是文艺作品的至高诉求，这种质又离不开审美经验与审美价值关涉。其实，本体论就是探讨形而下世界的形而上根据的。但在中国与东方文化里，并没有预设西方那样的本体论的存在。

但是，东西方在精神诉求与旨趣上又密切相关。其实，中国自古就不乏宇宙生成论的思想与文化特质。不同于一般日常生活的必需品，仪式中的器物常常具有装饰、情调、怀旧、道德化与趋利辟邪的属性。应意识到，"和对象物一样，意指作用的支撑物总是由物体、衣服、衣服的某些部件或饰品构成的"②。还可以说，礼仪器物既与民族精神图式和文

————————————

① ［美］帕特里克·弗兰克：《视觉艺术原理》，上海人民美术出版社 2008 年版，第 23 页。

② ［法］罗兰·巴特：《流行体系——符号学与服饰符码》，上海人民出版社 2000 年版，第 73 页。

化特质相关，同时又经由创意的视觉化及其表象彰显与显现出来。在功能与实用之外，服饰等造物的社会与文化意义和旨趣还有待于揭示与阐发。而且，各种民族服饰及其元素一旦佩戴或装饰在身，无不散发出象征性而非功利性的意义。

例如，五行与五色就是象征民族内在精神的色彩元素，它们由于被纳入"礼治"而成为仪式的表现方式。对鲍德里亚来说，现代性是以工业资本主义和资产阶级霸权上升为特征的生产的时代，而后现代则是一个由符号、代码和模型控制的模拟的时代。民族元素及其意义也难免在当代发生重构，而这种重构还与形形色色的殖民主义，以及后（新）殖民主义相关联。任何民族元素不仅具有自身独特的价值诉求，又在与其他元素的相互生成里形成意义；这既与从器物、仪式到信仰的过程相关，同时还展现在各个不同的层面与维度上。

随着"民族风"在时尚界的流行，各类民族服饰的特有元素越来越为设计师们所青睐。挖掘、整理与运用民族服饰元素，对保护与传承民族艺术与时尚文化意义重大。但是，还要注意到服饰元素与图案的历史性变化。比如，"历朝历代对龙的形象进行了演化与发展，或爬行、或卷曲交缠，变化无穷，极具装饰感"[1]。对民族元素及其意义的关注与强调，既是民族文化多样性的根本诉求与回归，但这往往又是以西方强势民族优越的文化心理为语境的。对西方殖民主义的文化批判，显然是民族时尚艺术建构与不断重构的前提。在创意与设计过程中，民族性不仅贯注在内在的精神图式里，它同时又在视觉审美里得到揭示与阐释。

三 元素的民族性与文化特质

一切艺术与时尚的创意与设计过程，其实都需要各种相关元素的介入与参与，而这些元素有其特定的民族性与文化特性。在这里，民族性特质往往经由艺术创作及其文本来得以体现，同时民族艺术又是与民族的人类学存在密切相关的。毫无疑问，这种民族性又是艺术、时尚与文化传不可忽视的人类学问题，它旨在使不同的时尚风格与文化彼此区分开来。实际上，民族的生存及其所关联的民族性特质，既是民族文化传

---

① 汪芳：《中国传统服饰图案解读》，东华大学出版社 2014 年版，第 22 页。

统不可或缺的内在精神与文化基础，也是民族时尚观念与思想得以生成的存在论前提。就服装与时尚设计来说，款式、色彩与材料其实都与民族性或地方性分不开。

但这并不是说，民族性简单与直观地规定着时尚创意表现，以至于所有的时装作品都充斥着外显的民族元素，而是旨在表明，民族性渗透在民族创意及其文化的根基里，并以各种或隐或现的独特方式表征出来，甚至在变形或抽象的当代艺术里得到重构。当然，时尚创意所涉及的元素无疑是多种多样的，各种元素及其关联揭示与彰显了创意的文化特质，这同时也在很大程度上，规定与影响着创意的艺术品位与独特生活情趣。具体来说，由于长期受佛教文化的影响，藏族具有独特的僧侣服制，其中，黄色就成为可重构的时尚元素。不仅如此，黄色还是历代帝王的专用色，明黄色甚至成为最高权力的象征。

但在不同民族生活方式与文化里，黄色所表征的象征意味与趣味也并不一致。因此，这里存在着一个民族元素有何独特的意味与特质，以及元素又是如何对时尚加以审美表现的问题。这些问题不仅表现在当代艺术语境里的视觉文化之中，还关联到如何借鉴民族艺术及其在造型、色彩等方面的独特表现的问题。揭示时尚所关联的元素及其文化特质，也是时尚创意得以生成与建构的重要前提。如何揭示视觉表现及其与民族特质的关联，以及民族元素的创意重构离不开当下生活方式的问题，也与不同时期民族元素的历史性发生的社会语境分不开。

对于民族时尚来说，元素及其风格还涉及民族文化特质的问题，这种民族文化也关联着时代、生活与社会的诸多方面。应当注意到，"长期以来，艺术史学家也在思考艺术风格与场合、时代或与个人之间的关系"[1]。民族元素及其向时尚艺术与设计的渗透，其实也是一个民族与传统文化在当代获得重构的过程。譬如，维多利亚装束多呈现出 S 形，内穿紧身胸衣与裙撑，这种传统元素与风格还在英国当代设计师维斯特伍德的新款时尚里得到了重构。还必须考虑究竟如何实现时尚化的表现，以及怎样才能建构富有文化特质的时尚感的问题。

在艺术与文化的语境里，民族性及其元素得以创造性的当下重构，

---

① ［英］彼得·伯克：《什么是文化史》，北京大学出版社 2009 年版，第 113 页。

无疑是激活民族创意与设计灵感的重要方式。当然，民族性特质也是民族衣生活时尚感赖以建构的精神与文化基础。如何在视觉化中表现民族意识与文化，也是民族时尚创意与设计应该加以探究的问题。与之相关，艺术的世界性特质则表明，某一民族的艺术获得了世界性的文化认同。但只有充分注重民族性与世界性的生成性关联，才能促使民族的时尚融入并成为世界性的时尚。还可以说，艺术总是与一定民族的生活、文化相关切的，并将对民族元素文化特质的揭示与民族精神的建构关联起来。

无论是就创作者、接受者而言，还是考虑到艺术活动的发生，元素与民族生活的关切都是不可避免的，这无疑是艺术民族性存在的生成论基础。与此同时，无论是一般的自由艺术表现样式，还是具有实用诉求的时尚设计，它们都是人类生活史与文化得以建构的重要方式，而这些建构在社会与历史语境里表征出独特的文化特质。在 17 世纪，"奇怪的是，对西欧的上等阶层来说，佩戴某些款式的假发是完全必需的，因此这种时尚得以持续存在了近一个世纪"①。实际上，时尚创意总是与一定民族、群体的生存、生活相关的，这种创意尤其是关切于特定族群的存在及其社会与文化语境。

在结构与同构的层面上，文化特质的揭示与民族元素的重构是相互呼应的。在这里，民族性甚至成为时尚文化创意的重要来源，它也是地方艺术与文化特质揭示的精神关涉。在创意方面，由于涉及的因素众多，而且还有无所不在的文化语境，元素的民族性及其文化特质的挖掘与阐发，无疑成为时尚创意与设计的重要诉求。元素的民族性与文化特质的揭示，无不与时尚创意的生成发生着密切的关联。时尚等文化创意如何与民族元素发生关联，显然是应给予认真关注与深入探究的问题。在鲍德里亚看来，媒介在当代社会中的加速作用，相当于从现代生产领域堕落到后现代模拟社会。

与此同时，时尚创意的产生与表现，还关切于一切观念、想法的视觉化问题，因为，时尚艺术其实主要是经由视觉化来表现的，但这种视觉化表现还关涉难以直接加以视觉表现的诸多因素。针对不同民族服装与色彩的象征意义，"列维－斯特劳斯试图强调自己观点适用的普遍性，

_____

① ［英］詹姆斯·拉韦尔：《服装和时尚简史》，浙江摄影出版社 2016 年版，第 112 页。

而利奇则强调观点的相对性和文化的特殊性"①。在不同民族的艺术表现与传播上，应以关联于内在精神图式的视觉化去加以回应。一个民族的文化是该民族的灵魂与精神之所在，显然是应加以挖掘、整理与当代传承的，否则一个民族的精神、观念与思想，就会式微并失去根本性的文化底蕴。

就民族元素的创意来说，涉及与视觉表现密切相关的文化重构，但这些都是以民族精神的文化特质为基础的。不同民族元素的创意视觉化的方式，当然也是有所不同并应给予区别对待的。一种关于民族的时尚表现与创意设计，总是在不同层面对这种文化特质的揭示与阐发。但绝不能采取简单的与非历史的文化执态，将民族艺术与文化遗存作出好坏与优劣的区分。应当说，民族的生存及其文化的民族性根基，既是民族艺术与服饰所不可分离的人类学前提，同时也是民族时尚创意与设计的观念与思想之源。

作为一种历史性沉淀，文化是经过漫长历史建构的生成之物，它也是一种具有内在精神特质的东西，而且，文化还是一个民族成为自身的标识与象征。"文化"一词源于拉丁文 cultura，意为栽培、种植与耕作等，它是相关于人的一种生成性过程。在 19 世纪晚期，"文化"一词进入了诸多社会科学领域里，并成为这些学科不可或缺的观念与思想构成。不同民族在艺术与衣生活上的关联与交往，以及时尚创意的跨文化传播都是不可避免的。这是因为，任何民族都不可能绝对孤立地在世存在，正因为如此，民族服饰与传统文化的复合性与混杂性，也成为民族生活不可忽视的精神与文化特质。

如果说，只有一些要么正确要么错误的东西存在于文化之中，那么，这种文化显然是被概念化的、抽干精髓的，甚至只是一种脸谱化了的文化定格，无疑是没有内在精神与创造性可言的。对于民族艺术与文化来说，传承是不可或缺的历史使命与思想任务。应当看到，"对于审美反思的研究，不能局限于孤立的思想领域，而要结合各种审美现象以及具体的美感，还要关注审美观所隐含的社会文化寓意"②。在民族服饰与文化

① ［英］艾伦·巴纳德：《人类学历史与理论》，华夏出版社 2006 年版，第 142 页。
② ［荷兰］范丹姆：《审美人类学：视野与方法》，中国文联出版社 2015 年版，第 153 页。

的传承上，民族文化内在精神的挖掘与重构是至关重要的。但这并不意味着，人们可以去简单地肯定好的与抛弃坏的东西，而是需要加以细心地分析与辨别，以及深入地解读与研究。

对待民族元素与文化的问题，任何粗鄙与草率的态度都是有害的与不可取的。在民族元素与时尚创意里，民族文化特质的表征与视觉在各种层面发生相关。之所以如此，乃是因为文化本身就是一种结构性整体，但它又总是经由自身的开放性，而与其他民族甚至异质文化相关联。但应注意到，并没有一个单一的与固定不变的民族性元素在那里，而它规定着时尚创意的发生与表现及其文化关联。而不如说，民族文化渗透在民族时尚创意的根基与精神深处，以及一切与时尚相关的诸多元素及其关联与表现之中。

在各个民族的时尚创意之中，要充分注重各民族元素及其文化特质的揭示，只有这样的时尚创意才会有民族文化的底蕴。同时，民族元素及其向时尚艺术的渗透与嵌入，还得考虑究竟如何实现时尚化表现，以及怎样才能获得当下时尚感的问题。而且，"把原始艺术或土著艺术看作是超越它自己的文化和语境并用一种普遍美学的声音与我们对话，会减少甚至否定它的原初意义和目的的重要性"①。对于不同的民族来说，视觉思维与心理习惯显然也是有所差异的，这些差异共同构成了民族元素与文化的生成性语境。

因此，元素的视觉化表现就要考虑到不同民族间的差异，以及这些差异所关联的社会、历史与文化的意义。如克拉汉等带有浓郁吉卜赛风格的民族风情时装，就是以吉卜赛的民族元素为服饰文化特质的。在这里，民族与文化所具有的密切关联是不可忽视的，民族文化本身其实就是文化的重要样式。甚至可以说，任何民族的时尚创意都是以民族及其文化为底蕴的，并将这种文化特质作为时尚感生成不可分离的构成。还要看到，文化认同无不涉及文化针对性与适应性的问题。能否对民族文化特质加以充分地表现，这既取决于设计师独到的理解，同时还相关于如何对特定的元素进行对话式重构。

其实，艺术与文化的相互生成，无疑是基于与关联民族这个存在者

---

① ［美］温尼·海德·米奈：《艺术史的历史》，上海人民出版社 2007 年版，第 266 页。

的，民族的生存与生活甚至融入了这种相互生成之中。与此同时，民族文化通过各种变迁回应着民族的生活方式。一个民族最基本的社会实践活动，就是物质生产活动和精神生产活动，这是民族为了生存和生活所进行的重要活动方式。正是这一基本活动的存在与展开，建构了民族自己的物质文化和精神文化。甚至可以说，文化在本性上就是人化，一切文化都以人作为根本的旨归与诉求。

那些经过人加工改造，以及人化的非自然物，其实都可以涵括在文化领域之内。

对自然与生活的审美观照所积累的经验，无疑也成为民族艺术与文化的重要构成。如果只是对民族文化特质加以外在的、毫无内在精神关联的表征，就会贬损民族元素及其在当代重构所表现出来的艺术底蕴。民族共同的语言、地域与生活，以及表现于共同文化特质上的共同心理素质，显然是一个民族生存与认同的重要前提与基础。但应当注意到，在存在论上，这种不同民族的共此在，也可能导致特定民族独特性的式微甚至消失。在同一个民族内部，各个成员的心理与文化气质其实也是有差异的，但这些差异又往往消弭在群体生活的共同存在之中。

与此同时，无论是信仰、仪式，还是器物，它们的存在都有其不可分割的民族性与文化特质，以及它们与原始艺术和文化密切的生成性关联。因此，强调原始与民族的艺术与文化的独特性无疑是重要的。而且，"一切艺术的表现，都应当是由艺术家的精神中涌现而出，所以能'自然布列于心中'，然后能'不觉见之于笔下'"①。而且，这种与民族生存相关切的文化特质及其揭示，是一个民族生活方式的根本性精神诉求之所在，这其实也是阐释民族时尚创意与设计的文化前提。

实际上，民族生活与文化不乏自己的信仰旨趣，包容的文化心态与开放性的思想对话，之于民族时尚的创意与设计是必不可少的。作为多民族的融合体，汉族在文化上往往较为宽容开放，信仰上也呈现出了多元性的特质。与其他民族相比，汉族的民族性与宗教性似乎显得并不那么直观与鲜明。应当说，仪式的参加者通常是某个社会群体，当然也可以是某个族群的一个家族，还可以是一个家庭或临时集约的社众。民间

---

① 徐复观：《中国艺术精神》，商务印书馆 2010 年版，第 307 页。

仪式是依靠"规仪"而传承的文化存在，它通常约束着人们的思维和生活方式。当然，民族特定的生存状况与处境，也可能导致原生态民族文化的相对封闭性。

在传统仪式中，常常会被某种超个人的集体意志与无意识所统摄，但对民族所特有的精神与文化特质的自觉却是不可缺少的。服饰所承载的精神关涉与传统文化特质，可能远远超出了设计原初设定的各种实用功能，这种超越的意义在于社会与生活的视觉象征。应当说，民族元素的文化特质是与地域分不开的，譬如说，北方民族传统服饰裁剪精细、做工考究，南方民族服饰的裁剪就相对简单一些，但装饰的风格与意味却更加强烈。其实，民间仪式往往具有显著的民间信仰色彩，以及浓郁的民族性与乡土文化特质。

在这里，乡村田园风格的服饰设计所强调的就是这种地方性与本土文化。而且，这些乡土风格还可分为英式乡土风格、法式乡土风格与美式乡土风格等。毫无疑问，独特的社会关涉与文化语境，促成了艺术与文化元素独特性的生成与建构。在时尚的跨文化传播中，不同民族的文化特质也引起了关注。譬如说，"欧洲人穿惯了招摇的宫廷服饰，惊讶于美洲妇女服饰的多样性"①。显然可以说，民族元素所具有的社会与文化意义往往是不可替代的。在本土与民俗文化中，艺术与审美经验融汇在人们的生存状态中，它们本身甚至就成为民族生活方式的重要构成。

虽然说，历来的民间艺术与仪式文化，都往往以游戏本性来消解沉重的泛道德诉求，但还要看到，艺术与服饰的社会和文化旨趣是多元的与复杂的，而元素的民族性与文化特质却关联到社会意义的生成。在创意与设计过程中，任何简单的复制与拿来都不可能从民族性文化特质里重构出独特的当代时尚。其实，民族元素及其特质无不具有显著的时代、文化等特征。而且，民族的题材与装饰、造型艺术与表现方式，都会映射出各民族的生存环境、文化风俗等。作为一种人造物，传统服饰是民族精神及其独特贯注的生成物，也是对民族性元素及其社会与文化意义的揭示与彰显。

---

① ［英］玛尼·弗格主编：《时尚通史》，中信出版社 2016 年版，第 139 页。

第二节　民族元素及其时尚化方式

虽然说，民族元素是时尚创意重要的基础与前提，但民族元素本身其实还不是时尚本身，它也不会自动地、不加建构地进入时尚之中，更不能人为地与任意地将元素置入时尚创意之中。其实，并不存在所谓绝对的与僵化的民族元素，一切与民族存在及其文化相关的元素或因素，实际上都可以成为潜在与可能的时尚创意元素，以及时尚当下感生成与建构的艺术、审美与文化前提。与此同时，民族元素及其艺术与文化在本性上都是生成性的，都有待于在当代进行创造性的审美建构与重构。只有基于建构与重构，原初的民族元素才能成为可能的甚至现实的时尚元素。虽然说，民族元素进入时尚的方式与路径是多种多样的，这些创意思路与方法并不是固定不变与彼此无关的，它们之间本身其实就是相互关联的与互文性的。还应当注意到，民族元素的时尚化并不是把元素简单纳入服饰文本里，而是表明与强调民族元素与各种语境相互关联的当下生成。

一　作为时尚化的延异与顺应

在这里，民族元素在服饰里的借鉴离不开时尚化建构。之所以在此提到时尚化，旨在表明时尚的创意与设计是一种生成性过程，并没有一个艺术表现可以离开该过程而成为时尚。时新、新奇甚至陌生感，往往是一种时尚得以生成的感性特质。在服饰创意与设计过程中，如何充分借鉴民族元素并实现其在当代的重构，显然是民族乃至世界时尚艺术与文化的重要课题。考虑到时尚艺术与文化强调的是流变与独特的当下感，一切时装设计都把当下感的生成作为根本性诉求。民族元素的借鉴及其向时尚感的转化，实际上是一个不断生成与重构的过程。与时尚化相关联的创意方式不少，但每一种方式都是独特而不可替代的。

当然，从来就没有一个民族的时尚感是自动生成的、原来就如此的，同时也不可能说某个民族的元素不能加以时尚建构。其实，艺术、时尚与美感从来都不是一成不变的。应当看到，艺术与时尚之美无疑还会随时代而变，"……在一个时代，它可能意味着美、感性的完美或技能的完善，在另一个时代，人们则认为、希望但又害怕它意味着意义的最彻底的不确定性和无意义的多形态的开放性。"① 建构是民族元素成为某种时尚元素的生成论基础，而建构又是与艺术与文化上的解构相关联的。在时尚感的生成过程中，建构的发生往往是基于解构而得以可能的。

在生成论的语境里，民族元素的建构与解构还处于相互的生成之中。在艺术创意与设计之中，建构所强调的是艺术表现与审美生成的过程性，以及对这种过程性的揭示与生成论表达。但建构还要首先拆解元素文本里既有的观念与意义模式，以及各种各样的理性哲学与形而上学预设。建构既不是一劳永逸的简单肯定与直接因循，同时也不是无中生有的所谓虚构或杜撰，而是一种对元素与文本的重新敞开与激活，以生成出新的话语体系、意义与文化旨趣。民族元素及其向时尚艺术的介入，其实是元素自身设置进时尚文本，也就是元素化为时尚的生成过程。

与建构相对的是解构，解构着重对文本及其意义加以解体与破坏。在解构的基础上，重构往往被理解与阐发为一种再建构，也就是说，重构将建构指向了已经构造起来的话语与意义。针对那些历史性存在与生成的民族元素，延异与顺应无疑是一种重要的时尚化手法。具体说来，"延"，指延缓，"异"指差异，"延异"（分延）即由"区分"（differ）与"推延"（defer）两个词合成，它因此代表着原初意义被不断地放逐与消解。甚至还可以说，彻底的解构本身就离不开建构，建构与解构在本性上是相互生成的。其实，海德格尔的"拆解"（德文为 Abbau，英文为 unbuilding）被德里达借用与改造为"解构"。

在本性上，时间性使形而上学失去了最终的根基，而时间在时间化中成为虚无之源。与时间性相关切的历史性特质，为民族元素重构出当下时尚感提供了根本性可能，虽然说那些过时的样式也是时尚所要解构的文本。还要意识到，一切既有的艺术表现与审美活动，都难以摆脱理性形而上学的规定与影响，因此这就亟待在解构里获得当下时尚感。随着人类生活方式的历史性变化，民族元素及其在服饰与时尚里的重构，也就是对民族元素加以挖掘与表现的过程。

---

① 蒂埃里·德·迪弗：《艺术之名——为了一种现代性的考古学》，湖南美术出版社 2001 年版，第 66 页。

但西方近代以来，人的本性被固定化，以及与人相关切的生存状态，往往被归结为某种现成存在物。同时，理性难免成为探究艺术和审美的出发点，这因此也遮蔽了生存与存在的生成本性。与此不同，海德格尔把此在的本性规定为去存在，由此作为探讨艺术和美的问题的根基。出于对反形而上学的彻底性诉求的回应，德里达提出并解释了延异并用于艺术与审美的研究之中。其实，延异往往表示一个词的意义，不仅取决于它与其他词的区别，而且存在于它在时间中的流动。

在这种流变之中，一词语与其他词语发生交叠、贯串，从而也推延了它的意义的出现。在时尚化的过程中，延异既对民族元素重构里的差异与延缓加以强调，同时重构所生成的这种别致与另类感似乎又似曾相识。如新维多利亚式套装，它虽在造型上留有19世纪宫廷女装的痕迹，但又不衬紧身胸衣。"自然，'延异'的这种始终都已经优先于'在'，不可能根据任何传统的时间上的或先验的优先来思考。"① 传统西方哲学及其逻各斯中心主义，假设了一种固定不变的意义的存在，并坚持与强调对某种一致性的诉求与强调。作为空间的隔离与时间的推延的关联，延异使静止的区分流动起来，而不是停留在任何固定的状态上。

作为一种延缓的踪迹，延异对意义的不断消解与逻各斯中心主义，在本性上应当说是有所不同甚至针锋相对的。在这里，踪迹是在场的不在场，以及不在场的在场。在延异与顺应之间，起连接作用的无疑是展开。应当说，展开就是在延异的基础上，对民族元素及其意义的敞开与揭示。在时尚设计对民族元素的借鉴中，还需要去发现元素可能被遮蔽的意义。也就是说，以延异为基础，展开将设计向着意义的生成与再建构拓展开来，它既对民族元素的既有遮蔽物加以祛蔽，又回到民族元素的原初意义来加以重构。

其实，没有任何时尚只是简单地复制与搬用以往的民族元素与艺术风格，当下时尚与审美风格的建构，仍然相关于对以往元素与风格的延异与展开。虽然说，迪奥的新风貌曾经获得了世界范围的空前关注，但是，"事实上，新风貌一点也不新，它其实是一个20世纪30年代晚期和被占领时期的夸张风格的简化版本，并与英国和美国战时的服装出品呈

---

① ［加拿大］埃克伯特·法阿斯：《美学谱系学》，商务印书馆2011年版，第446—447页。

现出完全相反的一面"①。又比如说，源于 20 世纪 70 年代伦敦的朋克装，后来又跨文化传播并影响了欧美各国服饰风尚。20 世纪 90 年代以后，时装界还出现了以鲜艳、破烂、简洁、金属与街头等为表征的后朋克风潮。

海德格尔认为，世界的本性是敞开的、开放性的，而大地的本性则是幽闭性的，而艺术作品正是世界与大地争执的发生。与此同时，作品不仅是自足的世界，还以其特有的开放性向艺术通达。在本性上，作品就是这种抗争的承担者，而真理就发生在这种争执之中。在世界与大地的争执之中，存在者整体显现出来，这种显现就是美，也就是真理的根本性发生。而且，由于艺术具有建立世界和显现大地两大特质。正因为如此，艺术便具有揭示世界的意义和存在的真理的价值，当然也指向浓郁民族特质与风情的传统元素。

应当说，关切于民族性的艺术表现与时尚创意，也是经由延异从地方性拓展而来的艺术世界，而在当下建构的艺术世界又反过来构成与大地的呼应。在这里，生成论是对艺术传统本体论及其形而上学的反动。在生存论那里，美的形上本质与基础得以消解与解构，美的存在问题不再需要形而上学的设立。虽然说，海德格尔的思想主要是现代时期的，但他却具有对现代性及其问题的深刻反思。同时也正是海德格尔，使德里达将解构作出更彻底的推进以可能。即使在解构主义与后现代的语境里，重建与消解也是彼此关联、难以分离的，它们可以同时应用在创意的时尚化过程中。

例如，川久保玲时尚创意独创的前卫风格，显然并不全是纯民族性的元素与样式，而是把东西方元素纳入当代加以对话与重构。在存在论的语境里，存在的生成本性是应给予关注的根本问题，正是这种生成性使得传统元素与文化的延异，在当代的重构获得了一种历史性的特质。也就是说，存在即虚无表明没有任何根据，或者说自身就是自身的根据，这其实也正是艺术与美的本性之所在。海德格尔为艺术与美的问题，构建了一个存在论的基础，此基础已不同于传统的形而上学，进而成为其中、晚期美学思想展开的前提。

对于一切时尚创意与设计来说，消解民族元素所固有的限定与各种

---

① 　[英] 詹姆斯·拉韦尔：《服装和时尚简史》，浙江摄影出版社 2016 年版，第 245 页。

内外遮蔽，无疑是将民族元素的本性加以揭示与延异的基础。而且，延异发生在一切作品或文本之中，它使得创意与设计的时尚化成为可能。甚至能够说，一切创新与时尚化都无不源出或相关于延异。在这里，"解构的目的是重组，解构使很多看似不可能的造型因素，随着审美的变化变得可行和时尚"①。当然，任何当下的创意、设计与时尚化的意义，又通过历史性与传统文化构成了回应与对话。在延异的基础上，顺应则把对传统的解构与当下语境发生勾连，这也是创意与设计的时尚化不可分离的构成。

应当注意到，顺着某种趋势去适应时代的潮流，可以说也是认知结构性质的改变。在对传统元素加以延异的前提下，形状、色彩、花纹与面料都涉及调和与顺应的问题。也就是说，顺应就是认知结构受被同化刺激的影响而发生改变。但这并不是说，顺应与时代所发生的变化简单地同化。而是旨在表明，顺应式结构是一个有足够柔性的开放式结构。在顺应的过程中，民族元素传统的意义既有所保留，同时又会发生相应的变化，然后传递到新的时尚文本与语境里。在这种开放与变化的结构里，民族的创意元素也发生着历史性的生成与互文。

而且，这种顺应还涉及元素之间的关切与共同存在，以及不同元素的交织与对话及其在当代的重构。在创意与设计过程中，发生的正是诸多元素的相互呼应与彼此间的文化适应，以及各个元素与社会、历史和文化语境之间的调适，这样才能与元素的那些原初含义、旨趣发生历史性的生成性关联。除原初语境之外，还涉及民族元素在新的文本中的协恰问题。一切设计都是将创意观念加以视觉化表现，通过视觉把观念与精神转化为象征符码，再经由接受者的解码而获得关于民族时尚的意义。一切理念、观念都向创意发生视觉化转换，并将视觉符码揭示与拓展开来，以顺应着装者对时尚观念与表现的身份与文化认同。

但是，这种顺应并不能理解与把握为一种同化，因为它还须将不协恰性控制在一定程度。其实，设计之所以能够成为一种艺术样式，显然是离不开理念或创意的视觉化的。在蔡元培看来，"被服之装饰，如冠、服、带、佩及一切金、钻、珠、玉之饰皆是。近世文明民族，已日趋简

---

① 苏永刚编著：《服装时尚元素的提炼与运用》，重庆大学出版社 2007 年版，第 67 页。

素；惟帝王、贵族及军人，犹有特别之制服；而妇女冠服，尚喜翻新"①。就时尚化的表达而言，乃是要揭示与彰显民族元素的精神负载与文化意味。顺应一般体现为语言的语境和语言结构选择之间的相互适应，这也涉及与美化了的社会和文化语境的呼应。

与此同时，顺应还关涉到变异性、协商性与适合性等问题。在民族元素时尚化的过程中，顺应还要考虑到移译或借鉴本身所涉及的审美与文化语境。时尚感是既在某种传统的连续性中，同时又在这种连续的中断里来建构自身的。还要注意到，任何设计的创意所关联的问题与语境，在实质上都是开放性的、生成性的，创意的过程又往往是不确定的，因此需要加以不断地协商与顺应。比如说，流行的分析与预测就是基于信息与市场，以及社会生活方式的变化与近期动态，对即将流行的色彩、款式与风格作出的推断。甚至可以说，这种流行预测就是综合各方面资讯所协商的结果。

因此，设计的顺应性使人们得以从一系列不确定的可能性中，来建构那些当下颇具新意的元素意味与所在社会和文化语境的关涉性。在时尚化过程之中，应尽可能选择可协商的时尚语言、设计符码与市场策略，以便达到对艺术与文化的交流、传播的理解和接受。但能否协商并没有一个明确的边界与严格标准，而是取决于对何谓协商性本身的理解与不断重构。变异性和协商性的审美张力是时尚化的基础，因为它们为顺应提供了切实的可能性。而且，顺应性是符码与话语表意功能的表征及其适应性体现。对各种相互冲突与对立的元素或因素，加以渐变处理旨在生成一种和解的张力，这也是一种与延异相对冲的顺应性手法。

作为一种艺术、审美与文化样式，时尚设计也是不断地选择和顺应的生成性过程，但这离不开基于解构而发生的创意与表达的延异及其拓展。与此同时，时尚化的创意与设计表现本身，其实也是与对先前的各类元素及其含义，尤其是既有审美方式与文化的一种挑战与疏离。但是，"从时尚的角度看，在反文化与现存文化之间不存在真正的对立"②。因为，一切为了变化而作出的反离与质疑，无疑都难免成为一种新的既成

---

①　奚传绩编：《设计艺术经典论著选读》，东南大学出版社 2002 年版，第 79 页。

②　［挪］拉斯·史文德森：《时尚的哲学》，北京大学出版社 2010 年版，第 130 页。

文化样式，以及由此而受到后来艺术与文化的疏离与挑战。应当说，文化原型既是文化的根本性源头或模式，但它又是形而上学预设的生成与建构之物。

但作为服装基础纸样的原型，显然是基于身体而相关于人体与服装的同构的。在新的质疑与挑战的语境里，新的既成文化又可能向它曾经反对的文化回归，这当然还涉及究竟何谓原型这一根本性问题。因此，人们对时尚作品或产品的设计与使用，也是一个根据生活处境和交往的变化，而不断作出选择与接受的审美与文化认同的过程。为此，就要从认知、社会与文化等层面，了解与把握设计究竟是如何顺应消费者的。首先，顺应须考虑认知方面的关涉因素，因为这种认知是社会与文化接受的理性基础。

一个时尚化的创意与设计表达，是否能够得到消费者认知上的理解与肯定，无疑是时尚设计能否被认同的前提。其实，人们对新的衣生活风格的适应，相关于设计对生活者社会语境的顺应，以及对不同生活方式的包容与尊重。在皮亚杰那里，顺应指人的主观图式不能容纳外界刺激，便改变原来图式以适应外来刺激的要求。但与之不同的是，"德里达在顺应这种新局势的时候，逐渐通过访谈变得让人更容易理解"①。而且，时尚化不得不涉及文化间的相似与差异，以及各种新旧元素在时装里的相互关联。在审美与文化的顺应过程中，人们的主观图式也必须发生相应的改变，进而调整原有图式与建构出新的图式，以适应生活方式与文化语境的当下变化。

在这里，任何民族元素与文化都难免经由延异而与当下语境发生顺应。任何一种时尚设计策略或手段，只要能够达到预期的目的与诉求，实际上可以说都有其一定的可取之处。如果要使设计不仅满足功能性诉求，还要表现出某种独特的当下时尚感，对传统元素与既有技法的突破就必不可少。延异与顺应对于创意的时尚化表达，以及使这种表达适切于接受者，在此显然具有独特的审美与社会意义。毫无疑问，延异与顺应还要考虑着装者的文化及其语境的问题。时尚化既涉及何谓文化原型

① ［美］K. 马尔科姆·理查兹：《德里达眼中的艺术》，重庆大学出版社 2016 年版，第 169 页。

的问题，同时又关联到对原型的拓展与重构。

但只有得到充分的审美理解与文化认同，民族元素的创意与时尚化重构才具有可行性。在时尚创意之中，延异与顺应及其生成性关联也是不可或缺的，因为一个完整的时尚化表达是基于这种关联的。延异是民族元素时尚化表现的基础，顺应则使得设计的接受有了切实的可能性。其实，一切优良的时尚创意与设计都离不开延异，而不只是将民族元素简单的搬抄或移植。顺应也相关于各种元素的互动，以及与人们心理预期的暗合，而不是简单迎合人们现有的趣味。一切基于民族元素重构的当代时尚，在引领衣生活趋势中依然是不可缺少的。延异是在民族元素原有含义的基础上，加以传承与解构的引申性创意活动。

可以说，这种延异还有待于顺应将其运用于新的文本，以及与这种文本相关联的生活与社会语境之中。在创意与设计问题上，"我们可以将其他因受宗教和当地习俗影响而更有文化韵味的特征，添加到这些实际元素中，比如一些随时间推移而形成的对装饰元素或绘画色彩的审美偏好"①。然而，什么元素可以延异与如何延异的问题，并不仅仅相关于原来民族元素的存在，还要考虑到，怎样顺应所应关切的认知、社会与文化等因素。就服装构成来说，各种元素既相互区分，但又在形式上发生渐变，从而生成出有差异的和谐之美。

作为一种时尚化方式，延异与顺应是传统元素在当代的重构，但这种重构既非简单的接受与沿袭，同时也不是非此即彼的中断与割裂，而是既关联又反离的似是而非与似非而是。其实，复古与怀旧的时尚风格也可看成是由延异与顺应所建构的。艺术与服饰的继承与文化传播，并不是原封不动地承袭既有的传统文化，而是在整理与研究基础上的当代重构。在时尚创意与设计过程中，延异与顺应是同一个过程的两个构成方面，它们不仅生成着自身，还处于相互的生成之中。也就是说，从民族元素及其原初的艺术与文化含义，通过延异揭示出基于历史性的新的意义，并将之拓展与顺应到创意设计与制作的全过程。

应当说，与设计所涉及的文化语境展开顺应式的对话，其实旨在延异拓展所应达致的艺术、审美与文化预期的实现。从来没有任何一个固

---

① ［英］罗伯特·克雷：《设计之美》，山东画报出版社 2010 年版，第 59 页。

定不变的元素，可以不经由延异与顺应及其相互关联，而简单与随意地搬抄到新的时尚设计中去。所有原封不动、画地为牢式的保留，对民族艺术与时尚文化同样是有害无益的。因此，亟待抢在那些已丧失生存环境的古老文化消亡之前，进行大量的收集、整理、记录、保存与重构工作。在设计及其时尚化过程中，传承与重构对于民族元素的创意与设计是必不可少的。

虽然说，日本的和服受到过中国唐装的深刻影响，但它无疑又发生了在地性或异国性延异，并与日本的生活方式和文化密切关联在一起。又如，牛仔服虽然源于美国的西部地区，但它后来又延展与传播到社会各阶层与日常生活之中，还成为一种相对确定甚至模式化的时装样式。在延异的基础上，还要不断回应各种不同的审美经验与服饰文化。创意与设计亟待对民族元素加以整理、揭示与阐发，从而促成少数民族传统元素的时尚化转换。在民族的生活方式中，设计所涉及的社会、历史与文化语境，无不相关于世代传承、相沿成习的心理习惯。与此同时，延异与顺应都必须考虑各种语境的生成与变化，以及这些变化所关联的艺术表现特质与审美旨趣。

二　挪用、拼贴与时尚的生成

尽管说，民族时尚的发生、建构与传统元素、文化密切相关，但这种建构依然是经由消解来重构当下时尚感的，因此对解构主义风格与手法的借鉴具有不可忽视的意义与旨趣。作为一种解构手法，挪用与拼贴不仅在后现代艺术与文化里得到了强调，它们还在当代民族时尚创意与设计中具有重要价值。从词源学的角度来看，"挪用"几乎不能再简单或更直接的了，它来源于拉丁文 ad，意思为"向、往……"（to），具有"参照"（rendering to）的含义。挪用（appropriate）含有模仿与复制的意思，往往指将某事物从原来的地方，搬到另一个地方，从原来的语境移到另一个语境。

应该说，作为后现代主义艺术最重要的创作方法之一，挪用体现了当代艺术与现代艺术之间的区别与断裂，尤其是对艺术提倡的"原创性"的颠覆与挑战。还可以说，"后现代艺术在将来自各流派、各民族、各地区的样式堆砌到一起的时候，艺术家做的就是一个折中的工作"①。在这种挪用过程中，由于语境的历史性变化，可能导致元素或文本原初含义的改变，从而可能使符码的解码出现新的意义。在当代艺术表现与创作之中，挪用的方法得到了反复的使用与广泛的借鉴，甚至成为最为流行的艺术表现与创作的手段。

在对挪用的借鉴与使用中，往往会产生意想不到的特别效果与意义。在广义上，挪用既指对自然的客观对象的挪用，同时也包括对艺术品本身的挪用。如果挪用涵盖了对自然的模仿，那么挪用就成为艺术本身。在狭义上，挪用仅指对艺术品的挪用。其实，挪用还暗指不正当占有某物甚至绑架或偷窃。但还应看到，挪用并不是被动的、客观的、漠然的，而是积极的、主观的、充满目的的。根据挪用的对象和内容的不同，可以将挪用分为表现手法上的挪用、观念与思想的挪用，以及视觉与图像的挪用等。正是这些不同的挪用手法，构成了民族时尚美的诸多理解维度。

还可以说，挪用是使每一个自我发生断裂和错位的策略，它所产生的间离效果不乏消解与重构的特质。与挪用相关，拼贴打破了传统元素的组合与构成方式，以及艺术风格与手法的既有边界，从而使得所呈现出来的感觉独特而别致。如果仅仅从"拼贴"（collage）这个词来讲，它指的是文本创作的一种技巧，其特征在于从整体上审视它是全新的，但组成它的每个部分却是原有的。也就是说，拼贴将这些原有的不同部分巧妙地整合在文本当中，就可以使其呈现出与原来面貌大不相同的特质。

但应看到，拼贴手法又不同于传统的拼贴图案。如果说，传统的拼贴图案更多地强调了材料本身的质地与自然纹理，那么，作为解构的拼贴手法诉诸的则是一种非传统与反惯常的组合方式。在艺术与文化研究中，挪用、拼贴虽然说是后现代主义的重要手法，但这些手法并没有局限在后现代思想领域，而是被广泛地运用在艺术与时尚的创意设计之中。应意识到，挪用、拼贴是对具有当代意味的后现代设计观念所进行的借鉴和延伸。对以解构主义为根本的后现代手法的借鉴与运用，对于民族元素与艺术表现在当代的重构具有别致的意趣与情调。而将不同民族文

---

① 包铭新、曹喆：《国外后现代服饰》，江苏美术出版社 2001 年版，第 83 页。

化的异质性通过挪用与拼贴，更会产生一种复杂的异质文化情调与趣味。

在后现代主义那里，对元解释和文本固定不变意义的反对得到了强调。在保持原图式不变的前提下，挪用通常是将文本进行置换与解构。当然，由于挪用概念相对宽泛，往往都是先从定义挪用入手，通过与模仿、复制等概念深入与细致的比较，分析与阐明艺术与设计及其挪用所具备的特有功能。后现代主义者认为，对给定的一个文本、表征和符号，应当说都有无限多层面的解释可能性。在民族时尚的创意与设计过程中，挪用与拼贴就是对那些固定不变的传统解释的突破，旨在为可解释提供不确定性与多元化特质。

这样的话，一般的字面意思和传统解释，就不得不让位给作者意图和读者反映。随着艺术、审美与文化全球化进程的不断加剧，时尚设计经历了从传统到现代乃至后现代的更迭。因此应看到，"后现代主义改变了关注的方式，不再像符号学家那样只对个别对象凝神细察，而是要求代之以一种多样化的破碎的而且常常是断续的'观看'"①。但在时尚创意过程中，简单挪用与拼贴西方或其他国家的设计风格，其实已不再是民族设计的根本性出路。而且，直接借鉴与不加改造地移植传统的东西也无济于事，破碎对整体性加以解构并为拼贴式重构作出了奠基。

在民族时尚的表现里，挪用与拼贴及其相互生成涉及对传统的解构，以及在与既有风格的对话里重构当下时尚感。应当可以说，这种对话既发生在不同元素、文本之间，同时又发生在文本与各种语境之间。德里达首先提倡的是，在文本的能指与所指之间建立非必然的联系，其目的在于凸显能指与所指搭配的任意性，以及它们之间的差异性与非简单对应性，使所指脱离与摆脱对既定能指的依附，从而扰乱与解构已经固化了的结构主义思想。广义的拼贴其实正是拼贴的核心理念之所在，也就是多元、并存、随意、借用等的广泛借鉴。

还要注意到，拼贴的自动构想原则与主题的非理性并置，以及所引起的变形与新意的可能性。应当说，挪用与拼贴并未把传统元素的意义彻底抛弃，发生的只是意义与语境及其关系上的变化。在本性上，一切

---

① ［英］安吉拉·默克罗比:《后现代主义与大众文化》，中央编译出版社 2001 年版，第18 页。

现代时尚创意都与解构和后现代主义密切相关。"当然，时装的历史并没有明显的、得到充分证明的现代主义阶段"①。而且，拼贴还生成了某些在原先的框架与语境里难得一见的陌生性与奇异感。拼贴广泛地应用于时尚创意与设计之中，尤其是当下时尚感的生成过程中。毫无疑问，拼贴还可以借鉴摄影、建筑、文学、音乐等诸多领域。

在这里，狭义的拼贴是一种作画技法，将剪下来的纸张、布片或其他材料，粘贴在画布或其他底面上，从而形成特定的构图效果或画面布局。从理论与方法的视角来看，拼贴是具有后现代意味与思想特质的话语建构方式，它在时尚感的生成上产生了一种与先前元素及其传统组合不同的印象。朋克激进的"拼贴美学"及其表达，旨在将都市生活的别针等碎屑与肮脏服装碎片一起加以再生利用。虽然说，拼贴往往带有偶然性、随意性，但这里仍然有一个究竟如何才能产生时尚感的问题。

同时也可以说，拼贴就是将不同作品、段落、词语、句子掺杂在一起，从而产生一种新的、陌生的与非日常的感觉与审美经验。在这个多元化的时代，确信无疑地谈论艺术与审美的规定，实际上早已成为一件异常困难的事情。还要看到，一切既有的元素及其构成都面临着来自时尚化的挑战。现代艺术不仅失去了传统艺术所赖以建立的根据，而且还在其自身的流变与生成过程中，衍生出了关于自身的难以理喻的把握。其实，拼贴在服饰设计中的应用由来已久，例如，服装面料中的补丁图案就是传统拼贴图案的典型样式。当代艺术又拓展出难以穷尽的拼贴手法与方式，为时尚的表现与质感的发生提供了诸多的可能性。

而且，究竟是在其存在中去领会艺术所关联的意义，还是在话语中敞开艺术的存在及其遮蔽，都是有待于在后现代思想语境里加以回应的问题。在时尚的创意与设计中，还要充分考虑艺术表现的重构与各种冲突因素的协调，以及如何在解构中重构关于艺术与时尚表现的新奇感。但即使在当代艺术与时尚创意的语境里，拼贴仍然有一个怎样才能达致别致美感的问题。与胸前及背后缀有补子的补服的传统拼贴相比，作为当代时尚化的拼贴更强调对既有规则与传统秩序的改变与重构，而非维

---

① ［英］史蒂文·康纳：《后现代主义文化——当代理论导引》，商务印书馆 2002 年版，第 293 页。

系某种品级与阶层严格的社会标识与文化符码。

实际上，拼贴法的基本构想并无什么特别创新之处，它只是使似乎并不相关的事物及形象产生关联与组接，旨在改变艺术元素在传统表现手法里的关系与构成。虽然说，"协调是服装中不可缺少的形式美法则，服装是由多个元素组合而成的，其款式的风格、色彩的运用、面料的组合、装饰的添加、配饰的搭配等都应符合整体设计要求"①。应当看到，服饰各元素的协调与统一是对变化的一种回应，但这绝不是对变化与差异的彻底取消或消解。拼贴却完全颠覆了传统艺术的连贯性和一致性，使艺术文本曾有的连续脉络和纵深变化消失殆尽。当然，所有前卫与先锋的时尚化观念与技法，其实都依然离不开与传统文化的思想对话。

这里的问题在于，由于根据与基础的日趋式微甚至根本失却，时尚等艺术表现往往在自律中自说自话。因此而出现的联动式情形似乎是，一方面，艺术与自然、生活的边界在迅速消失；另一方面，艺术与大众文化之间的区分也正在模糊。对于这些变化与趋势，服饰与时尚亟待在走近与远离大众生活之间寻求审美与文化张力。在当代，时尚产业界又力图把颇具新锐感的作品推向日常生活，这就难免在打破艺术与生活、大众文化原初界限的同时，又必须在新的视域里促成它们之间的关联、交织与融合。

在这里，拼贴为人们重新理解与把握传统元素及其生成性特质，以及与之相关的文本建构与解构提供了独特的视角。在现代艺术诞生之后，拼贴法就开始成为具有特别意义的时尚表达方式。在对固有的理论与思想加以消解之后，后现代其实并未导致艺术与审美的真正终结，而是极大地改变了人们对艺术、时尚及其文本的话语解构的理解。后现代还为时尚创意的表现与审美，提供了更为宏阔与未曾预想的视域与可能性。因此，艺术与美的问题将得以在多元视角下，得到重新的思考、解构并加以时尚化的审美重建。在当代艺术表现与时尚设计中，挪用、拼贴的应用往往具有独特与别样的意趣。

应当说，这种解构与重建总是相互生成的，从来就没有简单甚至绝对意义上的解构，解构本身就是新思想的生成过程，而任何新的建构或

---

① 马蓉编著：《民族服饰语言的时尚运用》，重庆大学出版社 2009 年版，第 54 页。

重构又将导致新的解构。而且，时尚的重建与解构既相互区分，同时又发生着彼此的互动与交织。在后现代语境里的重建，并不是观念与思想的一种再体系化，也不是一种新形而上学的致思模式。这里旨在表明的是，新的艺术与思想在永恒的流变与生成中，以一种挪用与拼贴的手法去回应既有传统，显然这也是时尚的这种生成性特质的重要构成方式。

作为一种创意与设计技法，挪用、拼贴与原初的质料、元素并非毫无关系，而是在新的审美、文化与理论视域之中，对先前的质料与元素加以重构以实现表现上的创新。无论是什么样式的艺术，还是艺术自身的本性与特质，其实都是历史性的与生成性的，并无确定不变的规定与法则。先前的元素与曾经的问题也会以不同的方式，出现在经由挪用与拼贴所表达的创意与设计之中。在挪用与拼贴里，关于元素及其组合非此即彼的分类，显然不再具有原初的根本性意义与价值，但这种解构又是对民族元素与文化的当代重构。正是在规则与手法的历史性生成里，当下时尚感及其文化意义的重构才是可能的。

实际上，挪用与拼贴的艺术表现手法并非现在才有。在广为流传的剪纸、刺绣、壁画、布贴这些民间艺术中，从创意、造型、构图等方面都能够看到对挪用、拼贴的使用。因此，挪用、拼贴既可以借鉴到传统民间工艺中去，同时也可用于具有解构主义特质的当代时尚创意与设计的表现与传达中。当然，挪用、拼贴的应用还关涉艺术表现样式，以及与特定样式相关的审美与文化语境，并与借鉴以其特有的解构性来重构民族元素的当代意义。通过挪用与拼贴的使用，可以对各种艺术质料与手法的传统界限加以超越，甚至能够生成出颇具时尚感的另类艺术效果与审美经验。

在此基础上所生成的民族时尚感，可以说既是传统的、富有历史性特质的，同时更具有当下独特的新奇感与陌生性。"这样，时尚一方面意味着相同阶层的联合，意味着一个以它为特征的社会圈子的共同性，但另一方面在这样的行为中，不同阶层、群体之间的界限不断地被突破。"[①]在突破与消解时尚固有阶层性的问题上，挪用与拼贴等方式往往会产生意想不到的弥合作用。在时尚创意与设计中，挪用与拼贴等手法、方式

---

① ［德］西美尔：《时尚的哲学》，文化艺术出版社2001年版，第73页。

的借鉴与运用，又不乏对某一民族元素与文化的充分强调。

当然，任何经由创意设计与艺术表现，而对民族元素与文化的阐发都离不开时尚化的问题。在挪用与拼贴手法的应用中，那些看似毫不相干的碎片所构成的独特关联，打破了传统艺术的叙事与表现方式及其理解。经过挪用与拼贴的消解，就可以生成出陌生与新奇感的艺术与审美效果，从而让人们产生较为强烈的感触甚至心理震撼。一切元素与文化的生成性关联，都与人们如何去加以审美与文化建构分不开。还可以说，挪用与拼贴指的是在文本的创作与生成阶段，艺术家与设计师所使用的一种技巧或策略，这种技巧的特征在于从整体上加以重新审视与再构。

具体来说，民族服饰的时尚化既离不开对神话传说、图腾信仰的发掘，还可以借助挪用与拼贴等手法加以当代重构。对时尚创意与表现来说，虽然所组成的每个部分都是原有的，但设计却将这些原有的不同部分巧妙地整合在一起。当然，这种整合不一定是各个原来文本的简单堆砌，因为这种堆砌往往会使文本呈现出粗糙的感觉。应当看到，挪用与拼贴手法的多元化表现与应用，不仅在创作的颜色、肌理和质感上产生变化，而且还呈现出游戏的风格与反讽等后现代意味与旨趣。

在鲍德里亚那里，时尚是一种能指的简单游戏，除了符码，它不产生任何别的东西，而且也无涉价值与道德。应当说，从立体主义艺术开始，达达主义、未来主义、超现实主义等，都充分借鉴与推进了挪用与拼贴的艺术手法。"鉴于所有这些特征，会很清楚地看到时尚是后现代世界的一部分。"① 与此同时，非现实与超现实的观念及其技法与手段，成为时尚创意与艺术表现的重要方式。挪用与拼贴的艺术沿袭至今，一直散发着独特与别致的时尚意趣与魅力，并且在艺术家与设计师的探索下不断地改进、创新。对于超现实主义艺术家来说，挪用与拼贴是一种用来表现真实的内在自我和潜在意识的手段。

在民族元素与艺术的审美与文化重构中，挪用与拼贴还会生成出一种既传统又奇异的意味来。在朋克风格的时装里，构成图案涉及怪诞、黑色幽默与各种冲突元素的组合。当然，挪用与拼贴并不只是一种创作

---

① George Ritzer, *Postmodern Social Theory*, The McGraw‑Hill Companies, Inc., 1997, p. 94.

的技巧或方法，由于关涉艺术品生产方式所寄寓的意识形态因素，它们还成为一种对当代艺术、审美与文化的回应与对话方式。在这个全球化时代，时尚创意与设计的一致性与同质化趋势，不仅消弭与解构了时尚艺术独特的文化旨趣，同时也忽视了各种民族与地方的文化差异性。

作为一种反传统的时尚话语，挪用与拼贴同时又构成了新的时尚文本。在对挪用与拼贴的借鉴中，显然要注意对民族元素与文化的挖掘与当代重建，而庸俗、平庸与简单拿来所导致的同质化是应加以克服的。其实还可以说，"拼贴的方式可以将不同风格、不同年代的材料进行组合，表现一种看似随意却独特的新境界"①。作为一种解构的时尚化，无不涉及对传统与既有风格的反离与重构。还要注意到，如果时装设计只是将原有意义抽空、移植，甚至剔除原有的民族性无疑就会导致支离破碎，从而使当代时尚设计里的民族元素失去文化重构的语境。

除杜桑的达达主义之外，劳森伯格把所有可以找到的东西与材料，甚至喂饱的山羊、剪碎的报纸、布料、时钟、摄影、绘画等，都塞进自己的作品中并以颜色加以拼合。劳森伯格突破了传统的绘画、雕塑与工艺的界限，从而形成了自己独特的艺术表达方式与审美经验。挪用与拼贴既相互关联又彼此生成，共同构成了对原初文本的一种回应方式，也就是说，它们既基于原来的元素与文本，同时又对这些元素与文本加以解构。在时尚创意之中，挪用为拼贴提供了一个文本的可能基础与前提，而拼贴又将挪用而来的元素与文本进行重构。随着传统与现代的交织日趋密切与复杂，如何打破既成框架与体系以实现当下创新，无疑也是一个亟待探究的艺术、审美与文化问题。

三　基于拆解与重组的时尚意味

如果说，现代主义注重的是形式的自律与一致的诉求，那么，后现代主义时尚的设计手法旨在打破以往的统一、平衡、和谐，以及对整体感等设计原则的借鉴与强调，从而展现出设计手法的多元性和可变通性

---

①　苏永刚编著：《服装时尚元素的提炼与运用》，重庆大学出版社 2007 年版，第 75 页。

特质。譬如，"通过纽扣、拉链、按扣、钩扣或尼龙搭扣的运用，可以增加或减少服装上的元素，从而对服装进行重组"①。甚至可以说，某种时尚意味的生成与审美建构，正是基于拆解与重组等带有解构风格的技法来实现的。在结构主义那里，关系得到了充分的认同并被作为实体的替代。结构主义之所以如此，乃是因为它旨在克服认识论与实体论的困境。

但这种对关系与结构的强调，后来又受到了后结构主义与解构主义的反对。根据德里达，拆解所指向的其实是对结构中心的绝对服从这一法则，这种破坏也是针对现代主义的同一性、中心性与整体性而言的。与韦斯特伍德一样，夏帕瑞丽也以荒谬的玩闹拆解了所谓的主流设计，从而引起了设计师们与时尚界对美的重新思考。一切既有的现代时尚文本及其意义，往往难免基于业已形成的关系或结构。因此，时尚创意的不断生成与建构，就不得不涉及对既有时尚元素及其结构的拆解。在这里，拆解促成了对各本文的差异性特质的强调，并随着对外来差异与区分的引入与参照，进而对原本文的结构中心形成消解与解构的态势。

由于结构一般具有固定性和确定性，相反的结构往往会产生类似的意义，这其实也表明了建构与解构，是一个需要不断交替进行的构成。还应当看到，现代艺术对深度感偏好与对解释的依赖，尤其是，现代主义强调在文本的解读与阐释中，那些起规定性作用的概念体系与知识系统。与之不同，后现代主义强调平面性、表面性的特征，以及误读在艺术的理解与解释中的重要意义。如果说，现代主义还看重所指，强调能指与所指的一一对应，因此而具有形而上学的痕迹，并把这种模式用于艺术与美的阐释的话，那么后现代主义则是一种反讽，并表征为一种能指的游戏。

值得注意的是，德里达的解构主义针对的无疑是，西方哲学与思想所涉及的一系列二元分立，如言语与文字、真理与谬误、自然与文化等。在当代，针对传统服饰的拆解与解构，表现在对内与外、细与粗等诸多二元分立的颠覆，如外套可以翻过来穿，粗糙的毛边与没轧完的缝头，取代了精细与讲究的做工，这些其实都是有意为之的独特创意。其实，

---

① ［美］杰伊·卡尔德林：《时装设计 100 个创意关键词》，中国青年出版社 2012 年版，第118 页。

正是原初预设的二元分立构成了被人们所认同的等级秩序，同时也由此导致了诸多的认知问题与思想困境。在民族时尚的创意过程中，这种传统的二元分立还表征为男性与女性、优雅与粗俗等，但这些诸多的等级体系受到了来自消解的挑战。

在后现代的语境里，能指其实并不指向任何的所指，而能指与所指的对应性关联，也不再具有什么实质性意义。在这个全球化时代，现代性及其所规定的对一致性的推崇与诉求，难免导致艺术、审美与文化的同质化问题。实际上，"当代后现代主义理论已经以这种方式日益转向通俗文化实践，以便寻求文化多元性和抵抗性模式"[1]。就创意与设计来说，许多赶时髦的时装既趋同又毫无个性，还往往流于庸俗化、浅薄化与低级趣味，更无内在精神贯注与审美文化特质可言。但与此同时，那些过于道德化的评价与处置也是应加以反对的。

如果说，现代主义仍然强调创作、叙述与宏大历史，而这里的宏大叙事又总是基于主体与理性的，那么，后现代主义尤其是解构主义则强调了审美接受，以及对宏大叙事的反叛、解构与放逐。在利奥塔看来，正是启蒙运动促成了宏大叙事的产生。后现代关注对创作主体的消解与解构，强调作为反叙述的、关切于个人生存经验的个人语型。但在现代与后现代之间，并没有一个非此即彼的严格区分，它们是交织、渗透与相互生成的。其实，打破结构主义的整体感与同一性，也有助于培养受众的怀疑精神与多元的文化心态。

自波普艺术发生以来，拆解与重组就是对旧有元素、文本（含图像）等的处置，依然是后现代艺术家与设计师最常见的方法与技巧，而是否原创或真迹能否存在在此全然并不重要。经过对传统元素及其结构的拆解，既为民族符号与文化在当代语境里的重组提供了可能，同时也为民族性与世界性、当代性之间的生成性关联作出了审美与文化奠基。应当说，拆解是不断地打破旧结构，进而组成新结构的过程。而且，拆解颠覆了传统时装的一般概念与传统意义，在不断的解构中寻找艺术与时尚创意表现的方式。

---

① ［英］史蒂文·康纳：《后现代主义文化——当代理论导引》，商务印书馆2002年版，第296页。

在解构主义那里，存在不断被否定，中心不断被转移，其空缺则由不在场的共存来补充。在德里达看来，作品是永远开放的，读者的阅读也是创造过程。甚至可以说，着装者对服饰文本的解读总是未完成的、不确定的，任何解读视角在敞开文本的同时，又难免为文本带来了新的遮蔽。"在《一个 Z 和两个 O》当中，这位英国电影人彼得·格林纳威拆解的是从启蒙运动文化当中生长起来的分类学传统。"① 其实，拆解不仅针对不同的问题，还可以指向各种艺术样式。在这个全球化时代，不同国家、地方与民族之间的时尚交流越来越频繁，服装原先的在地性特质也得到了世界性的艺术与文化回应与重构。

与此同时，解构与重组就涉及把对称的、规则的与格式化的东西，通过交叉、扭转、错位、颠倒等变化，使之呈现出某种不对称、无规则与非格式化的造型，进而从中生成与建构出意想不到的变幻与动感之美。在当代，时尚流行的速度、节奏与传播越来越快，巴黎时尚发布会各大秀场的流行时装发布，隔天就会出现在全球各个角落的时尚精品店当中。在这种快速传播与消费的当代时尚趋势中，人们追求个性的潮流逐渐成为服装设计师设计作品的旨归，但这种努力又往往会被快速地仿效而失去其独特性。

从民族服装元素及其结构入手，以拆解的艺术表现理念与手法，打破原有元素的固有关系与格局，展现给穿着者与观看者不一样的感官体验。各民族的元素无疑为时尚创意提供了文化上的多样性。在德里达看来，解构并不是诉毁或破坏，如果它是什么的话，"……那它也是对于存在（Being）的一种思考，是对于形而上学的一种思考，因而表现为一种对存在的权威或本质的权威的讨论，而这样一种讨论或解释不可能简单地是一种否定性的破坏"②。但不同民族的艺术特质与服饰文化，并不能自动地、简单地设入时尚作品里，因此，不断地消解与重构对时尚而言是不可缺少的。

---

① ［美］K. 马尔科姆·理查兹：《德里达眼中的艺术》，重庆大学出版社 2016 年版，第 174 页。

② ［法］雅克·德里达：《一种疯狂守护着思想——德里达访谈录》，上海人民出版社 1997 年版，第 18 页。

　　通过拆解与重组所生成的时尚意味，显然也离不开一定民族或族群的日常生活所赖以实现的生活世界。一切时尚都是经由对先前元素及其关系的拆解，而实现的一种重组来产生出某种陌生的时尚感的。自 20 世纪 60 年代以来，具有颓废风格与街头特质的乞丐服流行开来，山本耀司与川保久玲后来将之推向了 T 型台，而如今它仍然是大学生与青年广为看好的时髦着装。还要意识到，民族的生活世界（包括衣生活）又是与大众文化分不开的。大众文化往往具有某种特定的意识形态功能，它还解构了传统文化中许多原始的意义。而且，拆解与重组还可以指向既已形成的时尚。

　　作为反时尚的行为与文化，甲壳虫、滚石与鲍勃·迪伦等人，往往以其独特的服饰表达着标新立异的诉求。当然，大众文化也为时尚的重构提供了艺术与思想上的可能。其实，民族时尚的拆解与重组从来都是相辅相成的。与此同时，设计正是在拆解与重组的基础上来生成自身的旨趣的。在这里，拆解与重组其实就是重新分析与整理代码或符码，使各种被解构的服饰符码发生重新编码。不同民族的服饰风格与审美文化，显然为民族文化作出了文化上的奠基，但如何去拆解与重组依然是当代时尚创意与设计的重要问题。

　　基于重新的编码与不断解码，时装生成出创意所力图达致的旨趣与意味。一切民族元素无不具有艺术、审美与文化等特质，因此对经典与传统的任何当代拆解与重组，只有经由不断探究才能避免粗鄙的误读与破坏。这里的问题与困境在于，一切拆解与重组都不可能彻底摆脱误读或曲解。通过解构与重组所达致的解读究竟是何种意义上的误读，这相关于人们对这种设计的审美与文化上的理解。由于现时的观念总处于嬗变与更新之中，民族元素的拆解与重组应该是一个历史性过程，而不是一种可以简单复制与移植的观念图景与视觉模式。也就是说，民族元素永远处于观念与视觉的生成之中。

　　还可以说，拆解与重组是这些元素在时尚艺术中，通过建构而得以出现的一个重要方式与路径。这就要求在创意过程中，关注民族元素的开放性与可变性特质，以及充满了多义性的生成式文本样式。这种多样性特质为拆解与重组提供了可能，而拆解与重组反过来又构成了对文本多元意义的揭示与阐发。不同民族的元素与文化间的生成性关联，并非简单地并置在某一文本的视觉表象上，而是在深刻的对话里来生成出新的时尚意义。而且，民族元素与文本在符号中留出了大量的裂隙，通过设计师与之进行的思想对话与文化沟通，实现不同的民族与文化及其在当代衣生活领域的重建。

时尚为人们建构了一种更为宽泛的社会与文化语境，让时尚创意发生在民族性与世界性的关切之中。在时尚创意与设计过程中，还要打破历史所带来的固有审美倾向与文化定式，这是因为，"间离理论总是植根于日常生活的麻木和熟视无睹，必定总是把我们与日常生活间离开来……"①也就是说，经由拆解与重组使民族元素与文化产生新的意义与旨趣，让不同时期的民族文化语汇相互对话与碰撞得以可能，进而生成出一种基于审美与文化区分的创意交织与互文。

在创意与设计中，民族元素往往生成与建构在开放性的审美与文化语境，并融入多元艺术与文化的建构与不断重构之中。实际上，陌生感与间离效果是民族时尚设计所要考虑的问题，这既涉及各民族艺术与文化特质自身的独特性，还相关于借助各种拆解与重组手法所实现的表达。当拆解与重组被用于既定体系与架构的同时，这其实也是一个艺术、审美与文化再生的过程。为了新奇性与陌生感的生成，既有的关联与模式的解构就是必不可少的了，这难免导致与产生一定程度的模糊性和多义性。民族原有的元素及其固有结构被拆解、重组，旨在产生一种不同于日常生活的新奇感。

但这里的陌生感与间离效果，其实并不一定是什么稀奇古怪的玩意儿，也不能只是归结为人为的杜撰或臆想，或许是对业已被遮蔽的时尚感的祛蔽与再发现。后现代主义对元解释、宏大叙事与形而上学的反叛，为民族元素及其在时尚创意中的重构提供了可能。反叛以强调非理性因素来达到一种设计中的轻松和宽容。后现代主义从来都不是一个具体、单一的风格，也不能仅仅因为作品的时代而界定为后现代风格。其实，更没有一个关于后现代主义的固有概念与僵化体系，因为一切形而上学都是后现代主义力图拆解与克服的。

---

① ［美］弗雷德里克·詹姆逊：《布莱希特与方法》，中国社会科学出版社1998年版，第97页。

还可以说，拆解打破了元素间原有的关系与结构，将之分解为诸多的构成要素加以重组，以生成出别致与新颖的当下感与时尚意味，而且，这种意味往往还带有民族艺术特质与文化情调。在艺术人类学的视域里，各种不同民族都有其不可替代的独特性，但这些彼此区分的民族性特质又并非完全不同。在结构主义那里，整体之于部分的优先重要性得到了强调。而且，任何事物都是复杂的与难以分割的生成性整体。任何一个组成部分的性质都不可能孤立地被理解，而只能把各个部分放在一个整体的关系与语境里，即把各部分之间联系起来才能得到理解与阐发。在结构主义看来，部分之间的关系相关于整体与部分的关系。

但对既有结构的解构与不断再建构，却成为从日常性揭示时尚特质的重要方式。结构主义方法的本质和首要原则在于，力图揭示与研究联结和结合诸要素的复杂关系，而不是致力于诸单一要素支离破碎的分析。民族时尚创意的发生与当下建构，相关于各民族元素及其既有结构的拆解。这种拆解与解构，并不是简单否定与破坏先前的传统与思想，而是旨在激活诸多传统元素与文化及其关联，以重组、建构与生成出当下的特别时尚意味。源于欧洲与西方的西装，在现代则成为各种礼仪服装，并作为当代国际服装而普及全球。

当然，在不同的地域与历史时期，西服的款式与风格显然又有所变化。在实质意义上，解构主义的根本策略就是消解元素原有的结构与秩序。对服饰与时尚设计而言，被拆解的东西主要是既有的关系与结构，以及由此形成的视觉与审美表现方式与习惯。譬如，"这种时尚所采用的色彩因文化而异，比如在非洲是红色、绿色和金色，在美国是红色、绿色和黑色"①。当然，原有的结构与秩序不仅相关于艺术与文化，往往还涉及社会与人类生活方式的各个方面。拆解也涉及那些打破常规印象的设计思路，从而带来别致、新奇的创意观念与艺术效果。应意识到，不同民族对元素的理解与喜好也有所不同。

在这里，民族时尚的轮回并非简单的回归与还原，而是在回溯里对原有意味与旨趣加以重构。拆解与重组广泛地存在于时尚设计领域

---

① ［美］杰·卡尔德林：《形式·适合·时尚》，山东画报出版社 2011 年版，第 83 页。

之中，它所带来的特别效果在时尚艺术中显得别出心裁。正是这种拆解打破了民族元素已有的秩序与结构，然后再创造出相关于民族文化的、更为新颖与别致的时尚感。在日趋注重与追求个性的时代，复古风格的重新出现与当代流行，使得人们更加关注传统元素的拆解与重组。在拆解与重组中，不同地域与时代的特质无不嵌入新的时尚文本样式里。在时尚感的生成之中，任何非此即彼的做法都会受到消解。但拆解与重组既不是对传统的抛弃与放逐，同时也不是简单地回到过去与传统中去。

这里旨在表明，通过对各种复古风格及其元素的分析与阐发，探讨如何拆解与提取经典服饰元素进行重组并加以运用。例如，一种称为非洲中心主义的时装样式，显然是与非洲的地域性、传统文化相关的，但它又不乏与当代世界性时尚感的密切关联。在拆解与重组里，偏见与误读都是难以避免的解释学事件，但这可以通过不断的对话与讨论去克服。如果说，在艺术与服饰设计方面，现代主义关注的往往是语义，那么，后现代主义则关切于修辞与话语生成，旨在对服饰元素加以修辞学的当代重构。

又如果说，现代主义主要涉及对范式、主从结构、隐喻的强调，那么，后现代主义则注重句法、并列结构与对转喻的借鉴。应当说，现代主义强调的是本原与确定性，后现代主义则强调差异与非确定性。在拆解与重组的过程中，一切时尚与非时尚的东西都被纳入互文里。这里极端的情形在于，时尚甚至成为某种非时尚与反时尚的东西，也就是说，非时尚与反时尚介入了时尚的领域，进而成了一种崭新的时尚样式与审美风格。"对于阿皮亚来说，后现代主义拒绝一切排外主义和普遍主义的主张。"[①] 在基于拆解与重组的时尚创意过程中，人们既要注重特定民族元素及其文化内涵的揭示，还应通达与实现时尚审美和文化的当代重构。实际上，在民族时尚的创意与设计之中，运用拆解与重组手法无疑是一种新的创意思路。

---

① ［美］沃特伯格：《什么是艺术》，重庆大学出版社 2011 年版，第 323 页。

第三节　民族元素时尚创意的生成

从观念与思想的层面上，拓展与发掘出创意的构思与当下建构，并把创意加以视觉化表现是设计的应有之义。对于服饰设计来说，观念与创意除了主张与强调新颖、别致外，还应以内在精神与文化特质作为根本性底蕴。实际上，设计在本性上可以理解为创意的视觉化表现与制作的实现，并在对视觉化的不断解构里去回应时尚观的变化。虽然说，创意具有不可替代与极其重要的意义与价值，但这并不意味着，创意越抽象、越深奥、越显得似乎有文化就越好，因为还要考虑到视觉化表现与实现的可能性，以及创意观念如何被日常生活与大众文化所接受的问题。尽管说，观念的可视化表现与传达往往是有限度的，但达到淋漓尽致与尽善尽美的密切关联与切合，却是时尚创意的审美表现与文化的根本性诉求。但还应注意到，任何创意都不可能是僵化与固定不变的，它总是处于不断的生成、建构与重构的过程中。

一　时尚意义的文化性与民族性

与文化的内在精神的不可分离性，无疑是一切艺术与设计的根本性特质，时尚艺术表现与创意设计当然也不例外。时尚以一种流行的趋势与潮流，进入了人们的生活世界与公共领域。毫无疑问，"时尚"是一个被广泛使用与耳熟能详的词汇，它频繁地出现在报刊、媒体与人们的交流之中。其实，"时尚的本质存在于这样的事实中：时尚总是只被特定人群中的一部分人所运用，他们中的大多数只是在接受它的路上"[①]。在大众文化的语境里，追求时尚早已蔚然成风甚至趋之若鹜，时尚因此成为一种重要的生活方式。在对观念可视化的强调之中，时尚创意与设计的民族性及其审美表现，无不具有独到与特别的意象与艺术韵味。

正因为如此，那些富有个性化特征的创意与设计观念，以及独特与新奇的表现手法与制作技巧，显然是时尚艺术与文化不可或缺的根本性前提。在时尚创意里，人们所力图实现的所有回归与反叛，其实都不可

---

①　［德］西美尔：《时尚的哲学》，文化艺术出版社 2001 年版，第 76—77 页。

能完全摆脱民族性特质，尽管这种民族性特质可能是以变形或抽象的方式介入的。作为一种不可忽视的亚文化形式，时尚总是与一定的族群或民族分不开的，与此同时，时尚往往又力图超越民族性特质的限制。但在文化的分类上，时尚又总是在不断突破对亚文化的规限与轻视。时尚可以理解为，在特定时期内率先由少数人尝试与发起，后来为社会大众所仿效甚至推崇的衣生活样式。

显然，当下流行的独特性与新奇感是时尚不可或缺的。应当说，时尚的这种陌生感与新颖性特质，也是对民族服饰与传统文化的一种视角敞开，但这种敞开与显现又难免造成对已有视角的遮蔽。在服饰与着装方面，这种时尚往往是通过时装的样式表现出来的。值得注意的是，时尚的发源并没有一个严格的时间界限。因此，时尚虽然强调的是当下感与即时性，但它也是一种历史性生成的文化样式。在中世纪，时尚无疑是与贵族阶层紧密相连的，并与这一阶层的群体和文化特质分不开。贵族出于对其阶层生活品位与格调的诉求，往往雇用著名时装设计师为其定做与众不同的时装。

正是由于时尚的这种阶层性，规定了这种生活方式自身的分层性特征。在当今，时尚虽然说依然具有阶层性的意味与象征，但这种阶层性并没有中世纪与近代的阶层性那么稳固。与此同时，时尚也在不同的社会群体、团体与个人之间发生区分。但还要注意的是，"直至今日，我们很难单从一个人的外表判断他的社会阶层、经济地位、职业或国籍"①。即使如此，也并不意味着民族元素与服饰文化不重要。一切业已形成的文化传统都离不开历史性沉淀，当然也与人们的生活方式和文化自觉分不开。在传统的社会与文化语境里，如果人们想要过一种时尚与流行的生活方式，就必须了解自己身处的阶层的特质与文化品位。

一般来说，对本阶层的生活与文化语境的认知与理解，才能使自己的时尚风格不至于变得不伦不类，但时尚的这种阶层性关联甚至对应在当代受到了挑战。对于时尚来说，意义及其关联不仅是结构性的，同时还是开放性的与生成性的。在时尚意义的生成之中，民族与文化的介入与生成性关联是不可或缺的。其实，时尚早已涉及与沉浸进人类生活方

---

① ［美］丽塔·裴娜：《流行预测》，中国纺织出版社2000年版，第91页。

式的诸多方面，如衣着、打扮、饮食、行为、居住、消费，以及情感的表达与思考方式等。与此同时，时尚常常被人们在与流行相提并论的意义上来把握，虽然说时尚与流行的密切相关是无可置疑的，但它们其实并不能相互等同。

简单地说，时尚显然是可以流行的，同时也往往是流行性的，但如果一味地广为流行，甚至将这种流行无限外推，则难免会导致时尚的终结。在这里，"艺术的目的是使你对事物的感受如同你所见的视像那样，而不是如同你所认知的那样；艺术的手法是事物的'反常化'手法……"①就时尚来说，陌生化的手法也往往得到了充分的借鉴与体现，即使向那些历史性传统的回归其实也会产生陌生感。一定程度与时间内的流行与趋势，无疑是时尚成为时尚必不可少的表征。

其实，时尚诉求也相关于生活的艺术与审美，但生活方式关注的更多是当下的时尚感，而不是这种服饰与着装的悠久的历史感。但一切时尚都不可能脱离其历史感而存在，民族的历史性与文化特质就嵌入在时尚样式之中。作为一种衣生活方式，时尚与文化无疑是不可分离的，它本身就是一种重要的艺术与文化样式。当然，时装与时尚文化往往是一种即时性的亚文化，它们虽然通过对所谓主流文化的疏离与补充来表现，但这种时尚文化从来都不是一种可有可无的文化样式。对于服饰与时装而言，模仿、从众其实只是时尚生活的初级阶段。与此同时，还应从时尚的流转与轮回过程中，揭示时尚流变所彰显出来的新的意义与趣味。

在着装与衣生活方式中，时尚风格与文化品位是一种被普遍关注的问题。然而，追求时尚不在于被动的追随与效仿，而在于建构出切合于自己的独特时尚感，以及对时尚生活方式与意义的特别理解。而对时尚的这种审美理解与文化阐发，总是相关于一定族群及其精神特质的。其实，时尚触角已深入渗透到人类生活的各个方面，同时也与一定民族或族群的生活方式密不可分。一般来说，时尚往往带给人的是一种愉悦与优雅的感觉，尤其是，时尚为人们日常与贫乏的生活提供了独特经验与别致感悟。

---

① ［俄］维克托·什克洛夫斯基等：《俄国形式主义文论选》，生活·读书·新知三联书店1989年版，第6页。

应当可以说，时尚还可能赋予人们以不同的气质和品位，以及别致的生活情调与独特的个性。人类对时尚的喜好与对流行文化的诉求，无疑促成了人类生活的审美化与审美的生活化，但时尚的各种关联之物其实都离不开民族底蕴与文化特质。毫无疑问，时尚是一种循环变迁与不断更新的艺术与文化样式。应当看到，人们追逐细节点缀的时尚风格的行为依然风行，尤其是随着流行趋势的不断更替与加快，琳琅满目的时尚饰品与各种新潮时装，总会让人生成耳目一新甚至目不暇接的感觉。时尚与民族、文化的生成性关联仍是不可忽视的，但这又相关于在理解与阐发上对传统认识论的克服与突破。

在不少人眼中，时尚即是简单化，与其浪费与奢华，不如朴素与节俭。但与此不同，奢华往往还是被当成时尚与流行的代名词。在当代生活方式里，人们对时尚的理解实际上都是彼此不同的，但对人们日常生活的审美化来说，"如果是在一个极富艺术文化痕迹的环境中的话，那么对艺术有偏爱的时尚主顾就能理解并欣赏设计师的作品"①。应当注意到，有时时尚只是为了标新立异、制造噱头，甚至哗众取宠，也可能并没有什么实质性的审美价值与文化内涵可言，这样的时尚实际上也只是一种视觉表象而已。

在日常生活方式之中，那些与流行趋势不同步的人或物象，往往还会被指为老土、落伍而不屑一顾，但与流行趋势并不一致的着装未必没有时尚意味。不少时尚的反对者甚至认为，时尚是一种流俗与普泛的大众文化样式，它无非是以新奇、庸俗、无理性噱头，建构起关于流行与时髦生活的幻觉与拟象，时尚因此被看成一种没有独立价值判断的从众生活方式。关于时尚的不同见解与看法，既相关于一定的群体与阶层及其差异，又构成了时尚评价的理论与思想多样性。其实，时尚虽然往往是一种当下的与时髦的生活方式，但它终究离不开人们生活方式所依凭的民族与文化语境。

与此同时，对历史感的遮蔽也是当下时尚的一种权宜之计。在这种看似浅表的遮蔽之中，却是时尚对基于时间性的历史感的一种悬置，而这种悬置又将时尚纳入即将到来的过去之中。应当可以说，时尚虽然基

---

① ［美］杰·卡尔德林：《形式·适合·时尚》，山东画报出版社2011年版，第224页。

于当下、面向未来的生活意趣，但它从来就没有也不可能与过去生活样式彻底分离。在这里，不同的时尚创意往往也可看成是，对业已过去的艺术所作出的历史性的、有差异的回应。作为一种艺术、美和文化的象征，传统服饰及其在当代的审美与时尚化，其实也是时尚意义的民族性与文化意义建构的重要构成。

自古至今，从西方到东方，人们的衣生活方式总是与族群、文化密切相关的。其实，给当代和下一代留下深刻印象和意义的象征，无疑是一种艺术、审美与文化生成的内在诉求。就衣生活来说，"外套是第一款法国式的服装，这一观念到现在仍为时装媒体所倡导：妇女应该穿得像法国女人一样"①。毫无疑问，所有民族的衣着与时尚都是审美与文化的建构之物，同时它又反过来建构着人们的身体意识与审美经验。还应注意到，时尚艺术与文化融合了所在时代的价值观念与生活趣味。随着接受视觉冲击的阈限的不断提高，人们更加迫切地期待日益强烈的审美震撼力。

虽然说，时尚一般典型地体现在人们的衣着样式之中，但它并非只存在于服装与日常生活领域内，还可拓展到当代艺术、建筑设计与民间工艺等领域，它其实更是广泛地发生在人们的日常生活与精神世界中的文化事件。同时，时尚也是对日常生活及其意义的重新发现，尽管它在流行与迅变里难免缺乏某种深刻性。时尚其实从来都不乏民族与文化特质的贯注与沉浸，但这些贯注与沉浸往往是以变形与修辞的方式进行的。在时尚的表现与设计过程中，民族与文化特质隐蔽在时尚视觉的表象之中，并经由视觉表现与民族内在精神图式相回应。

而且，前卫与先锋时尚常常还是一种亚文化样式，但这种时尚又介入与渗透在各种艺术与文化样式之中。应意识到，亚文化为文化的构成注入了与特定族群、阶层相关的异质性。实际上，一种亚文化不仅包含着与主文化相关的价值与观念，同时也有属于自身的独特价值、观念与生活方式。民族时尚对民族的历史记忆加以挖掘、整理与重构，旨在生成出既有民族文化特质又不乏当下感的时尚样式。在生成论的语境里，文化是一个变成与成为文化本身的过程，即文化化或化为文化，正如民

---

① ［美］若昂·德让：《时尚的精髓》，生活·读书·新知三联书店 2012 年版，第 33 页。

族化就是成为民族自身一样，但民族化并不等同于在不同民族间简单转换。

在此可以说，民族时尚之盛行于当代日常生活中，无疑是日常生活审美化的一个重要构成，但这种审美化也是与大众艺术和流行文化相关的。比如说，曾经穿佐特套服的往往都是年轻的非裔和墨裔的美国人。"为了避免被误认为是西服，佐特套服不得不在原来的日常西服上加以更大的改变。"① 在日常生活审美化与民族时尚的相互促进中，既有对原有表现与意味的改变与消解，同时又不乏新旧的彼此交织与融合。应当可以说，民族性一直是时尚及其地方性文化的基础，而这种地方性又为民族性提供了某种在场性与大地之基础。

一般来说，民族文化往往具有地域性、多元性和原生态性等特质。那些富有民族性特质的衣着与时尚服装，不仅引领着时尚的异域风情与别致经验，而且还呈现出地方性和多元化的文化特点。虽然任何民族的文化均不必依附于其他文化而生成自身，但各个不同民族及其文化之间的关联却是无法否认的。各种民族文化之间并不存在优劣高下之分，甚至也没有什么先进和后进（落后）的简单区分。在人类的生存与衣生活方式中，任何民族都难免与其他民族发生民族间的关联，诸多民族的共生也由此被贯注进某种混杂性。对于服饰艺术与审美而言，创意与设计的民族性与文化性又是不可能分开的。

在泰勒那里，所提出的是关于狭义文化的早期经典学说。而后来的传播学派把文化传播现象推到极端，反对进化论对文化传播的揭示与阐发。各民族艺术与文化创意的生成，以及在不同民族之间的艺术、审美与文化交流，在日常生活审美化中的意义却是不可忽视的。而且，这种艺术交流与时尚的跨文化传播，又是以特定民族及其文化的在地性为依凭的，但同时又在不断突破某些地域性特质的制约与局限。还可以说，时尚的民族性特质与传统文化的关涉，无疑是民族自我认同及其当代建构所不可回避的重要问题。

随着经济社会的快速与极大发展，民族的风俗习惯与独特生活方式

---

① ［英］马尔科姆·巴纳德：《艺术、设计与视觉文化》，江苏美术出版社 2006 年版，第149 页。

的式微，民族文化的多元性特质往往被规定在某种一致性之中。应当说，"经过历代服饰文化的不断积累、融合、嬗变、创新，日趋精细缜密、丰美华赡，逐渐形成了我们中华民族独具民族个性和文化传统的中国服饰文化，充分体现了中华民族的精神和文化风貌"①。在全球化时代，民族与地方的文化遭遇到了严峻的挑战。因此，亟待从不同创意与设计的对话中，建构出独特性与一致性之间的审美与文化张力。各个民族都形成了独特的生活方式、信仰意识、礼仪习俗与风土人情等，而这些因素又建构了各民族不同的审美风格和文化特质。

与此同时，各民族也形成了独具特色和风格各异的服饰文化。但在经济社会的变迁与发展中，民族服饰与传统文化也面临着式微甚至消失的危险，因此，对民族的传统文化的尊重和保护的问题就凸显出来。但这并不是说，挖掘民族元素就是向原始衣生活方式的简单回归，而是旨在强调民族元素与传统及其在当代文化语境里的重构。为使各少数民族的服饰与传统文化得到保护与传承，亟待对民族文化遗产有计划地进行收集与整理等，旨在促使少数民族的历史文化遗产得以保存下来。

当然，对民族服饰艺术与文化的保护与传承，难免涉及与其他民族文化甚至外来文化的关联，并在当代的社会与文化语境里加以再创造与阐释。其实，民族特质的生成离不开一个共同体以及特有的历史过程和共同的文化语境。作为古希腊与古罗马人穿着的一种连袖直线式宽大束腰长衣，后来又在袖形、衣长与装饰细节上有了显著的变化，同时还影响了后世许多服饰与时尚的创意与设计。尽管说，时尚艺术与设计表现总是与一定的族群及其生活方式分不开的，但又不能只是将时尚艺术与文化归结为民族的与传统的。

还要看到，文化是对基本的民族生存方式的揭示与阐发，而民族的存在又是文化的此在与存在论基础。当然，时尚的这种基于传统文化根基的重构也是必不可少的。对拉克鲁瓦来说，创意灵感与民族文化密切相关，这是因为，"他的设计深受家乡阿尔斯的影响：那一地区有原始而又纯真的绘画、吉卜赛人、斗牛表演和民族服装"②。但如果缺乏在当下

---

① 楼慧珍、吴永、郑彤：《中国传统服饰文化》，东华大学出版社 2004 年版，第 3 页。

② ［英］邦尼·英格利希：《时尚》，浙江摄影出版社 2012 年版，第 42 页。

语境里的重构与再造，民族元素与传统都不可能自动发生时尚化的转化，这种时尚化无疑是一种视觉、审美与文化上的建构与生成。

还要看到，时尚艺术与文化是传统文化的延伸、扩展和丰富，而不是脱离民族与传统文化的一种纯粹的虚构与臆测。通过与各种生活方式的历史性发生的关联，民族服饰艺术的保护与文化传统的不断传承，其实也成为一种关于民族生活意义的发现与揭示。而且，民族生活意义的发现其实也是与各种艺术表现分不开的，但还要经由对各个民族的人类学此在及其存在的揭示，去消解与解构这种人类学此在及其可能的主体论痕迹，以彰显民族性与文化性之间的互文与相互生成。在创意与设计过程中，揭示各种民族元素时尚意义的生成，无疑也是时尚艺术、审美与文化研究的重要课题。

二　民族元素及其时尚意义的生成

在这里，时尚不仅具有一般艺术与设计所应有的特征，还具备独特的、不可替代的审美与文化特质，这是因为，时尚与人们的生活、身体及其历史性的联系更加密切。当对各种各样的民族元素与文化进行重构，以生成出时尚的特别意味与旨趣的时候，无疑应当弄清楚究竟什么是时尚的意义。这里所说的时尚除了具有浓郁的当下感外，它往往还与民族元素与传统文化及其特质相关联。通过陌生化将民族元素所潜在的意蕴揭示出来，是生成新颖与别致的时尚意义的根本之所在。

应当说，所谓陌生化就是对日常与常规的偏离，从而造成语言理解与感受上的陌生感。在指称上，陌生化使现实生活中为人们习以为常的东西，化为一种具有新的意义与旨趣的事物。在1995年秋冬系列中，韦斯特伍德运用苏格兰格子呢，打造与重构19世纪式样的廓形，面料、线条与配饰渲染着浓郁的英伦风。在语言结构上，人们司空见惯的语法规则，被化为具有新的形态与审美价值的语言艺术。陌生化的基本构成原则，是表面互不相关而内在又不乏联系的因素间的对立和冲突，并由此形成了一种非日常与不一般的感觉与新奇印象。

当然，陌生化的时尚感及其表现并不只是解构性的，一切艺术表现手法其实都是时尚表达所可凭借的。也许正是对立和冲突，造成了陌生化的表象或表象的陌生化，从而给人以感官的刺激或情感的震动。毫无疑问，这种陌生化往往是相对于日常性而言的。比如说，"传统的艺术致力于产生美好的事物，而不是新奇的东西，当今的艺术则反其道而行之"①。一般来说，人们对外界的刺激往往具有趋新与好奇的心理效应，而那些毫无新奇与熟视无睹的事物或情境，常常是难以引起或维持人们的兴趣与关切的。只有新异与别致的创意设计，才能唤起人们独特的艺术经验与审美情趣，从而生成出为人们所期盼或青睐的时尚感。

在疏离的基础上，人们发掘出对自我本性新的意识与认同，而陌生化正是化熟悉为新奇的重要方式。"陌生化"一词，其实可以追溯到亚里士多德那里。当然，亚里士多德并没有正式提出"陌生化"概念，而用的是"惊奇""奇异"与"不平常"等说法。人们往往会对身边与眼前事物习以为常，甚至视而不见、充耳不闻。其实可以说，广泛的流行也就是时尚终结的开始，并为以后时尚与流行作出了历史性奠基。在时尚的这种轮回之中，意义的遮蔽与显现既相互区分，同时又彼此交织在一起。陌生化把平淡无奇的事物变得不寻常，从而增加了艺术与设计的别致感与新鲜感。

与此同时，陌生化其实也是为了保证审美距离的需要，以满足人们对新奇事物的心理诉求及其实现。还要知道，布洛的审美距离说指出，在艺术、设计与审美过程之中，人们应在心理上保持一定的审美"距离"。民族元素与文化特质及其建构，不仅为时尚独特意义的生成提供了文化上的可能性，同时又为同质化及其问题的克服奠定了基础。应当说，透过距离观看事物的方式是特殊的观物方式。由于一般人往往缺乏保持距离的能力，极容易达到适当距离的极限而产生失距的现象，所以他们常常不能像艺术家那样思考与操作，更难以用天真无邪的艺术与审美眼光观赏事物。

对时尚感的生成与建构而言，民族元素及其文化不可替代的独特性，无疑为审美距离提供了切实的可能性基础。一旦艺术与审美进入社会与现实生活，就容易导致生活的琐碎、奢侈与媚俗化。如何缺乏恰当的审美距离，就会导致人们对审美的疲劳与倦怠，从而陷入一种平均化与了

---

① ［波］瓦迪斯瓦夫·塔塔尔凯维奇：《西方六大美学观念史》，上海译文出版社 2006 年版，第 46 页。

无新意的日常性里。由于功利与实用的关涉，人们往往会减弱对艺术与审美的兴奋，难以生成出新奇与愉悦的美感与经验，甚至还会产生疲倦与厌弃的情绪。如果人与物、人与人之间缺乏审美距离，人们终究难免会对任何人或物失去兴趣。对时尚创意与设计来说，审美距离的缺失导致了审美疲劳，而美感的式微来得更为快捷与特别明显。

还要注意到，民族元素的时尚感及其文化意义，既可通过特定的款式与造型加以表现，当然也能经由对色彩的独特强调来达到。民族元素与文化的陌生化与时尚感，是经由民族的独特性来加以揭示与表现的。在吴海燕的时尚设计里，对民族元素与传统文化情有独钟，但她所主张与强调的不只是中国红，而是一种更为广泛与包容的大东方美。没有民族性特质的时尚可能失之于同质化，但如果仅仅将时尚归结为民族性也是不可取的。虽然说，文化的保守性是民族文化所固有的特质，但保守的方式与程度在各民族间又有所不同。一个民族的文化之所以延续相当长的时间，其实也是与文化的这种保守性分不开的。

值得注意的是，每一种文化中的民族性特质都是传承下来的，曾经过不少朝代的更替与文化的历史性沉淀，但又无不经历着后来一切时代的解构与重构。民族艺术与文化的特质是相对稳定、凝固与完整的，如伦理道德、价值观念、生活习惯、社会礼俗、语言文字等，它们都会在时尚里经由视觉而得到直观的表现与传达。在这里，"艺术家们所致力于或展望的一些哲学观点会有助于产生一定的视觉效果，不论这些观点多么有局限性，这些艺术效果可以超越作品特定的历史环境"[①]。因此，时尚的视觉效果又总是与特定的历史性相关联的。当然，民族与传统文化自身也在发生变化，并呈现出不同的历史性痕迹与文化特质。

实际上，作为时尚感的一种生成方式，陌生化可以分为几个不同的层面或维度，这些层面或维度彼此关联并生成着时尚意义。首先，强调时尚与日常生活着装的区分与分离；其次，通过前卫或先锋艺术表现给时尚带来新奇感；最后，经由向日常生活与常规艺术的回归，重新发现时尚元素与表现被遮蔽的意义与旨趣。在这里，日常生活其实就是人们

---

① ［英］保罗·克劳瑟：《20 世纪艺术的语言：观念史》，吉林人民出版社 2007 年版，第168 页。

每天不得不过的生活。在不同的社会与时代，日常生活方式当然也有所改变或变迁。在现代生活方式之中，不同的质料所提供的时尚感也是有所差异的，这些差异又在特定族群或阶层得到相应的理解与阐释。

在民族元素时尚感的建构中，人们往往会依照目的或旨趣的不同，选用特定质料加以表现与当代重构，以生成出别致有趣的新奇意味与独特感觉。但由于环境、气候、风俗与文化等差异，各个民族经过长期的在世生存与生活，形成了彼此不同与五彩缤纷的民族风格。但即使是在民族的生活方式里，仍然难以摆脱平均化的、天天如此的模式与习俗，因此对新奇感的诉求有助于生活的审美化。对一切民族生活方式来说，时尚感的生成也同样意味着其与日常生活的区分。

甚至还可以说，正是在与日常生活的区分里，时尚成为一种富有新意的生活方式。作为民族日常生活的重要构成，民族的时尚艺术与衣生活方式，也同样构成了对民族生活日常性的挑战。在民族时尚艺术里，民族的性格与文化得到了独特的体现，同时也给民族的日常生活方式带来了新意。民族性格相关于表现在民族文化上的心理状态，也与民族共同认同的心理与文化特征分不开。民族性格的生成是一个长期积淀与建构的过程，同时又不得不受到许多因素的影响与制约，其中最重要的因素就是该民族的精神与文化。时装并不只是被理解为不同于常服的服装，它的时尚性有时并没有与日常性严格区分开。

如何与异质文化对话与交流，显然也是所有时尚所应回应的创意问题。关注与尊重民族元素与文化的内在规定性，对于民族艺术与时尚文化的建构都是不可或缺的。在自己的研究文章之中，雷蒙德赞扬了法国的时尚产业。譬如，"雷蒙德将时尚巴黎女郎的优越性与法国时尚、法国民族联系起来，这证实了时尚巴黎女郎话语在国际环境中是如何推动法国时尚产业的"①。而且，民族性文化有时还具有较强的排他性，尤其是可能会将异质文化拒之门外。正因为如此，不同异质文化之间的沟通与交流，对各个民族时尚的生成也是不可缺少的。

由于所有文化内在的凝聚力，同质文化内部个体间的理解显得较为

---

① ［美］露丝·E. 爱斯金：《印象派绘画中的时尚女性与巴黎消费文化》，江苏美术出版社 2010 年版，第 229 页。

容易。作为一种符码，时尚意义不仅关切到艺术文本，还经由这些文本而涉及社会、历史与文化。对民族元素时尚意义的当代揭示与阐发，必将涉及诸多学科与文化的视角敞开。民族性体现了一个民族自身的、不可替代的独特性，表征着一定民族文化的传承、积淀与特定地域文明的特点，而且还密切相关于民族的特定精神和文化特质。因此，民族时尚应既从内部坚守民族文化的个性与特质，同时又从外部关联于全球文化的某种一般性。在不同族群的交往与衣生活方式里，文化的适应性也是时尚意义所关涉的问题。

其实，还可以通过对前卫或先锋艺术表现手法的借鉴，为民族时尚艺术与审美文化带来独特新奇感。作为现代艺术流派之一，先锋艺术泛指新的艺术表现方式与风格，它往往具有对传统的反叛性与颠覆性。作为对既有艺术体制的反动，先锋艺术的先锋性本身就是历史性的，并难免处于不断被解构与消解的过程中。但是，后现代主义并非一味地反叛艺术传统，也涉及通过艺术与设计来重构传统元素，并使之生成与建构出当下的衣生活时尚感。但既不能把时尚仅仅归结为某种先锋艺术，也不应否定许多先锋艺术往往具有时尚特质。

在这里，先锋艺术出现在西方现代性应有之义中，它是西方现代提出的、与后现代相关的概念。先锋时尚就是将先锋的艺术手法与技巧，运用在时尚（包括民族时尚）的创意与设计之中，从而形成具有先锋意识与感觉的当代民族时尚。把先锋风格与民族元素加以生成性关联，所形成的其实就是民族的先锋性时装。还要注意，各个民族的艺术与文化之间发生着交织与互文。比如，中原华夏文化与带有区域特征的吴越、巴蜀、荆楚、齐鲁、燕赵、岭南等文化并存，同时又是与蒙、藏、回、壮等多个民族文化彼此共生的。正因为如此，不同民族的精神图式与视觉习惯，往往难以分离地、历史性地交织在一起。

与其他地区相比，少数民族的特殊性与特定的地域和民族精神图式分不开。在全球化的今天，中国的民族文化与世界所有民族文化一样，无不面临着新的挑战与文化选择的困境。无论是固守民族本位的民族主义，还是全面走向西化的民族虚无主义，其实都不可能使民族文化在世界文化之林中占有应有之地。特定民族元素及其时尚意义的生成，也是在与其他民族的对话和文化回应里实现的。基于独特性的民族时尚陌生化的生成与建构，是民族艺术与时尚创意至关重要的表征特质，同时也由此构成了时尚意义发生的感觉基础。

在时尚趋势的流行与预测中，虽然说不必对各个具体种族起源加以当下追溯，但起源也是民族元素意义生成不可分离的历史语境。应看到，文化的异质性生成与存在于不同民族的文化间，这或许是时尚感生成的族群与文化的生成论前提。"然而，所有投身流行预测工作的人员都必须了解，这个族群的品位将是引导整个服装市场需求的主要动力。"① 与异质文化相对应的就是同质文化，它指在那些不同的种族与文化的特质中，人们所拥有的相同或相似的共有文化特质。还可以说，现代艺术与文化正是多种异质文化的组合与交融。

因此，各种不同的艺术与文化的共在，成为时尚创意不可或缺的生活、历史与文化语境。与此同时，各个不同地域的异质艺术与文化的存在，其实也难免融入艺术与审美的异质性关联里，并在彼此文化的共在里彰显出互为的陌生感。同质的艺术与文化是世界文化整体中较稳定的部分，它使世界范围内的艺术与文化对话成为可能。但由于人类的生存环境与民俗仪式、生活趣味等差异，民族元素与文化在表达时也呈现出各自的独特性。这乃是因为任何民族元素及其意义与旨趣的解读，其实都离不开相关于地方与历史的文化语境。

人类与自然发生关联而获取生存机会的方式、手段，乃至长期积淀的民族心理也随不同的地域、种族而有所差异。还要看到，这种地域性不仅是相关于实体及其空间的，它更是特定民族生活世界生成与建构的基础，同时也是该民族记忆与集体无意识的发生之所。因此，人们的时尚生活方式也彰显出了地方性与异质性。而且，由此形成了具有强烈个性色彩的文化体系，这种文化体系当然也是文化整体的重要构成。但在不同的地域与民族文化之间，甚至还可以在相对的意义上成为异质文化。在服饰与时尚的创意设计里，通过各自的特性来相互区分开来，并生成出彼此不同的独特时尚感。

显而易见，时尚创意旨在揭示设计及其自由的本性。当然，一切民族文化及其差异只能是相对的，在不同的艺术样式与服饰文化之间，存

---

① ［美］丽塔·裴娜：《流行预测》，中国纺织出版社 2000 年版，第 118 页。

在的往往只是符码及其自身的差异，而非简单的对立、一致与非此即彼。对于艺术、审美与文化的评价来说，创意总是在某些文化的价值体系中完成的，因为每个个体都具有各自的阅历和经验，这就导致了对设计的文化差异性的不同理解。但在跨文化的时尚传播之中，各种文化特质交织而历史性生成出时尚意味。时尚意义及其生成的相对性与历史性，在异质的时尚与文化之中表征得极为突出。

这里所说的异质性与同质性，往往是相比较而存在的，它们共同构成艺术与设计的文化特质。除此之外，开放的创意与设计文本及其生成，又为异质与同质的彼此生成提供了可能性。应当说，不同族群或个人的美感其实并不相同，"虽然它是所有艺术创作的基础，但并不是说美感是装饰创作的唯一理由"①。而且，任何一种设计都不能只有异质性或同质性。在某种一致性或同质化中，寻求民族独特的创意是至关重要的审美与文化诉求。任何时尚创意与意义的生成与阐释，都离不开各种民族文化之间的交流与互文。

然而，具有不同文化内涵与特质的民族元素，并非单一与纯粹地出现在时尚创意设计中，而是在多种民族文化的勾连与交融里，生成与实现自身在当下的独特时尚意义。在全球化的过程中，民族时尚文化的生成与历史性发生，总是呈现出两种看似相互冲突的态势，即同质性文化与异质性文化的悖论，而一切时尚创意与设计是不可能彻底游离在此悖论之外的。在时尚创意与设计中，人们越来越关注对不同民族元素与文化的吸纳，并力图在民族间艺术与文化对话里来建构独特时尚。

各个异质文化之间的关联，经由相互的适应、互补与融合，生成为一种新的异质文化感觉与特质。在这里，人类及其各个民族、族群的时尚衣生活，无不面临着同一性与差异性之间的审美与文化冲突。尤其是各个不同民族的时尚文化的根基与基础，都往往具有自身的延续性、稳定性与差异性，这就使得非西方国家的民族文化意识超乎寻常地得到了关注与强化，这其实也是在全球化时代对现代性及其一致性诉求的反动。但各种样式的殖民主义与极端的民族主义，都是当代民族时尚创意与设

① ［英］阿尔弗雷德·C.哈登：《艺术的进化：图案的生命史解析》，广西师范大学出版社 2010 年版，第 171 页。

计应加以警惕与批判的，而民族间的文化交流与彼此认同则是民族时尚创意不可或缺的人类学基础。

三 民族时尚创意的生成及其方式

一切民族或族群元素的时尚化过程，以及这些民族元素在时尚设计里的表达，都有待于特定艺术表现方式来加以揭示与探究。民族时尚创意的生成方式与路径，既相关于各种艺术表现与工艺流程，还涉及民族的心理、社会与文化问题。这里应强调的是，"艺术和设计是开放的学科：对于某一既定的问题或情况没有所谓正确的答案，这也是此学科之所以会对许多设计师产生无穷魅力的根本所在"①。在此可以说，设计在形式与质料及其关系上的创意，在根本意义上相关于时尚的创意与设计，这有助于不断地突破形式与质料及其概念框架的传统规限。

当然，时尚创意与设计也有不少区别于一般设计之处，这是因为，时尚不得不回应其与身体及其存在的独特关联，以及艺术与审美如何建构当下时尚感的问题。在艺术与设计之中，形式、质料及其生成性关联，从来都是必须加以认真考虑与揭示的问题。在亚里士多德看来，形式、质料与具体事物都是实体性的。设计虽然不同于无功利的自由（纯粹）艺术，但无疑又离不开艺术表现与审美经验。虽然说，器物制作有时也可以与设计创意本身适当分离，但设计应为制作提供一种审美的考虑与切实的可能性。

还应注意到，设计其实同样涉及去功利化与审美生成，这样设计出来的产品才会具备超越性的美感。康德对依存美（附庸美）与自由美（纯粹美）的区分，虽然为设计艺术与自由艺术的区分奠定了基础，但这种区分及其边界难免受到不断消解与重建。随着唯美主义所遭遇的问题与困境，设计艺术与自由艺术的传统区分日趋模糊。在中外时尚史上，各民族都有其风格不同的裙装，如苏格兰短裙、俄罗斯长裙等，这些时尚风格在不同的历史时期，又表现出各不一致的款式、长短与特质。作为一种基于目的与创意的造型活动，艺术设计显然并不只是技术与实施的过程，同时也是一种相关于视觉与审美的文化建构。

---

① ［英］罗伯特·克雷：《设计之美》，山东画报出版社 2010 年版，第 17 页。

就服饰与时装来说，创意是一切设计都不可或缺的首要与根本之所在，同时也是时尚感得以生成与建构的观念与思想性基础。一切创意与设计都离不开视觉化的过程，并在这种视觉化过程中建构独特的时尚感与审美趣味。在这里，视觉化旨在激活设计师与受众的形象思维，使其头脑里呈现出视觉可接受的图像样式，从而以此生成与传播艺术表现与审美经验。虽然说，设计的美主要包括功能美、形式美、材质美等方面，但一切关于美与审美经验如此简单的划分，其实都无不是无可奈何的权宜之计而已。

在传统的服饰与设计里，各种艺术表现方式与审美视角，都是特定族群精神图式自身的呈现。在设计之美的表现中，功能美与人的生理需要满足后而产生的感悟、情感与审美经验相关。与此同时，形式美涉及的一般是产品所具有的形、声、色及其关系与结构。在贝尔看来，"我把线条和颜色的这些组合和关系，以及这些在审美上打动人的形式称作'有意味的形式'，它就是所有视觉艺术作品所具有的那种共性"。① 通常来说，形式美的构成因素涉及感性质料及其组合或构成，也关联不同民族或族群的时尚风格及其审美情感。在这里，构成形式美的感性质料的关系与构成，其实也就是关联于设计品的形式美的法则。

在创意与设计之中，相关于形式美的主要法则有：齐一与参差、对称与平衡、比例与尺度、黄金分割律、过渡与照应、稳定与轻巧、节奏与韵律、渗透与层次、质感与肌理、调和与对比、多样与统一等。但对任何规则的简单套用与直接搬抄，都难以产生真正的时尚感及其不可替代性特质。任何民族创意与设计及其发生，都是对既有规则的独特回应甚至突破。还可以说，这些形式法则是人类从造物与审美中揭示出的，并对创意设计具有某种规定性的理想标准与诉求。根据康德，形式美具有独立于质料与功用的纯粹性，但在现当代时期，这种形式美又不可分割地与质料、功用发生着关联与互生。

由此，时尚创意既离不开视觉与审美表现，同时也与人们的日常生活世界分不开。在唯美主义与形式主义那里，艺术形式的纯粹性得到了充分的强调。对于形式主义而言，艺术、审美的独立性与形式的绝对化

---

① ［英］克莱夫·贝尔：《艺术》，江苏教育出版社2005年版，第4页。

是极其重要的。形式主义还强调了艺术形式的独立审美意义。在生成论现象学的语境里，民族时尚意义的发生总是在与其他民族的区分里实现的。唯美主义极大地影响了抽象的与非再现性的现代艺术运动，并进而推动了结构主义和符号学的产生和发展。而且，现代建筑追求空白的与中性的形式结构的倾向，其实也受到过唯美主义与形式主义的深刻影响。

应当强调的是，唯美主义与形式主义对民族时尚也具有重要意义，因为对于各种不同的民族或族群来说，除了强调设计与民族生活的功能性关联外，还把各具特色又彼此不同的唯美效果表现出来。就美本身及其多样性而言，"为了这个缘故与其将之称为美的种类，还不如将之称为美的变相（varieties）来得合适些"①。因此，唯美的时尚文本样式又以其开放性，回应着社会、历史与文化语境所涉及的问题。民族元素及其时尚感的生成，就是独特与别致的美的建构。而且，时尚美的建构并不局限于优美与美的传统分类。

从柏拉图到黑格尔，西方哲学把质料看成是黑暗的、混沌的与惰性的，往往从形式上探讨艺术表现与审美经验的问题。在这里，纯形式虽然似乎介于质料与理念之间，但接受的却是理念自身的根本规定。在古希腊，理念本身往往都内含视觉与形式的意义。在民族的服饰文化里，各种色彩都具有彼此相异的意味与情感关联，并发生着历史性的变化与不断的意义重构。在质料方面，时尚的创意与表现一般是经由面料等来实现的。基于质料的性状与质感，如何对民族元素加以表现是时尚设计的重要问题。在亚里士多德那里，世界乃是由各种形式与质料和谐一致的事物构成的。

亚里士多德以结合来探讨事物的生成与变化，质料与形式原初主要限于对器具与设计的揭示与描述，但后来这一成对范畴被沿用到自由艺术的表现与评价之中。在亚里士多德那里，因主要有四种基本的类型或样式，第一种是质料因，即形成物体的主要物质。当然，这也涉及服饰与时装所用到的各种材料。如果说，面料为服饰与时装提供了质料因，那么，服饰与时装的款式就是形式因，手的使用与制作工具是动力因，

---

① ［波］瓦迪斯瓦夫·塔塔尔凯维奇：《西方六大美学观念史》，上海译文出版社 2006 年版，第 159 页。

而服饰与时装的功能与用途则是目的因。在亚里士多德看来，既没有无质料的形式，同时也没有无形式的质料，因此他强调质料与形式的密切关联。

但是，质料与形式仍然面临着不可回避的二元分立困境。虽然说，美学曾被规定与把握为感性学，原初主要研究自由艺术与审美经验，但仍然不得不回应设计与功能问题，同时也不可能摆脱技术及其关涉。这也就是说，"……美是在一种与对象有时是更为智力性的、有时是更加肉体性的接触中，给我们显示的。就是在这样的经验之中，技术对象才能为我们审美化"①。这里的质料美指设计所涉及材料本身的质地，以及与之相关的艺术表现展现出来的美感。例如，古朴、神秘的服装相关于尘封的历史。明亮、瑰丽的金属装饰，让我们想到了未来的科技，而那些柔和与含蓄的纤维面料，无疑使我们想到温馨的家庭气氛。

一般来说，流动、飘逸的曲线与配饰，使人们联想到喧嚣的都市与浪漫的情感，坚韧的面料则让人想到宁静的乡村等。时尚意义的生成也同样离不开审美化的过程，以及这种审美化对民族元素的揭示与重构。应当说，面料不仅可以揭示与诠释服装的风格和特性，而且还直接影响着服装的色彩、造型及其表现效果。在民族服装与时尚设计之中，面料各式各样、五花八门，令人目不暇接。各种不同的质料及其肌理与质感，无疑都为创意与时尚感的生成注入了独特的审美旨趣。

从总体上来讲，优质面料具有舒适、吸汗透气、悬垂挺括、视觉高贵、触觉柔美等特点。因此，设计与制作在正式社交场合穿着的服装，一般宜选用纯棉、纯毛、纯丝、纯麻制品。不同于一般的自由艺术，服饰还要充分考虑着装者的功能诉求，而对衣着的审美预期也与这种功能性分不开。在康德那里，不同的感觉与经验及其共通性关系受到了关注。时尚感及其意义的生成与建构，也是与这种审美通感密切相关的，但又并不局限在唯美主义的文本里。自由美就是不以对象的概念（客观合目的性）为前提的，而依存美则以这样一个概念并以按照这概念的对象的完满性为前提。

在康德看来，当我们被一个对象所刺激活激起时，它在表象能力上

---

① ［法］米·杜夫海纳：《美学与哲学》，中国社会科学出版社 1985 年版，第 214 页。

所产生的结果就是感觉。因此，那种经过感觉与对象相关的直观就叫作经验性的直观，而一个经验性的直观的未被规定的对象就叫作现象。时尚美虽然具有某种关涉功用与实际的依存性，但它也受到自由艺术及其审美风格的影响。在现象之中，那与感觉相应的东西被称为现象的质料。根据康德，一切现象的质料都只是后天被给予的，但其形式却必须是全都在内心中先天地为这些现象准备好的。

唯美主义、为艺术而艺术、形式主义美学的思想来源，其实就是康德所说的这种自由美，显然也就是纯粹的、无功利的形式美。但还要看到，"康德也许是第一个强调新是时尚的本质特质，同时也是真正具有声望的时尚理论家……"① 在这里，康德也由此否定了时尚与唯美的简单关联。但是，时尚设计被视为一种艺术活动，也就是艺术生产的重要构成方式，创意对美的表现离不开一定的质料。就民族时尚而言，创意的生成既离不开一般所说的观念的创新，其实却更不可能没有特定的精神与文化特质贯注其中，以及由此而生成出来的相关于特定人群的独特意味与魅惑。

实际上，独特创意是与向着民族精神与文化魅惑的一种回归相关的，这种回归即返回到与民族生存和文化相关的特定精神领域和语境里。而且，只有从民族精神及其图式的重构出发，才能充分表现与阐发当下的时尚创意与趣味，以及与之相关的独特的艺术与审美经验。譬如，不对称特质由于具有奇特与别样的意味，而得到过不少设计师的广泛借鉴与运用。与此同时，这种返魅其实也是对民族魅惑的一种重构，并在不同民族创意样式之间显示出差异。在民族时尚的创意之中，特定服饰是与时尚设计的目的或功用不可分的，它们依然具有某种难以断裂的连续性特质。

毫无疑问，创意与设计的生成与存在，都相关于形式和质料及其生成性关联，并以此克服形式与质料关系的传统模式及其问题。例如，曾经象征着地位、权力与荣誉的王冠，至今仍在一些君主制国家的加冕仪式里使用着。在对"新原始风格"符号的自由性的揭示上，布兰齐认为，"设计师寻求他们自身识别的创意点，他们自身语言编码的构建使他们可

---

① ［挪］拉斯·史文德森：《时尚的哲学》，北京大学出版社 2010 年版，第 21 页。

能就像是部落首领一般。"① 对质料的审美心理与感受，还涉及不同感觉之间的关联与融通。也就是说，时尚的创意及其审美需要多种感官共同介入而实现，而审美通感在质料的审美观照中具有不可替代的作用。

在亚里士多德看来，柏拉图的理念论不能说明事物的存在，因为柏拉图的理念与个别事物是相分离的。所谓的"质料因"就是事物的"最初基质"，即构成每一事物的原始质料。与此同时，"形式因"则指事物的本质规定。任何设计与造物都摆脱不了质料与形式的概念图式，但又无不涉及对这种图式加以独特的回应与重构。在亚里士多德看来，质料是潜能，形式是现实，二者的关系就是潜能与现实的关系。形式作为主动的、积极的成因，在质料的形式化过程中，给质料以规定，使质料成为现实个体。

质料则有待于形式的赋形，而形式在创意与表现中，总是关乎精神的。形式作为事物之本质、定义、存在和现实，是与作为事物的潜能的质料相区别的，但形式又不可能脱离质料而存在。在亚里士多德那里，目的论事先预设了某种目的，然后分析如何去实现这种目的。如何在创意与设计里，将质料与形式作出独特的关联与回应，成为时尚意义生成不可回避的问题。在视觉艺术的质地美中，形式与质料实现了密切的生成性关联。实际上，形式与质料的简单二分，限定了对形式与质料的充分揭示与表现。

虽然杜夫海纳认为，在逻辑中，形式不是一个对象的形式，不再与质料密切相关。但是，审美的形式却应使质料具有形式。然而，进入现代以后，形式不再是由内容所简单决定的，而内容与形式的传统关联难免被解构。对创意而言，"时装的本质即在于此，它感受到了言语难以表达的，感触到了一种'精神'，并且由于它综合归纳了分散的要素，而成为至高无上的，它是抽象化的过程"②。那么，形式及其在当代时尚创意里的表现与建构，不再受制于质料与形式的传统关系及其困境。

---

① ［美］维克多·马格林编著：《设计问题——历史·理论·批评》，中国建筑工业出版社2010年版，第35页。

② ［法］罗兰·巴特：《流行体系——符号学与服饰符码》，上海人民出版社2000年版，第123页。

　　只有克服与走出质料与形式的传统关系及其问题，才能显现出形式所蕴含的生成论意味与旨趣。除了对特定民族文化意味加以关注外，时尚创意的形式感也是极其重要的表现诉求。由现代转向后现代，西方思想的规定性由存在变成了语言或话语。时尚的创意与设计方式，其实都是视角性的与多元化的，同时又是对传统的回应与当下重构。后现代消解了近现代的艺术理念与审美观念，其思想的根本特质就是解构性的，表现为不确定性、零散性、非原则性与无深度性等。如果说，现代美学还在存在境域中关注形式的话，那么，后现代主义则坚持强烈的反形式倾向。与此同时，这种反形式特质也为民族时尚创意及其当代生成与表现提供了重要契机。

第 三 章

民族时尚创意的生成与视觉表现

一般来说，时尚艺术与表现无不具有视觉性及其相关特征，并在视觉表现里彰显自身的创意诉求与设计表达。实际上，民族的时尚创意本身就是与视觉及其表现相关的，并由此构成了一种重要的审美经验与视觉文化样式。时尚创意与设计的艺术表现，无疑也是一种视觉性的艺术存在。与此同时，民族时尚创意还涉及民族风尚与传统文化的视觉性关联问题。创意的视觉化转换就是将新的观念、想法，经过艺术化的可视性处理来加以表现与传达。在西方艺术史上，视觉一直具有特别重要的规定性意义与价值关涉，甚至可以说在很大程度上，西方艺术史往往就是一部西方视觉艺术史。但这并不表明，一切民族的元素与文化都是简单可视的，因此不能说，非视觉性因素之于艺术表现忽略不计或无足轻重。其实，许多观念并非都是直接通过视觉来传递与感受的，但它们大都可以经由视觉化转换而被感性重构。民族时尚创意的生成离不开视觉性表现问题，同时必定还涉及观念表达与视觉思维的关系。对时尚创意来说，这种视觉表现总是重构性的与不断生成的。但视觉重构的发生不只是一个艺术与表现的问题，同时也是一个极其重要的社会与文化问题。在创意的视觉化过程中，抽象的或不可见的观念在视觉里得到了表现与重构，而这种视觉表现本身其实就是一种审美与文化建构。在民族时尚的创意过程中，审美建构还会关切到民族的生活方式与人类学存在。还要看到，创意的视觉表现所关联的是一种动态的、开放性的文本，这种文本当然也是创意与接受的对话及其发生的生成论基础。

第一节 创意的视觉转换与图式化

在时尚设计过程中，创意就是一个从观念、想法到视觉传达，以及这种视觉化如何得以实物化或成品化的过程。而且，时尚表现的视觉传达之所以成为可能，乃是以创意观念与想法的视觉化为前提的。在视觉表现与文化语境里，设计就是把创意的观念与想法加以转换，变成可经由视觉来感受的要素及其关系图像。这种视觉化转换及其实现方式，其实也是创意的视觉化所要考虑的审美与文化问题。而且，创意经过视觉化的转换与艺术表现，还要成为在视觉里加以识别与接受的图式。这里的视觉转换并不是将创意的观念与想法，直接与简单地加以比附甚至是穿凿附会的图解，而是创造性的视觉转换与审美和文化重构的过程。在此基础上，再将所要表达的图像意味与含义加以编码，并在设计与制作过程中解码与传递出来，从而为人们尤其是时装的使用者认同与接受。

一 创意：从观念到视觉

应当说，创意之于时尚设计的重要性，不仅是因为设计做得如何与创意密切相关，还由于观念与思想都从创意进入设计之中。创意其实就是从观念的发生与视觉化的转换，最后实现视觉表现与形式的表达这一完整过程。当然，创意过程也为制作的可能性提供切实与可靠的基础，在创意本身之中，就蕴含着制作得以实现的可能性。还可以说，观念在创意活动中具有首要性的作用，它在很大程度上规定着设计的品质与优劣。其实自从古希腊以来，理念或观念就受到过充分的重视与研究。任何艺术表现与设计，都无不涉及理念或观念的问题。

在这里，柏拉图把"理念"这个词用到哲学中，还赋予观念以实体化特征，即可以脱离可感事物独立存在的特性。"理念"一词来自古希腊语的两种词，即 idea 和 eidos。前者源自动词"看"，逐渐引申为心中的观念。而且，"这样独立的模式或理念是无数的，没有任何东西因为太卑下或不重要而没有它的理念"①。对理念的模仿其实就是，艺术与美接受

---

① ［美］梯利：《西方哲学史》，商务印书馆 1995 年版，第 66 页。

这种理念的规定。在模仿说看来，艺术模仿针对现实进而指向了理念。视觉化表现就是从上到下的过程，它与从下到上的模仿相互呼应，从而构成了设计与艺术的密切相关性。

在柏拉图那里，理念是实在界的原型，感官所及的世界均是以它为依据而成形的。柏拉图的思想奠基于理念之上，他认为文艺与美的事物在本质上是对理念的模仿。虽然说，柏拉图理念论与模仿说都难免存在自身的问题与困境，但这些理论与思想却深刻地影响着后世的艺术、设计与审美。虽然说，柏拉图继承了苏格拉底模仿说的基本精神，但他又从理念论的视角对苏格拉底的模仿说加以重构。在柏拉图那里，理念甚至是一种无所不在的思想性存在，同时也是形而上学所指向的根本性旨归与诉求。

在创意与设计过程中，各个民族的精神图式与理念、观念无疑是密切相关的。也正因为如此，艺术就像模仿的模仿、影子的影子，因此与理念的真实似乎隔着两层。柏拉图之所以排斥文艺，乃是因为文艺是对自然世界的模仿，因此是比自然实体还要等而下之的东西，由此导致的二元分立与对艺术的轻视受到了后世的批判。根据柏拉图，理念是独立于事物而存在的根本规定性。柏拉图对创意的重要启发是，理念或观念是一切创意与设计表现的根本来源。对理念加以视觉化转换，无疑是所有设计发生的根本性方式。当然，设计与制作只有理念还是远远不够的，显然还要经过这种视觉化转换的过程。

与此同时，理念才能成为设计所关涉的模型、样稿与雏形，也就成为设计出的产品原初所依凭的思想原型。但还应看到，"柏拉图关于艺术的理论，即艺术是对模仿品的模仿，与他所提出的'形式'论密不可分"①。到了黑格尔那里，美被界定为理念的感性显现，因此，艺术与美的显现仍然不得不接受理念的规定。与之相关，艺术在于用感性形象来表现理念，以供直接观照与提供某种生动的感性，而不是用思想和纯粹心灵性的形式来表现。所有的设计虽然都涉及观念的问题，但对观念的强调在概念设计那里达到了极致。

因此，黑格尔的美学与哲学思想，对于理念的视觉化与设计具有重

---

① ［美］沃特伯格：《什么是艺术》，重庆大学出版社 2011 年版，第 15 页。

要意义。在黑格尔那里，艺术以其直观与可感性特质区分于宗教、哲学。根据黑格尔，最初的艺术是象征型艺术，在这个阶段，人类想把认识到的理念表现出来，但还找不到合适的感性形象，于是就用对形式的强调来象征所要表达的观念。但在黑格尔那里，仍然面临着理性形而上学的问题与困境。当然，这种象征意味并不局限在黑格尔的象征型艺术里，乃是因为，在现当代艺术表现与设计里，符号仍然具有重要的艺术意义与审美价值。到了黑格尔所说的古典型艺术时期，艺术的内容和形式达到完美的关切与契合。

而且，理念和感性统一的古典型艺术成为最完美的艺术。最后，才是浪漫型艺术。在浪漫型艺术里，无限的心灵发现有限的物质不能满足表现的需要，于是又从物质世界退回心灵与精神世界。在当代设计里，观念及其视觉化虽然也涉及诸多成对概念，但这种视觉化又总是与二元分立的解构分不开的。早在古希腊，理论理念本身就具有这种视觉性的特质，而作为最基本的感觉的视觉规定与支配着其他的感觉。正因为如此，古希腊的视觉艺术就有着比诗歌与音乐更优越的地位。

甚至可以说，艺术、美总是与视觉表现密切相关的。在古希腊，神话对艺术产生了广泛而深刻的影响，同时也为创意的生成与文化建构提供了语境。特别是，随着荷马史诗的出现，以及以宙斯为核心的奥林匹亚山的诸神系统，为以希腊神话为主要题材的希腊美术的产生做了准备。其实，视觉最初的含义也是与逻各斯相关联的。逻各斯把某种东西展示出来让人看，也就是朴素地让人看某种东西，从而让人觉知存在者，但它后来被遮蔽在逻辑与理性哲学之中，然而，相关于民族精神图式的创意观念，在此并不局限在任何既有的概念与体系之中。还要看到，最早的理性是出于逻各斯并与视觉相关的理性。

应注意到，作为光明之神、造型之神，日神阿波罗把光辉洒向万物与存在者，从而使万物显现出美的外观与形式。自古希腊到近代，模仿说在西方艺术与美学界一直占据着支配地位，从而影响了西方现实主义艺术风格与审美经验。对视觉艺术与表现而言，模仿主要指赋形与外观上的相似、逼真。虽然在古希腊，艺术只能模仿外形，而无法模仿实质，却不能说这种模仿与形而上学本质无关。一般来说，柏拉图推崇理念和哲学，贬低艺术，主张把迷狂的诗人逐出理想国。在亚里士多德那里，所有的艺术都被把握为一种再现。

在艺术与美的问题上，亚里士多德虽然也坚持模仿说的基本观点与思想，但他的模仿说与柏拉图的模仿说又有了很大的不同。根据亚里士多德，只有一重现实的世界，艺术模仿现实，艺术与现实都是真实的，诗（艺术）甚至比历史更真实。其实，理念与视觉的关联从来都是不可回避的问题。"我认为理念与有形的形式之间的相互作用，在比拜克认为莱加艺术家从其雕刻品中意识到'文化类型'的观点中也得到了说明。"① 但艺术仍然涉及形式与质料及其关系，这当然也是艺术创意与设计所要面对与回应的问题。而且，如何克服形式与质料及其二元分立，无疑也是艺术、设计与审美研究的问题。

亚里士多德认为，理性分为理论理性、实践理性与诗意（创造）理性。同时，他还把美的形式归结为与视觉相关的秩序、匀称与明确等。逻各斯规定了，理性原初表征为理论理性，而理论理性与洞见、视觉相关。作为一种反思，理性相关于光的反射，并规定了看与思的一致性。看离不开光，光决定了是否能够看见。从一开始，视觉艺术就涉及对光的把握与处理。在希腊化与古罗马时期，视觉艺术与享乐、功利、世俗生活密切相关。在现当代，设计的视觉化与人的观看，经由表现及其理解与阐释，而又涉及民族精神与文化特质。

显然，观念的视觉化是创意得以生成与实现的根本前提，它也是设计的社会与文化建构不可缺少的过程。还要意识到，新的视觉文化把本身非视觉性的东西视像化，并将之纳入视觉化语境加以解读与阐释。在麦昆那里，时尚、艺术与概念及其密切关联融入了设计之中，他始终注重野兽与文明、男人与女人、科技与自然等之间的平衡维系。在观念的发生与创意过程中，视觉化如何涉及不同表述间的关系，也与各族群对这种关系的理解分不开。但如此强调视觉形式之于艺术表现的重要性，并非仅仅局限于视觉而排除一切其他感觉。创意关切于视觉经验与其他经验，旨在将观念加以视觉与审美表现，并经由通感把经验建构与整合起来。

毫无疑问，各种民族的服饰艺术与时尚设计，都是与传统视觉艺术

---

① ［英］罗伯特·莱顿：《艺术人类学》，广西师范大学出版社 2009 年版，第 37 页。

密切相关的艺术样式。而且，时尚创意还关涉各种不同观念与经验的生成性关联。就时尚创意而言，"时装设计师经常需要快速描画，匆匆记下飞逝的构想，捕获短暂的瞬间，迅速地构思出足够多的想法以编辑出连续一致的整体。"① 在视觉人类学那里，通过可视符号来建构设计产品所关涉与呈现的文化得到了强调。在创意之中，草图表现也是概念与想法的视觉化过程。视觉化主要是以文字、图形、色彩为基本要素的表现过程，在精神与文化领域以其独特的表现影响着人们的感情，并对人们的生存与日常衣生活加以审美与文化建构。

在这里，视觉传达是人们利用"看"所进行的交流，也是通过视觉语言进行表达与传播的方式。不同地域、肤色与使用各种语言的人们，通过创意符码与视觉进行观念的传达、情感的沟通与文化的传播。显然，这种跨文化的交流与传播，还涉及诸多族群及其文化差异的问题。在一定程度上，视觉的观察与体验可以克服彼此语言间的障碍，还能够消除文字不同及其所关涉的文化阻隔，凭借对图案与纹样的视觉共识实现相互沟通。但就如何揭示与理解服饰的视觉性特质，仍然涉及对这些可视符码的社会与文化阐释。

其实，视觉传播从来都是人与人之间交流与对话的直观方式，并对人类历史文化的传承和人们精神生活的建构都有着深远的影响。视觉表现借助特定的媒材与技法，构成了民族服饰艺术及其款式与纹样等，彰显与建构着与民族性特质相关的创意文化。还要注意到，"在思维与视觉之间的许多相互依赖的联系不能被简单地分割为一组零部件"。② 因为，一切时尚风格都有其不可还原的整体性特质。虽然说，意大利时装的柔软与优雅、德国时装的蓬松与华丽，以及西班牙时装由优雅变成僵直等，但这些不同民族或国家的创意，其实都有其不可分离的社会与文化语境，而这种语境性关联也会进入创意与设计文本里。

作为一种传达或传播方式，视觉化当然有其自身的表现方式与技巧，

---

① ［英］苏·詹金·琼斯：《时装设计》，中国纺织出版社 2009 年版，第 82 页。
② ［加拿大］朗·伯内特：《视觉文化——图像、媒介与想象力》，山东文艺出版社 2008 年版，第 17 页。

对视觉化的理解与阐释关涉不同的学科与视角。人们力图通过自己的眼睛与观看，往往离不开对图像及其文化意趣的理解。因此，将各种规定与想法通过视觉化表现出来，无疑是一个重要的艺术、设计与文化问题。既然说视觉化是文化对话与理解的一种直观方式，那么对话的双方应对同样的形象符号具有可沟通性。对在识别与理解上有差异的创意图形，可通过文化上的沟通甚至包容来对待差异。在这里，视觉语言可看成是基于基本元素和原则，而构成的一套传达意义的规范或符号系统。

实际上，各个民族都有其独特的思考方式与视觉习惯，这其实也是民族元素与文化的时尚表现所应考虑的。在视觉艺术的表现里，设计师总是赋予那些经典图案以传统的意义，这是理解创意与达成沟通的思想基础与文化前提。"在设计中，人们有时能够发现设计师们一次又一次地在做着形象化的陈述……"① 值得注意的是，创意设计总在考虑如何突破传统的解读，从而获得一种新的时尚效果与解读方式。具体而言，时尚设计原则包括布局、对比、节奏、平衡、统一等，这些都是设计师用来传达意义的准则和方法，但各种不同的视觉化设计又会对这些原则加以独特的应用与强调。

根据特定生活方式与审美的需要，选择相应的材料与表现形式，以及建构元素之间的独特关系，从而形成能够传达特有意义的图像。但视觉思维并不局限于直接的知觉内，还被广泛地拓展到民族审美经验与文化的建构之中。但不应把图像仅仅看成一种再现方式，它其实也是一种关于物象甚至自我的重构。创意的视觉化总是与观念发生着密切的联系与对话，这也是对观念与图式及其生成性关联的揭示。这里可以说，视觉化的表象只是力图揭示的东西的一种呈现。视觉化还要关注与探究图像及其所涉及的社会与文化意义如何解读与理解的问题，同时也关联到不同民族或族群在创意上的勾连与对话。

而且，观念的这种视觉化还涉及表象与内在精神复杂的生成性关联。在观念的视觉化过程中，还涉及可感元素与非可感元素的生成性关联与转换问题。在文艺复兴时期，"当时的贸易和旅游都在增长，而人们对于

---

① ［英］彼得·多默：《1945 年以来的设计》，四川人民出版社 1998 年版，第 169 页。

时尚的观念也随之得以交流，但服装仍呈现出很大的民族特性"①。这种跨文化的时尚传播也是各民族对自身传统再认识的重要契机，它相关于如何在观念与创意里对民族特质加以视觉化表达的问题。一种跨文化的服饰与时尚传播，既关涉从观念到视觉的转换问题，又与不同民族元素和文化的交流与认同分不开。在这里，文化的适应性问题在时尚创意的视觉化，以及与之相关的跨文化时尚传播里得到了凸显。

二 创意的视觉转换及其可能性

在很大程度上，古希腊的理念及其视觉性特质规定了西方的艺术与审美。西方文艺复兴的基本风格与表现技法，构成了近代视觉艺术与文化的主要传统。在造型艺术方面，文艺复兴以写实作为出发点与基本传统。在达·芬奇看来，透视是一种理性的表现，物体的轮廓线汇聚于人的眼中。同时，线条也基于人的理性的控制之中。人体解剖的研究和透视学的完善，在视觉艺术的创作中得到了广泛的应用。文艺复兴以后，视觉艺术及其新的意味与旨趣，对时尚创意的视觉化产生了深刻的影响。

其实，近代的透视与视觉化在艺术与设计里的密切关系，也是与当时的理性与古典主义分不开的。就广告与视觉传达而言，古典主义往往意味着理性、秩序与控制。"也许这一广告的古典主义风格表现得异乎寻常的强烈，但它所代表的普遍的风格发展趋势却在大部分高档时装形象中具有典型意义。"② 但 17 世纪以来，西方艺术从宗教走向了世俗生活，从而让理性之光关注与照亮人性的存在。在近代，笛卡儿为艺术和思想奠定了一个理性的基础，进而敞开了一个由理性所规定的艺术与美。在现代时期，由于对人的视知觉的研究的不断深入，透视学的范畴、内容得到了极大的拓展与延用。

实际上，人们总是经由对民族服饰与时装的感知与审美经验，去理解、阐释与把握设计所传递出的创意与文化的。在创意的视觉转换过程

① ［英］琼·娜：《服饰时尚 800 年：1200—2000》，广西师范大学出版社 2004 年版，第 24 页。

② ［美］保罗·梅萨里：《视觉说服：形象在广告中的作用》，新华出版社 2004 年版，第 86 页。

中，中国传统的艺术表现与西方透视学的差异应引起关注，因为这涉及对不同民族或国家时尚的理解与阐释问题。鲍姆嘉通认为，审美是感性认识的能力，这种感性理解与创造美，并在艺术中达到完美。但仅仅靠西方近代的这种理性与理解，难以深入领会不同民族内在精神的可视化问题。黑格尔认为，在绘画艺术之中，人的理性之光的重要性远远超过了自然的太阳光。

不同于古希腊的理论理性、中世纪的实践理性，近代的理性往往相关于诗意与创造。应当注意到，黑格尔把艺术与美阐释为理念的感性显现，显然也关涉观念的这种视觉化问题。在黑格尔那里，艺术中一切感性显现的东西最终都要受理念的规定。但这并不是说，视觉艺术不再相关于感性与审美经验，而是表明理性在艺术经验中的规定性影响。一般来说，形式美指事物的色彩、形状、线条、声音等及其关系所生成的美感，它无疑是视觉艺术与审美经验的根本性之所在，同时也是创意的视觉转换所应考究的重要问题。在古希腊，毕达哥拉斯学派提出的黄金分割律认为，凡符合黄金分割比例的形式总是美的。

作为形式美的重要构成规则，黄金分割在现代被广泛地借鉴与应用到绘画、工艺、建筑与设计等领域。但在近代，就艺术与美的探究而言，形式总是与内容密切相关的，它们是一对不可分割的范畴。而且，形式与内容等范畴，成为把握视觉艺术的概念框架。应当看到，几何学与科学给视觉与艺术表现带来了深刻的影响。基于科学与几何原理的透视，被广泛地运用于视觉艺术与设计之中。近代视觉艺术中的透视，主要有焦点透视与散点透视。但不同于一般的比拟之处在于，创意及其视觉化所凭借的比拟与精神图式密切相关。与此同时，将观念视觉化进而在质料与形式的关联里实现造物。

在这里，创意的视觉转换及其可能性，是以观念或想法的可视性为基础的。质料与形式及其关联的原初含义，就是适切于造物与器具的，后来才被移用到自由艺术上。应当说，透视原理与方法的借鉴与应用，拓展了视觉艺术表现的崭新空间。但要看到，"视觉能指和神灵力量理念之间的关系要比杜尔干/列维－斯特劳斯的图腾模式复杂得多"[1]。其实，

---

① ［英］罗伯特·莱顿：《艺术人类学》，广西师范大学出版社 2009 年版，第 114 页。

对视觉的理解本身也离不开理论与文化的建构。近代以来的造型艺术用一定的材料，通过构图、透视与用光等艺术手段，塑造直观的平面或立体的艺术形象。毫无疑问，这些都是创意及其视觉转化不可或缺的表现方式。

而且，一个观念或想法的可视性究竟何在，则相关于族群的想象力与文化理解，这种理解又是与族群的内在精神图式分不开的。这里的可视性并不是说观念可以被直接看到，而是旨在强调观念能够转化为一种视觉图像的可能，人们再经由图像的意味领会观念所蕴含的思想。还可以说，传统意义上的可视是强调视觉上的通达性。其实，艺术人类学为不同族群的观念的视觉转换及其理解提供了文化的可能性。但与创意相关的不仅是视线的可通达，实际上还包括非视线的可通达，如沟通与可理解的达致与实现，以及发生在视觉与非视觉间的沟通与对话。视觉转换不仅是一种生理与知觉上的可感性的体现，它也是一种相关于民族的审美与文化实践。

这里的根本问题无疑在于，观念究竟如何才能具有可视性特质。这里所说的可视性，往往指观念何以能表征为一种视觉印象，并被人们在视觉上加以理解与阐释。在当今时尚设计界，"真仿古、伪前卫的时装设计师们很少躬身探究时尚的真正意义，他们更多地热衷于昙花一现、顾影自怜、毫无意义的形象展示"①。这里还涉及一种民族时尚创意与设计，如何才能通过视觉图式将文化的历史性揭示出来，并在这种时尚化了的视觉图式里理解民族生活方式。古希腊的理论理性原初就具有某种视觉性的特质，而这就在根本意义上规定了理论的可视性基础。

在对时尚创意表现加以接受的过程中，人们就开始用视觉观察去感受设计企图表达的想法，并在一定思想与文化语境里去重构所获得的视觉印象。理论与观念的建构本身就不可能没有想象力，而这种想象力为可视性的拓展又作出了某种奠基。虽然说，想象力离不开直观、形象与生动的意象，但它也是与认知、理论与思想分不开的。对创意观念加以视觉性的生成转换，这既相关于人们的想象力对图式的建构，还与如何

① ［法］多米尼克·古维烈：《时尚不死？——关于时尚的终极诘问》，中国纺织出版社2009年版，第128页。

对抽象与观念的东西加以分析分不开，进而凭借特定的视觉化表现方式，将创意转化为具象的可感性及其视觉经验。

但是，并不存在绝对纯粹的所谓可感性可以凭借，因为，对任何抽象观念的理解也需要想象力的介入。在认识过程中，知性用概念统一表象以形成知识。当想象力把感性杂多集合起来后，不是像认知那样去统一表象，而是让想象力与知性去自由游戏。可以说，"在中国画家看来，任何有特征的自然风景画面都与人类的某些精神方面相对应"①。在审美的自由游戏之中，知性与想象力虽然是有所冲突的，但它们必须相互共处与协调起来。而且，知性与想象力既都不能缺席，也不能一方胜过另一方，而是在它们之间保持一种恰当的张力。在民族时尚创意的视觉化转化过程中，不同民族的心理与文化也具有其自身的特质。

在本性上，抽象是观念抽离原本客体的思想生成过程，但观念创意与视觉化的关系并不能理解为抽象与具象等概念模式。因此，对抽象事物的理解与有效沟通，往往需要基于沟通的知觉或共同的经验。被抽象化了的经验与感官印象，在时尚创意观念及其向视觉转换之时，有待于在艺术表现与产品诉求的语境里得到重构，同时还要在对这些时装的解读里来领会内在的精神意象。不同于抽象，具象更多地相关于形象思维，以及人的直觉与情感，而具象的表现也必须对抽象观念的可视性要素加以分析。

但人们的视觉观察并不是空洞的、没有理论支撑的，而且也离不开理论及其所建构的视觉图式。在时尚创意观念的视觉化转化中，具象与抽象本身其实都不是分离的，而是密切相关与相互交织的。而且，理论与观念在人们观察活动中的意义是不可或缺的，因为没有任何观察可以绝对地与观念无关而得以展开的。在民族时尚创意过程中，往往借助各种理论视角以对民族元素加以分析，并在此基础上对观念视觉化的可能性加以探究。在这里，观念视觉化的诸多可能性，其实还涉及深层与表象及其复杂的生成性关联，以及如何对两者间的审美与文化张力加以建构的问题。

---

① ［英］C.A.S. 威廉斯：《中国艺术象征词典》，湖南科学技术出版社 2006 年版，第 178 页。

　　在创意观念视觉化的研究中，一切所凭借的理论、思想与观点都应与设计目的相关联。还要看到，不同的设计师甚至同一设计师在不同条件下，所想象到的东西与作出的创意其实也有所差异。虽然说，"理性知识有时有助于形成一个视觉概念，但只有在这些知识可以转换成视觉的属性的时候才能起到作用"①。因此，设计将不可见的创意，进行转换使之具有可见性基础。但在不可见与可见之间，实际上并没有一条绝对的与不可逾越的界限。应当注意到，由于观念自身的抽象性与极其繁难，比较难以被直接的视觉所理解与把握。早在亚里士多德那里，形式、质料和具体事物都是实体性的。

　　在笛卡儿那里，观念被分为天赋的、外来的和虚构的三类。在莱布尼茨那里，观念是作为倾向、禀赋、习性或自然的潜在能力。莱布尼茨反对经验论，尤其是洛克的经验论。巴克莱认为，心中的观念是构成现实事物的本原，事物就是"观念的集合"。这里的观念往往都是抽象的，因此难以被人的眼、耳等感觉器官感知。在观念的视觉化过程中，其实也涉及对某种可见之物形制的建构。在海德格尔那里，艺术乃是一种存在论意义上的存在，它与作为存在者的艺术家、作品，构成了一种共同存在与相互生成的关系。

　　对艺术与设计创意来说，史论、批评与跨文化传播都是不可忽视的。但观念与形式的生成性关联，可以说就是创意的视觉表现所要实现的。在创意的视觉转换之中，现象学所说的视觉直观无疑具有重要的意义与价值。"因此，构成形式的综合是一种思维活动，而统一感属于自发意识，是对那些可以分别感知的可感要素之间关系的洞察。"② 在直观的诸多形式之中，视觉感知的感性直观是基本的样式。胡塞尔认为，审美对象是一种意向性对象，现象学直观与纯粹艺术中的审美直观是相近的。在民族元素的创意与重构之中，也会关联到民族集体无意识所支配的意向性指涉。

　　在艺术与时尚本文所处的语境中，后现代是对现代性面临的问题与困境所作出的回应。当然，现代性与后现代性之间的复杂关系，无疑是

---

① ［美］鲁道夫·阿恩海姆：《艺术与视知觉》，四川人民出版社 1998 年版，第 128 页。

② ［美］乔治·桑塔耶纳：《美感》，人民出版社 2013 年版，第 72 页。

全球化时代民族时尚创意所不可回避的。视觉在创意表现中不仅具有一般的规定性，它更是传递思想与建构可理解性的基础。梅洛－庞蒂从知觉的角度赋予直观以重要意义，他把知觉而非情绪体验当作人的存在的先验结构。视觉转换所呈现出的艺术构图与印象，也成为通达审美、文化与精神的直观性路径。在当代，人们对生活世界审美化的诉求与期盼，往往相关于时尚创意及其视觉化表现。随着人们视觉在审美过程中的不断延伸，可视性彰显出不同层面上的精神与文化关涉。

对创意可视性特质的理解与阐释，无不相关于特定族群的内在精神图式，而不同图式间的对话仍然是时尚不可忽视的跨文化问题。实际上，审美通感借助联想引起感觉之间的转移与彼此交织。应当说，"视觉设计涉及图像，而图像的功能就是传播与形象地传达：符号、象征、形式与色彩的意义，以及它们之间的关系"①。感觉与审美经验难以摆脱独特的民族性，以及不同民族之间可能发生的相互沟通与认同。除了诉诸视觉外，时尚也是一种别致与陌生的审美通感。在这种陌生感里，就不乏民族精神与文化的贯注，以及不同族群之间的文化异质感。在观念视觉化的可能性的探究中，不同民族艺术与文化之间的对话依然是必要的。

三　创意的图式化与视觉表现

在艺术与设计之中，视觉表现所呈现出的印象与经验，其实并非与民族性特质毫无关联。甚至可以说，时尚表现还相关于某种特定族群的精神图式。人类的精神图式对于视觉表现所具有的规定性，表征在艺术与时尚所蕴含的独特意义与特质里。在康德那里，作为一种先验范畴，图式被看作潜藏在人类心灵深处的一种技术与技巧。根据康德，理念是指在日常生活里无法完全体验的概念。如在日常生活之中，就找不到可完全体现"美"这一概念的例子。而且，艺术所具备的可超越日常生活的特质为理念的表达提供了可能。

在民族创意的视觉化表现之中，精神图式在根本意义上规定着意义与旨趣。通过实验研究，皮亚杰赋予了图式概念以新的含义。在皮亚杰看来，图式是包括动作结构和运算结构在内的从经验到概念的中介，也

---

① Bruno Munari, *Design as Art*, Penguin Books Ltd. , 2008, p. 33.

是主体内部的一种动态与可变的认知结构。这种图式在认识过程中发挥着不可替代的作用，即能过滤、筛选、整理外界的刺激，使之成为有条理的整体性认识。皮亚杰认为，在适应外界与环境的过程中，图式就会不断变化、建构与丰富起来，但他的认识论及其二元分立的根本困境并没有得到彻底的克服。在这里，不同民族的艺术图案与造型及其特质，无疑也涉及民族内在精神图式的差别。

但不同图案间的层级性差异，并不表明各个民族间的不平等。与此同时，流行其实也涉及符号的修辞问题，比如，"它竭力要在直接意指的地方炫示含蓄意指，采取纯修辞的形式勾画直接意指低下的形象"①。对于艺术设计与审美表现来说，认知本身也涉及如何被突破以达致善的问题。但所有图式都不是各个部分的简单加和，而是一个难以分离与不可还原的整体，这在时尚品牌及其风格的整体性特质里得到了表征。在视觉文化里，民族衣生活方式存在着不可忽视的习俗差异。

实际上，图式内在地与特定民族的精神结构相呼应。值得一提的是，英加登从作品本身出发，强调艺术作品的本体论地位，进而分析了不同种类艺术作品的内部结构。在英加登看来，音乐作品只有一个层次，即音乐中的声音组合。绘画通常包含两个层次，即再现的对象中被描绘的图式化观相所构成的层次和再现对象本身所构成的层次。但人们能体验到的，往往只是事物的具体观相。根据英加登，具体观相是变化的，而在诸多变化的观相中，能够保持自身同一与不变的东西，就是图式化观相。在创意图式化的问题上，艺术与设计既与内在精神结构相关，同时也通过结构本身的开放性，而与社会、历史和文化语境发生联系。

也就是说，图式既可描述事物的必要特征，同时又包括其非必要特征。图式的视觉表现之所以可能，其实也是因为视觉本身就是可以思维的。在这里，语言、言语与思维之间的密切联系，以及语言与图式之间的相互转化并表现为符码，是与语言的修辞表达和话语建构分不开的。尤其是到了现代，对人类精神图式与文化传统的简单图解也是设计所应克服的。当然，设计离不开对理念的因素及其关联，向视觉化了的形象

① ［法］罗兰·巴特：《流行体系——符号学与服饰符码》，上海人民出版社 2000 年版，第 303 页。

创造性地转换。作为一种生成性的语境，理念的视觉化为拟象的产生，提供了观念与思想性的基础与前提。

其实早在中世纪，可感知与可理解的关系就是艺术与审美的问题。但到了近代，这种关系则主要表现为感性与理性的问题。在新古典主义艺术与图像美学之中，"'思想'的观念与图像或刻印的记号是不可分离的，这是经验在想象中留下的'理想'印象，特别是典型的视觉经验留下的印象"①。创意的视觉化表现化为了具体而直观的形象，但每种视觉形象又内在地相关于人的精神结构。然而，这种严谨与理想的关联及其预设，在现代的艺术与时尚的表现里遭遇到了困境。还要注意到，符号与人类各种活动的发生密不可分，人类社会和文化的生成与相互关联离不开符号。

在时尚创意的视觉表现中，经常可以发现各种不同的符码象征，而这些象征的当代发生、变形与重构，又都与特定族群的精神和文化分不开。实际上，创意的观念及其图式化表现就是基于人类精神与文化的，特别是，各个民族或族群文化生成了创意表现的特质，并成为创意的视觉与图式化得以可能的文化基础。与此同时，这种图式化表现又往往是经由视觉方式来实现的。在英加登那里，崇高、神圣与平和等审美中的形而上学质得到了强调。实际上，时尚创意的图式化也是与这些形而上学质相关的。

索绪尔认为，一个符号包括了两个不可分割的组成部分即能指和所指。在符号的表达之中，基本问题就是能指与所指的关联问题。因此可以说，可视化的能指总在意指着某种所指及其意义。譬如说，在波尔西默斯看来，"地理区域品牌是通过民族服饰（像是印度的纱丽、巴西比基尼）将品牌象征意义可视化的，时尚则是定期将地区/国家品牌的叙事织入其乌托邦愿景的符号结构中"②。索绪尔指出，语言符号的特性就是符号的任意性与符号构成的线性序列。索绪尔看到，语言虽然作为符号系统文化中极其重要的例子，但除此之外，文字信号、礼节仪式、风俗习

---

① ［美］W. J. T. 米歇尔：《图像学：形象，文本，意识形态》，北京大学出版社 2012 年版，第 154 页。

② ［荷］伯格等：《时尚的力量》，科学出版社 2014 年版，第 272 页。

惯等也具有同样的性质。

但是，能指与所指的关联又会因为所指被消解而失去确定性，因此许多视觉表现在后现代难免成为能指的游戏。当然，能指的游戏也是与所指的多元性分不开的。应当说，感觉与观念的二元论总是与观念至上论联系在一起的。观念至上论认为，在认识活动中，占主导地位的不是感觉，而是观念。但在创意及其视觉化表现过程中，观念至上论摆脱不了认识论与形而上学的限制与困境。符号的任意性其实就是说，所指与能指的相互联系是任意的，两者之间没有任何内在的、自然的联系。

当然，所指与能指的这种联系一旦建构出来，就具有一定的传承性与历史性特质，这也是创意表现的编码与解码得以可能的基础。阿恩海姆认为，象征的意义应当通过构图形式特征直接传达于视觉。如在西班牙的斗牛节中，"服装上的金饰和公牛的鲜血，不正是西班牙国旗的颜色吗？"① 在阿恩海姆那里，视觉具有可思维的特质，它本身就是一种思维样式。还要注意到，各种民族元素与传统文化特质，无不渗透到民族日常生活与节日活动之中。阿恩海姆吸收了格式塔心理学的思想，即视觉形象并不是对感性材料的机械把握，而是对现实的一种创造性把握。不同于语言符号之处在于，象征永远不会是完全任意性的。

而且，能指与所指关联的这种约定俗成，对民族观念及其视觉化的理解是不可缺少的。在某种意义上，能指与所指的关系就是感觉与观念的关系。在时尚创意的表现之中，视觉叙事其实也是视觉表现的一种重要方式。因此可以说，视觉叙事也涉及历史、社会与文化的问题。巴特认为，任何材料都适宜于叙事，除了文学作品以外，还包括绘画、电影、连环画、社会杂闻、会话。当然，民族服饰本身也是一种衣生活与文化叙事方式，与此同时还有关于某种服饰的传说与故事等。举例来说，关于西兰卡普（土家织锦）的民间叙事，可通过视觉与图式化表征在服饰与着装行为上。

而且，叙事承载物是口头或书面的有声语言、固定或活动的画面、手势，以及所有这些材料的各种混合。符号学就是意指系统的一种等级分析学说，一个意指整体可以分为深层结构、表层结构与表现结构。在

---

① ［法］本内迪克特·拉佩尔：《欧洲脸谱》，中国人民大学出版社 2015 年版，第 86 页。

面料的选择及其阐释上，其实也涉及不同的层次与结构，例如，"迪奥会选用奢华精细的布料，如素库缎、塔夫绸、土耳其绸、羊毛绉绸和天鹅绒，这些布料的视觉效果甚佳，颇受大众喜爱……"① 通过视觉化所表达的这种意指及其发生，在创意设计里也涉及不同的层次与结构。符号学以语言学的语义研究为基础，但又增加了与社会和文化相联系的内容和分析方法。

作为中国的一种传统纹样，龙凤呈祥以祥瑞神异动物如龙凤为装饰纹能指，象征着婚恋美满、吉祥福瑞与阴阳和谐等所指。当然，民族服饰与时尚不仅是一种艺术样式，还是一种不乏符码与象征意味的文化。而且，时尚的流行可以说是一种艺术与文化的传播，它往往还发生在不同民族的文化之间。虽然说，民族服饰涉及众多的艺术与文化关联，但通过视觉化来实现这种创意与思路，却是让设计得以为公众所理解的重要方式。对于民族时尚来说，跨文化传播无疑会涉及文化认同的问题，而且还关联到各个社会、历史与文化语境，但这些都是以创意的视觉化为生成论基础的。

叙事学还由"故事"层深层结构的探索，发展为对"话语"层叙事结构的分析与阐释。而民族创意与观念的视觉表现，其实也是符码象征与叙事话语生成的过程，并由此关涉精神与文化的诸多层面。譬如，"在假面表演中，面具和服饰改变了面具佩戴者的形象，但是改变只是暂时的"② 因为，一旦面具表演结束后，佩戴者就会回到本身的模样与日常生活状态。在服饰与时尚的跨文化传播之中，必定还涉及对创意图式的理解与阐发的问题。其实还可以通过视错觉的表现手法，在时尚感的生成上将创意与民族叙事相结合。

但传统叙事学往往局限于神话、民间故事，尤其是小说等以书面语言为载体的叙事作品中，因此有待于向各种视觉符码与图形叙事的介入与不断拓展。在创意及其视觉表现过程中，视觉艺术思维导图是通过图

---

① ［英］琼·马什：《时尚设计史：从"新风貌"到当代》，山东画报出版社 2014 年版，第 14 页。

② ［英］约翰·马克：《面具：人类的自我伪装与救赎》，南方日报出版社 2011 年版，第 20 页。

形化手段进行的明了与有效的传达。但是，这种导图并不是为了传达而设计成无意义的可视性图形，同时也不意味着只是为了追求美而设计成某种唯美图式。在这里，民族时尚创意的图示化是与民族生活及其叙事相关联的，但应看到，这种创意即使进入非语言材料构成的视觉叙事领域之中，也是以用语言作载体的叙事作品的研究为参照的。为了有效地传达创意所旨在表达的意图，视觉化和审美对原来观念与想法进行分析整合，并以非常直观的视觉化手段加以陌生化表达。

应当说，图像学对艺术作品在其历史与文化语境里的意义加以研究，这种研究与阐发又是基于对图像本身及其含义的解读的。在这里，图像学旨在发现和解释艺术图像的内在含义与象征意义，以及图像的形成、变化及其所表现或暗示出来的思想观念。在这个图像时代，"我们需要一个可视的过去，一个可视的连续统一体，一个可视的起源神话，它消除了我们关于目的的疑虑。"① 但视觉与图式化及其表象主义问题与困境，却是艺术与设计亟待加以回应与克服的。还要注意到，与图像志对艺术作品内容的描述和阐释有所不同，图像学着重发现和揭示作品在纯形式、形象、母题、情节之后更为本质的东西。

第二节　民族时尚创意及其视觉文化

在民族时尚创意与设计研究之中，不仅要提出富有新意的各种想法、思想与可行方案，还要对观念、文化及其与视觉的可表现性的关联加以探究。与此同时，把这种关联性置入民族的生活史与视觉文化语境里加以阐发也是不可或缺的。不少设计的创意与想法虽然都是不乏新意的，但它们却尚未在视觉的可表现性上得到较好实现。在日常生活与大众文化的语境里，如何关注各个民族自己的与特有的艺术与文化样式，对于民族时尚创意的审美表现无疑具有重要意义。而且，视觉文化还将民族时尚的创意与观念，纳入当代时尚艺术与审美的文本与话语里，并对之加以创造性的解读、阐释与生成性建构。在全球化的艺术与文化语境里，

---

① Jean Baudrillard, *Simulacra and Simulation*, The University of Michigan Press, 1995, p. 7.

视觉文化建构关涉日常衣生活与时尚文化的民族性特质，以及这些民族时尚文本与话语在当代的审美与文化重构。

一　民族的生存、创意与文化

应当说，民族的生存与日常生活方式，总是与特定的自然环境与文化语境分不开的。在生存的问题上，海德格尔强调了在世界之中存在的不可避免性。海德格尔力图经由对此在的生存状态的分析，揭示此在的存在本性与存在自身的意义。对于特定民族来说，民族性此在在本性上也就是在世界之中存在，这种世界既是世界本身，同时也关涉民族的生活世界。其实，海德格尔对存在的追问是离不开世界，以及此在与世界的生成性关联的。在本性上，此在即在世界之中存在，这表明此在存在于一个不可分之整体之中。

当然，地理环境、文化传统与社会心理等多种因素，也从不同层面影响着生活方式的生成，以及在时尚创意里所表现出来的视觉文化特质。"从纯粹意义上讲，在人类出现的最初时期，所谓服装只不过是一件凋敝寒衣，而且很可能是由磨损严重的兽皮拼成的，勉强起到服装的作用。"[1]但随着人类生存与生活的变化，以及服饰各种功能的不断实现与满足，对创意与文化的诉求推动着后来服饰的美化。如果说，只是简单地把人作为动物的人和文化人来区分的话，那就不可能全面地去理解人的本性及其复杂性。其实，把人的动物性与文化性绝对区别开来是根本不可能的。

可以这样说，动物性与文化总是交织在身体存在与生活方式中，但文明又尽可能将这种动物性规限在最低的限度内。人类学趋向于考察人类种族，以及这些族群在身体、社会与文化上的差异与多样性，以阐明人体和文化的关联为目的。在旧石器时代，随着生产力的提高，人类的穿着可以按其所需而自由制作，这时的服饰已经脱离了原始的萌芽状态。但进入了新石器时代，尤其是随着初级纺织技术的发明，服装材料就有了人工织造的布帛，服装形式随之发生了相应的变化，功能性也得到较

---

[1]　［法］弗朗索瓦－玛丽·格罗：《回眸时尚：西方服装简史》，中国纺织出版社2009年版，第13页。

大的实现与改善。

在新石器时代，除了笼统式服装外，还从一些陶塑遗物发现了冠、靴、头饰、佩饰。到了渔猎、畜牧与农业时期，人们对着装上的美化和审美有了自觉。人们不仅寻求与探究服饰自身式样的合度，还对服饰外的各类附属饰件加以美化。在纺织品出现之后，作为中国原始社会的一种袍衫类服装，贯头衣已成为一种定型服式，并在相当长时期、极广阔的地域，以及较多的民族中得到了使用，基本上替代了旧石器时代的部件衣着。实际上，贯头衣和披单服等披风式服装已成为典型的衣着样式。在不同的地域与历史阶段，服饰与人的生存、创意的生成性关联，显然也彰显出了不可替代的艺术与文化特质。

由于服饰极难保存，原始陶器彩绘与雕塑的人物形象，以及玉器人形刻纹，成了考察当时服装款式的珍贵资料。服装既是人类衣、食、住、行不可缺少的构成，同时也是人们身份的审美、社会与文化象征。正因为如此，"虽然越来越多的人接受裸露上身做日光浴的想法，但是看来比基尼仍然会存在下去"[1]。应当说，在着装及其审美过程中，还关联到各民族的视觉习惯与文化心理。服饰的产生、样式的变化与创意的发生，无不与人类的生存状况、审美观念与文化相关联。为了在寒冷时保持身体的温度，就要穿较厚的衣服以防被冻伤。在原始人类的生活方式里，服饰的功能性无疑是至关重要的。

但各个不同民族的原初服饰，依然在不断影响着后来时尚创意与服饰文化的建构。在这里，护体与保温是从生理、体质与生存角度来解释服装起源的。但在不同的地域，如何着装又有所差异，这种差异还影响到对创意与文化的理解，如居住在热带地区的民族，也几乎没有全身裸体的。随着社会发展与文明时代的到来，人们将服饰作为一种装饰文化来看待。一切古老与传统的艺术与服饰，显然又将在现代的语境里得以重构。例如，现代的原始主义装束风格显得古朴，它的创意灵感来自非洲、爱斯基摩与太平洋岛屿等原始图腾文化。

在人类衣生活中，既有为了逢凶化吉而把护身符戴在身上，也有把

---

[1] ［英］安德鲁·塔克、塔米辛·金斯伟尔：《时装》，生活·读书·新知三联书店 2014 年版，第 67 页。

作为特定社会阶层标志的东西佩戴在身。其实，创意表现与质料（面料）也是密切相关的，不同材料的表现手法与体验也有所差异。举例来说，"在古代，虽然大麻、灯芯草、棕榈和纸莎草也被用作织物纤维，但最为普遍的还是亚麻"[①]。作为一种纯天然纤维，亚麻由于其吸汗与透气性能良好，以及对人体无害等显著特点，越来越被当代时装设计广泛使用。还要注意到，任何单一的服装起源说，都不足以阐发衣服发生的全部缘由，当然也只是一种看问题的视角而已。在服装起源的问题上，不同的起源说都在建构着特定的理解与阐释。

毋庸置疑，服装的创意与设计还与特定族群的生活方式和环境有关。譬如，居住在热带雨林地区的未开化民族，所穿的往往是最小限度的衣服，几乎仅仅是遮盖了生殖器而已。即使如此，这也可以在相当程度上防止外部的伤害。羞耻感的产生与服饰的出现是密切相关的，但仍然难以对谁先谁后加以简单的区分。对裸露的身体加以遮蔽，特别是首先遮蔽何处，在各个民族里又是有所不同的。例如，被人撞见裸身的女子，马来女人首先要挡肚脐，非洲女人往往要挡臀部，阿拉伯女人要挡的是头与发，中国女人要挡脚与腿。如果埃及女人手头没有别的遮盖物，宁可撩起裙袍裸了下体，也不能让人看到她的脸。

一般来说，汉民族服装上下连属的形制，是与所在地域的农耕生产方式分不开的。对北方的少数民族来说，因为生活在草原、平原或沙漠等地区，为了满足狩猎与放牧的生存性需要，所穿着的服饰（如胡服等）就是上衣下裤，这样就便于适应马上的生活与征战。由此可见，穿衣得体与否的问题受到了习惯与风俗的影响。衣服对古埃及人并非仅仅为了遮体，而是强调衣服的象征意义和价值，其实这才是着装的主要目的之所在。其实，穿衣服不只是人类耻于裸体的结果，穿衣服反而强调了这种羞耻感的存在。

与此同时，人类的衣服与男女间的相互吸引不无关联。在原始人类的生活方式里，服饰也是一种象征着装者社会地位的符码。想要别人看到自己的服饰美是人的一种诉求，并经由服饰艺术建构出民族的衣生活与文化。譬如，那些尚未开化的民族的人，在以野兽皮制作的防寒衣上

---

① ［英］詹妮弗·哈里斯：《纺织史》，汕头大学出版社2011年版，第16页。

所加的刺绣与配饰，其实就是关于身体之美的一种独特表现。先民们还从身体的涂色与装饰开始，尤其是像耳环、首饰、腰饰、脚环等的佩戴，这种想方设法装饰身体的心理与审美欲求，甚至可以说与人类生存的本能同样强烈。虽然人类今天的生存环境已不同于以前时代，但生存与身体的关系却一直影响着时尚设计。

毫无疑问，服饰难免受到不同历史时期人类精神与文化的影响与制约，这种历史性特质早已沉淀在各个时代的服装款式与风格之中。从历史性的视角来看，民族服饰文化是一个变化着的，并有着分明的时代性、地域性与风俗性特质，以及艺术表现与设计的民族性关联的文化样式。"有迹象表明，'剪裁'这一概念正是起源于远古的克里特，这是因为，当其他早期文明的人们还只是简单地以布裹身时，米诺人的穿着就已经很得体了。"[1] 在一定历史时期与社会语境里，民族的创意与设计是该民族精神与文化建构的重要方式。

在远古时代，人把身边能找到的各种材料做成粗陋的衣服，用以护身或对身体的修饰与美化。人类最初的衣服往往是用兽皮制成的，包裹身体的最早织物用麻类纤维和草制成。处于不同生存环境与文明形态的民族，对着装的理解与服饰文化的建构并不一致。在人类社会早期，服装就出现了并与人类的生活方式分不开，并成为人类文化与精神的一种符码与象征。在原始社会阶段，人类采集野生的纺织纤维等材料以供服饰制作之用。但随着农、牧业的发展，人工培育的纺织原料渐渐增多，制作服装的工具由简单到复杂，服装用料品种也日益增加。实际上，服装的变化趋势是更注重服装的美观性，满足人们精神与文化上的享受诉求。

因此，创意与设计在服饰与时尚表现中更凸显出重要性，而人类早先生存与生活方式从来都会在当代设计里得到回应与重构。毫无疑问，影响时尚艺术表现与审美经验的因素是各种各样的，譬如，纺织品的质地、色彩、花纹图案、坯布组织、形态保持性、悬垂性、弹性、防皱性、服装款式等。同时，织物的原料、组织结构和生产方法也相关于服装形式。一般来说，用粗糙坚硬的织物只能制作出结构简单的服装，只有具

---

① ［英］普兰温·科斯格拉芙：《时装生活史》，东方出版中心2006年版，第34页。

备了更柔软的细薄织物的时候，才有可能制作出复杂而有轮廓的服装样式。兴起于 20 世纪 60 年代美国的印第安式着装，其实也是对印第安服饰特质的一种借用与重构。

作为一种最古老的服饰，腰带往往被用以挂上武器等必需物件。甚至可以说，装在腰带上的兽皮、树叶以及编织物其实就是早期的裙子。居住在不同气候、山川、地貌等地理环境中的居民，其生活方式因此也就具有独特的风格与习性。在长期的生存与生活之中，各个民族所形成的独特精神特质与文化语境，又使其衣生活方式呈现出丰富多彩的民族特色。在东方的一些国家，人们还通过含蓄的方式来表达自身的着装与他者的区分。几乎是从服饰起源的时候起，人们就已将其生活习俗、审美情趣、色彩爱好，以及种种文化心态与信仰旨趣，都积淀在服饰的艺术表现与设计之中。

尤其是，在服饰功能性得以满足后，审美、社会与文化的诉求也会实现在创意设计之中。无可置疑，追求艺术与美是人的天性，衣冠之于人的生存与生活方式，作用不仅在遮蔽与保护人的身体方面，实际上更在于是否具有美化的价值，以及它在社会生活里所具有的象征意味。当然，"美或功能，无论哪个更重要，美都会存在于设计的方方面面"[①]。人类祖先在与猿猴相揖别以后，终于艰难地跨进了文明时代的门槛。与此同时，人类创造出又一个承载文明的衣生活方式。作为一种特定的符码，服饰与人们的社会地位、职业、道德和宗教相勾连，同时也离不开人们的婚姻状态与性暗示等。

而且，人类知道服饰符码有助于辨认出其传递出来的信息，因为这与人们的生存、生活方式密切相关，民族心理与文化积淀构成了创意解读的重要语境。如果说，从各个族群或民族对于同一种衣物、装饰的态度，可以解读出不同的审美旨趣与社会、文化意蕴，那么，穿衣者可能会激发出一些自己所没有预期到的情感反应。世界各民族与国家都有与其文化相关的时尚创意，并呈现出特有的艺术表现方式与审美风格。而且，民族或本土时尚并不能仅仅局限在某一特定民族的生活世界里，还涉及由一个民族向另一个民族的跨文化传播事件，以及各个不同民族的

---

① 　［英］罗伯特·克雷：《设计之美》，山东画报出版社 2010 年版，（前言）第 7 页。

服装与文化之间的理解与相互阐释问题。

各个民族在自己的衣生活方式里，所关注与强调的审美与文化也有所差异，这既相关于生存与生活史的内在精神特质，同时又是不同文明自身相区分的重要标识。"……譬如法国的豪华高级时装、意大利的孤冷高雅、英国的荒诞流行、日本的功能主义、中国的古典美、非洲的原始美以及澳洲的实用主义。"① 而且，生存不仅需要自然与物质性空间，更需要与之相关的社会与文化性空间。当然，对时尚文化的建构也不是一味地继承与沿袭，更不能放弃对本土文化的分析、反思与文化批评。当然，这些各具特色的创意与风格的区分是相对的、历史性的。

也可以说，各个不同民族在创意与设计上的差别，也是这些民族之间在艺术与文化人类学上的区分。其实，艺术与时尚的创意与表现起源于人类的创造力、技能和才华，以至于可以说人类文化本身就是创意、创新的生成之物。但如果只是一味地坚持自民族文化而拒斥他民族文化，自民族与本土文化就会陷入封闭与僵化之中，艺术与服饰文化的传承与发展就要受到极大的限制。将一个民族的创意与设计特质，历史性地还原到该民族原初的生活方式里，无疑是后来关于创意理解的人类学建构所需要的。在这里，民族文化的坚守还涉及多民族文化及其关系与文化相互认同的问题。

二 创意视觉化的文化语境

在时尚创意与设计里，显然离不开视觉化的表现与传达，虽然视觉并非服饰艺术唯一的相关感知觉，但视知觉往往却具有某种不可或缺的规定性。因此，研究艺术首先要研究人的知觉结构及其特质。阿恩海姆认为，在人类认识与审美活动之中，视觉思维可以说都是最有效的知觉方式，这种知觉方式同样具备思维的理性功能。民族服饰创意的视觉化，既是一种建构社会意义的活动，同时这种视觉建构又离不开文化语境。应当注意到，对于民族元素及其创意与重构而言，视觉化的文化语境无疑是难以回避与缺失的基础。

在民族服饰与时尚的创意过程中，文化语境不仅是极其重要的历史

---

① ［美］丽塔·裴娜:《流行预测》，中国纺织出版社 2000 年版，第 144 页。

性基础，同时还涉及不同族群的文化及其特质与关系。值得注意的是，"我们的过去经验、我们的教育和训练，以及我们的观点和其他种类的知识没有触及的感官意义上的纯粹知觉也不存在"①。考虑到与思维活动的联系，艺术与审美有待于从完形出发，从视知觉及其同艺术、审美的关系分析上入手。应当说，视觉在艺术与审美中并不是孤立的活动，但如何从中读出某种特定意义却与文化的介入分不开。当然，视觉思维并不限于直接的知觉范围内，广义的知觉还包括心理意象，以及这些意象与直接的感性之间的联系。

在这里，服饰艺术、民族时尚与文化创意，都离不开经由视觉表现及其所通达的文化旨趣。尽管说，视觉文化并非只是不依赖或局限于图像，但图像化却是视觉文化不可缺少的关涉，当然这种关涉并不能简单地归结为某种既有的模式。因为，人们的读图既是开放性的、多元的，同时也是历史性的与语境性的。更重要的是，不能只是把图像看成一种再现的东西，亦即模仿物体的某种视觉化的人造物，而应把图像看成与那个物体密切相关的东西，甚至是和那物体同一或等同的视觉替代物。

而且，开放性既可吸收语言并使之文本化，又能将一个文本转化为另一文本的语境。在民族时尚文本与文化语境之间，无疑是一种相互生成的生成论关系。艺术及其结构是在民族生存的文化语境下形成的，它自身就是人类活动的结构化及其在艺术上的表现，并由此开显出民族文化的独特意味及其相关语境。应注意到，"文本的形式元素并不是独立存在的，它们需要一个语境使其有意义"②。所谓的服饰元素及其文化创意，就是要将抽象的民族元素与文化底蕴，转化为可以通过视觉化来表现的东西，并使之在一定的社会、历史与文化语境里得到解读。

换言之，创意就是力图将原创性、变化性与陌生感，融入具有精神特质的民族元素与文化之中。艺术文本的生成不只是抽象元素的关联与聚集，而是对文化要素有意味的与象征的特定关切的表征。而且，服饰与艺术创意生成的游戏，还彰显了其特有的文化及其生成本性。在不同社会与历史时期，人们的尚新心理与族群的集体无意识，生成了时尚艺

---

① ［美］阿诺德·贝林特：《艺术与介入》，商务印书馆 2013 年版，第 125 页。

② ［英］维多利亚·D. 亚历山大：《艺术社会学》，江苏美术出版社 2009 年版，第 329 页。

术与文化的相关语境，并使时尚成为现代社会不可或缺的文化消费。在这里，时尚艺术与文化既可以映射一定的政治与经济形态，同时又能够将这种回应内化为文本性因素。

在一定程度上，新的视觉创意体现着文化生成与建构的趋势，它往往具有崭新性、前沿性与活跃性等特质。时尚艺术与文化总与大众传媒紧密地关联在一起，而大众传媒又是时尚生成与传播的重要发生地。实际上，创意的视觉化还与时代、文化密切相关。譬如，"在 20 世纪 60 年代前，帽子曾经是传统着装方式的一部分"。① 对于大众的日常生活来说，时装能够充分满足人们时髦的消费欲求。但这种时尚消费及其生成与实现，与特定族群的习惯和文化语境分不开。与此同时，时尚对传统文化难免会起着某种解构与重构的作用。

在日常衣生活方式里，各个民族既把服饰作为自己的实用必需品，还通过着装来建构生活自身的社会与文化意义，这种建构活动的发生有时并未被人们充分意识到。譬如，以嘻哈文化为代表的新一代时尚文化重在张扬个性与展现自我，这一精神必须通过各种创意与技能的展示来加以表现。而且，时尚亚文化往往是偶发性的、变化性的与参与性的，似乎根本无须什么过于专业与特别的技术训练，在街头巷尾就可以直接从事与传播这种生活方式。除此之外，时尚与所有亚文化样式一般都具有天生的竞争性特质。

考虑到创意与设计通过交流与对话来表现意义，因此，这种文化语境也是时尚研究不可回避的问题。在当代，大众时尚文化大都主张自由自在与自我表达，一切创意往往从个人的感受与情绪出发，旨在生成与建构所谓自由的生活方式。在加利亚诺那里，时尚创意灵感来源包含各个时期与不同地方的多元文化。但在技术所规定的大众文化里，一致性也正是民族创意与设计所应回应与消解的。创意视觉化涉及对观念与想法的视觉化转换，究竟如何生成与实现这种视觉化转换，就涉及一定族群的生活方式与文化及其关联。在视觉化转换过程中，还要关联到如何与特定文化相呼应的问题。

---

① Fiona Ffoulkes, *How to Read Fashion*, Rizzoli International Publications, Inc., 2013, p. 176.

但还要注意到，不同族群的着装往往是一种日常生活事件，因此，创意与设计有时也不必过度考虑文化问题，至少不应对相关文化要素作太过直白的图解。消费时代是一个关注视觉奇观化的读图时代，但文字与语境的重要性却是不可忽视的。实际上，"在我们用引申含义谈论之处，无文字的民族都用本意来表达"①。但无论是图像，还是文字，其实都是文本表现的重要样式。如何从无文字的民族生存与文化里解读创意，也是民族时尚设计所应思考的问题。传统的视觉中心主义所建构的中心化主体，难免在当代的视线编织中坍陷与解构。

在民族的读图、创意与表达过程中，文字产生了不可忽视的、深刻的社会与文化影响。如果说，拉康主要是在精神分析的欲望运作之中，把主体的建构（被建构）回置到其文化与语言环境。那么，福柯则是在这种文化和语言环境里，来揭示主体被建构的权力运作机制。现代视觉经验大都是一种技术化的视觉经验，世界其实正是通过这种视觉机器被编码成图像的。在创意过程中，至关重要的就是如何将理念、观念，转换成与特定族群文化相关的视觉拟象。在这种拟象里，创意的视觉化所建构出的图像的仿真也有待于在文化上去回应。视觉化为拟象生成提供了根本性语境，但拟象的生成还必须借助生成论及其经验。

不同于一般的现象学，生成论将经验的生成，作为现象学的事情本身，并为走向经验的生成本身提供了可能。在这里，视觉化的观念还必须转化为一种视觉经验，这种视觉经验既是对理念的激活，也是观念视觉化的意义生成物。在此，创意视觉风格的写实与写意既相互区分，又构成了在审美与文化上的交织与互文。当然，这种意义生成物正是创意拟象的根本性来源，同时它又把创意拟象重新置回到相关的文化语境里加以建构。与此同时，一切相关的文化语境本身也可以被重构为民族时尚文本。

因此，文化语境在创意视觉化过程中具有极其重要的意义，它甚至是一切民族时尚创意与设计不可或缺的底蕴。其实，观念的视觉化从来都是语境性的，它将诸多因素作为理解的相关之物，而视觉化的观念则

---

① ［法］克洛德·列维–斯特劳斯：《看·听·读》，中国人民大学出版社 2006 年版，第174 页。

为创意提供了艺术与思想的经验。因为，"尽管艺术有表征的特质。这些例子在建立视觉交流体系中的意义勾勒了文化传统的重要性，说明了视觉与语言表达之间存在的真实的相似性"①。人们还要借助特定的机器与技术，并通过图像来获得有关世界的视觉经验。在人们观看的行为、图像与机器之间，无疑还存在着复杂的生成性关联。对于民族创意的视觉化表现来说，可视性的理解与阐释也相关于各种非视觉的语境因素。

而且，设计者想要表达的东西通过视觉经验，传递给每一个接收到这个经验的接受者，而视觉经验就起到了传达与文化传播的作用。关于视觉传达设计所涉及的领域确实不少，许多创意设计都属于视觉传达及其相关的领域。一般来说，视觉文化的视觉性关涉因其形象性、可感性，从而吸引了人们的眼球与各种相关的心理诉求。当然，不同族群对视觉经验的心理与文化理解又有所区别。作为民族创意视觉化的语境，民族文化的构成及其开放性与生成性也是极其复杂的。与此同时，视觉世界与现实社会之间的冲突与和解，也是时尚创意与设计所应关注与回应的问题。

虽然说，不能简单地将西方文化归结为个体性的，也不能把东方文化仅仅看成是集体性的，但这两种文化的侧重与互补却是不可忽视的。而且，不同的政治、经济与社会语境，造就与改变着艺术与文化的观念及其特质。正因为文化作为语境的介入，民族创意的视觉化才不至于陷入空洞，同时有助于克服视觉表象与内在精神的分离。在这个全球化时代，亟待促进东西方艺术与文化的互补和融合。正是由于东西方艺术与文化的相互生成，差异性与多元性的和谐共存才能得以真正实现。

还要看到，后现代主义的大众文化的无深度诉求，呼唤与推崇祛宏大叙事的艺术与话语风格，以及与之相关的、直观浅白的视觉文化样式。但只有在一定的文化语境及其特质里，民族的创意与设计才能避免陷入同质化的误区。创意与设计所涉及的元素无疑是多元的，并在各种文化语境里发生相互关切与彼此生成。而且，创意视觉化与文化语境的关联既是历史性的，同时还与族群或民族的存在和生活方式分不开。在泰勒看来，在广义民族志意义上，文化或文明是作为社会成员的人们习得的

①　［英］罗伯特·莱顿：《艺术人类学》，广西师范大学出版社2009年版，第129页。

复杂整体。因此，文化是人们长期沉淀与习得的精神生成之物。

其实，文化的历史性特质表明了它的连续与传承，而且，这种传统有助于对粗暴干预与人为伪造的拒斥。而且，文化的这种历史性与族群的生活方式、精神诉求密不可分。当然，"今天的生活风格不再止步于民族文化的边界，而是超越了边界，以同样的方式见之于其他文化之中"①。在不同民族的创意视觉化过程中，简单的非此即彼的区分已不再具有实质性的意义，而应以民族之间的艺术交流与文化对话为生成论基础。应当说，每一个民族都有自身独特的文化符号，以及贯注在这些文化符码之中的民族精神图式。

当然，一切民族的独特文化符号，都可以通过民族符码与艺术表现来呈现。而且，社会群体中不同的成员都是具体与独特的衣生活者，这些个体基于自己的需要、根据对情景的判断和理解采取着装行为。在当今世界，还应认识到民族与传统的艺术样式，以及文化遗存多样性的意义与人文价值，都是民族服饰与时尚创意设计不可或缺的语境。但如果过于强调某一民族的优越感，而忽视了其他民族的差异性与文化特质，显然也是时尚艺术与文化建构不可取的。所有观念与创意都应以一定的视觉方式表现出来，但这种视觉表现是否与在何种程度上切合观念则是设计极其重要的问题。

在这里，应以多种方式注重民族服饰与文化传统的保护，以免这些传统在全球化的趋势里式微甚至消失。如果不同族群的人们能够共享多民族文化，充分尊重各民族的信仰与文化差异，那么就能够有效地沟通并消除民族隔阂，促成各民族在生存与文化上的相互理解与包容。当然，服饰文化可以在不同的族群之间发生传播，既区分又融合着不同民族的生活方式。应当说，文本与语境的相互生成与转化也是值得注意的。作为特定民族时尚的语境的文化，还可以经由文本化成为其他民族的时尚性文本。无可置疑，任何创意及其视觉化表现，其实都以一定的社会、历史与文化为根本性语境。

---

① ［德］沃尔夫冈·韦尔施：《重构美学》，上海译文出版社 2002 年版，第 197 页。

三　民族创意文化的视觉表现

还要注意到，各个民族自身都有其特定的创意文化，这些创意文化既是设计所依凭的前提，同时又有待于经由视觉在服饰里得到生成与表现。可以说，创意文化是关于创意的理解与阐发，以及对创意的意义与价值加以揭示的文化。在创意与设计上，各个民族既有其不可替代的创意文化特质，同时又在不同艺术与文化的交流与对话里，促成对民族服饰艺术与创意设计的理解与阐释。因此，一方面，民族创意的视觉化离不开特定的文化语境；另一方面，民族创意文化本身也是经由视觉化而得到体现的。

毫无疑问，民族创意文化离不开视觉表现来加以实现，而这种表现是创意文化在时尚上的表征。其实，一切艺术与设计无不涉及如何将文化加以视觉表现的问题。在人的诸多感（知）觉中，视觉往往具有某种规定性与支配性。在这里，"视觉语言也像会话语言一样，从一种文化传到另一种文化，从一代传到另一代"①。在民族服饰与时尚设计中，各种艺术流派与风格经由视觉化建构，构成了对创意文化加以揭示的独特维度。从学术规范上来看，一般把美术限定在视觉艺术上，当然许多设计无不与视觉密切相关。甚至还可以说，一切设计艺术都是以审美与文化为基础的。

不同于古典与近代的艺术，现代艺术强调艺术家的独特感受与个性表达，而各种艺术流派都从某一特定视角对时尚创意加以表现。在现代，对艺术与思想起规定作用的是存在而非理性。与此同时，视觉艺术与人的身体存在发生着密切的联系，身体性甚至成为设计不可或缺的存在论基础。因此可以说，视觉艺术与美在存在的境域里得以生成。也就是说，现代的视觉艺术表现与人们的生存境况分不开。在视觉文化时代，图像表征成为艺术创作与时尚传播的重要方式。不同于现代的存在，后现代的身体是在话语建构中生成的。

当然，艺术与设计不仅是视觉的与审美的，它们还同时关联到心理与文化的问题。而且，视觉的含义、表现及其与文化的关联，以及视觉

---

① 　［美］卡洛琳·M. 布鲁墨：《视觉原理》，北京大学出版社 1987 年版，第 55 页。

艺术的内在精神图式与规定性，无不是在一定语境里历史性变化与生成的。有别于设计的同质化，各个民族创意文化的视觉表现，正是文化异质性生成与建构不可缺少的。其实，视觉生成物既可进入与成为文本，还可以作为对创意文化的一种回应而存在。混合、拼贴与全球地方化等多样性，是异质文化建构所不可或缺的方式。作为一种重要的产业样式，文化创意产业是一个迅速崛起与方兴未艾的新兴产业。

还应当注意到，民族创意文化产业既是创意产业向民族艺术与文化的延伸，同时也是创意产业及其民族文化特质的生成与建构之物。当然，创意产业是在欧美发达国家完成了工业化后，开始向服务业、高附加值的制造业转变所形成的。也就是说，发达国家很多老的产业与城市出现了衰落，这时就出现了经济转型与文化自身发展的需要。20世纪60年代，欧美艺术与文化领域出现了大规模的社会运动，各种亚文化、流行文化与社会思潮等风起云涌，这对传统的工业社会结构无疑产生了很大的冲击。

与此同时，各种艺术与文化也在很大程度上影响了对创意文化的视觉表现。在当代服饰与时尚创意中，设计师们更加重视差异以反对传统主流文化，极力张扬个性的解放与新感性的生成，并对以前普遍认为怪异的另类文化逐渐加以承认。与之相关，艺术、设计与社会文化呈现出了日趋多元的格局，从而形成了有利于独特视觉创意发生的氛围。在创意文化的视觉表现里，时装所涉及的身体问题其实也是社会与文化的问题。20世纪末以来，尤其是从创意产业的概念面世起，人们就将其视为文化产业的重要构成。实际上，创意与文化产业既不同于传统的艺术与设计，又区分于一般产业的概念、属性与传统分类。

在观念与创意的视觉化过程中，尤其是在时尚图案与纹样的设计上，构思、排列、组合与混搭等手法都被广泛借鉴。就文化创意而言，民族时尚艺术的设计与审美表现，既以一定的技术手段与方式为基础，同时又总是与各种各样的文化相关涉的。在如何培养人们创意能力的问题上，"我冒昧地建议，对于创意人来说，最好的训练方式就是研读社会科学领域的著作"①。这是因为，对人文与社会科学著作的广泛研读，既可以对设计师建构理论视角有所助益，同时还能增进人们对特定族群的日常生

---

① ［美］詹姆斯·韦伯·扬：《创意的生成》，中国人民大学出版社2014年版，第36页。

活与文化的理解。

正是不同的学科与思想，构成了创意视觉化的多元视角。与此同时，技术如何才能更好地揭示文化的根本意义，而不是将文化遮蔽在技术表现的表象之中，显然也是文化创意所要探究与解决的根本问题。在新媒体与大数据时代，民族创意文化的视觉表现是一个亟待关注的课题。如果说，一个创意虽然通过信息技术得到了快速传播，却没有深厚的文化语境作为底蕴与背景，也不可能是一种优良的创意与文化传播，更难以对品牌文化及其精髓加以揭示与彰显。对民族创意文化的视觉表现的审美评价，也是与不同民族的心理与文化分不开的。

在民族创意文化的表现与传播之中，还涉及商品化、消费文化与创意产业的关系问题，同时还关系到对不同的民族及其文化的跨文化传播的理解与阐释。而且，东西方不同的服饰理念与文化，难免构成对时尚创意表现的独特理解，如东方的含蓄与西方的奔放等。还要注意的是，时尚市场的诱导可能破坏创意的自主性原则。正因为如此，如何处理市场、商业与创意的复杂关系，对于文化产业的发展也将产生极其深远的影响。如果一味地以商业、市场与消费为导向，往往会削弱与弱化创意可能揭示的精神特质，从而导致创意产业丧失所赖以存在的日常生活基础与特定的文化语境。

随着大众艺术修养与审美趣味的提升，那些缺乏精神与文化特质的时尚表象将难以受到人们的青睐。当然，还应对大众艺术、审美经验与时尚文化加以反思与批判。而且，不能简单地将文化创意产业与文化产业作为等同概念来理解，但视觉信息及其传达却是它们不可或缺的构成。这里可以说，"时尚领域的多样性正是数量庞大的视觉信息的产物，这些视觉信息每天喋喋不休地对我们进行视觉轰炸"①。在这里，视觉所实现的正是对现实的各种图像性重构，从而成为对创意文化的一种直观性表征。基于新的艺术理念、审美视角与文化语境，促成民族文化创意的生成与当代建构是创意设计的内在诉求。

在创意文化及其视觉表现之中，民族的观念与思想的创新无疑是根本之所在。因为，文化创意是依靠创意人的智慧与独特思维，以及当代

---

① ［挪］拉斯·史文德森：《时尚的哲学》，北京大学出版社 2010 年版，第 147 页。

的理论与思想对传统元素加以揭示，从而产生出既有可行性又不乏文化意味的想法。任何一种时尚创意与设计活动，都离不开特定的族群及其文化语境，以及在此语境里对民族精神图式的视觉表现。在不同的民族或族群之间，创意文化及其与精神图式的生成性关联，显然也不乏在理解与阐释上的差异性。毫无疑问，所有创意从来都不是对传统文化的简单拿来与复制。

应当说，创意往往依靠人们的灵感、想象力与求异思维等，以及各种表现手法在当下语境里来对传统文化元素加以重构。一个民族的时尚除了具有传统的艺术与文化要素外，还必须建构与表现出特定的时代感与当下意识。因此，创意可以从面料、款式、色彩与细节等入手，但这些层面上的表现都与技术、文化密切相关。综观中国服装史，由于幅员辽阔与民族众多，传统服饰艺术与文化呈现出了极大的差异性。但作为一种东方服饰样式，中国、印度与土耳其等民族服饰，都难免在当代受到东方主义的后殖民建构。实际上，民族的历史性与文化脉络，往往成为民族先民们恪守的传统谱系。

在服饰创意与设计上，有的民族在质和形上都与其他民族看似并无区别，但通过仔细观察还是可以发现某些值得关注的差异。譬如，汉服历史悠久，有礼服和常服之分。虽然主要形制变化不大，但汉服款式却众多，且历朝历代皆有其特点。从具体形制上来看，主要有"上衣下裳"制、"深衣"制（把上衣下裳缝连起来）、"襦裙"制等类型。对汉服创意文化的视觉化理解与阐释，却离不开特定的形制、仪规与服饰文化。在创意与设计过程中，汉族服饰也因为受到过其他民族的影响而发生历史性的变化。

在人类衣生活史上，某一服饰形制与样式被强制推行时有发生。例如，清朝以暴力手段推行剃发易服，按满族习俗统一男子服饰。实际上，"纵观清代各种服饰，其中有一种服饰在男人社会中一直流行着，无论是在王公贵族中，还是在商人百姓中，它占据着时尚的中心，这就是长袍、马褂"①。而对清朝的女子来说，旗袍则是深受青睐与喜爱的时装，这种

① 张繁文、韩雪松：《中国时尚文化史（清民国新中国卷）》，山东画报出版社2011年版，第6页。

服饰后来又流行于民国与现代，并在当代时尚表现里得到了不断的重构。经过长时间对西方时尚的追随与模仿，中国当今时尚界开始反思自己的设计及其创新问题，并着力研究与探讨时尚流行与服饰文化建构及其成败的原因。

在创意文化上，靠单纯的模仿根本不可能实现超越与自我建构。因此，民族性时尚风格的自觉探讨就成为当下的热门话题。而且，服装的民族性特质与服饰文化的当代建构离不开民族文化。针对服饰文化现状与设计问题，亟待从对西方服饰文化的依附中向民族文化回归，但这又是基于中西的服饰与时尚文化及其对话上的。因为，一切视觉印象与创意文化都是开放性的与多元性的，从来没有一种视觉效果可以与时尚文化严格对应。还要意识到，民族艺术的生成与创意文化的自觉，并不能依靠任何强制性的措施来加以推进。

考虑到民族服饰的款式多样、形制各异，应充分关注不同民族的生活方式与文化差异。北方往往严寒多风雪，再加上森林草原宽阔，北方少数民族多以狩猎畜牧为生；南方湿热多雨，山地与盆岭相间分布，生活在其间的少数民族多从事农耕。在传统服饰的设计中，南方与北方的地理与环境差异是不可忽视的问题。甚至可以说，不同的自然环境、生产和生活方式，在一定程度上生成了特定的民族性格、心理与审美文化，当然也就有了各不相同的服饰风格、特点与视觉设计表现。

又比如说，生活在高原草场并从事畜牧业的蒙古、藏、哈萨克、柯尔克孜、塔吉克等少数民族，一般的穿着与日常服饰多取之于牲畜的皮毛，在衣领、袖口、衣裳襟、下摆镶以色布或细毛皮。哈萨克族的"库普"是用驼毛絮里的大衣，感觉十分轻暖。哈萨克族的服装风格是宽袍大袖、厚实庄重。不同于北方少数民族，南方少数民族地区宜于植麻种棉，自织麻布和土布是衣裙的主要用料。所用工具虽然简陋，但织物精美，花纹奇丽。因天气湿热，需要袒胸露腿，衣裙多短窄轻薄，其风格生动活泼，式样繁多，各不雷同。在创意文化的视觉表现上，东西南北都有其相关于特定地域的时尚样式。

对日常衣生活的理解与阐释，显然是各民族创意文化的视觉化表现不可缺少的。其实，诸多各不相同的民族性特质，正是民族视觉表现的文化人类学基础。对于不同地域与民族来说，服饰与着装风格的多种多样与彼此区分，无疑构成了少数民族服饰艺术与文化。在不同民族的创意文化及其视觉表现上，各种形制与风格建构着各自的审美习惯。在现当代，作为西方主流文化的所谓他者，富有东方意味的视觉图像正在成为时尚界的一种异国情调，这种异国情调的图式与风格又反过来影响着东方创意文化与时尚设计。

一般来说，少数民族服装用料多，装饰烦琐，工艺复杂，制作困难，穿着不便，难以洗涤。因此，许多少数民族的着装往往改穿汉族服装，个别地区甚至已经见不到民族服装。针对这一严峻情况，有待于抓紧抢救与整理少数民族服饰资源，以免导致富有特色的民族服饰文化的彻底消失。实际上，"视觉文化在过去常被看作是分散了人们对文本和历史之类的正经事儿的注意力，而现在却是文化和历史变化的场所"①。与此同时，视觉文化与文化研究的关联性正在日益受到关注。还可以说，民族性特质既是现阶段少数民族服饰文化所要面临的问题，其实也是现阶段少数民族服饰艺术与文化重构的设计课题。

基于民族服饰及其文化特质，创意与设计应当力求大方与雅致，同时还要美观、简洁与适用，这样便于满足人们生产、生活与审美的需要。将文化与人的关系纳入设计之中，对民族创意文化的视觉化无疑是不可忽视的。这里存在的问题在于，在视觉创意与设计多元化表现中，不少设计师只注重艺术效果的华丽甚至浅表化，而往往忽视了对内在精神图式的理解与阐发。在时尚创意过程中，任何视觉化都应成为对精神图式的独特揭示，为此，理论视角与思想建构仍然有待于深度的介入。

实际上，各民族或国家服装文化往往具有鲜明的精神特质，如阿富汗披掩全身的斗篷式女装查连、日本的和服、印度的女装纱丽、印度尼西亚男女皆穿的围裹裙莎笼、苏格兰的男式褶裙凯尔特、夏威夷的直统形连衣裙姆姆，以及印第安民族的披风式外衣庞裘等。不同民族间的时尚对话与文化交流，无疑是民族创意的视觉表征所不可或缺的。而对各民族时尚的解读与阐释，也必须被纳入民族服饰创意与视觉化过程中。尽管说，视觉化由于界定的暧昧而难以承担起对精神与文化的表述，但视觉化所形成的从不可见到可见的系列与谱系，则仍然是精神与文化特

---

① ［美］尼古拉斯·米尔佐夫：《视觉文化导论》，江苏人民出版社 2006 年版，第 39 页。

质的揭示与阐发所不可或缺的。

在视觉化的表现过程中，既可以形成与建构影像化、虚拟性的新质，最后又将视觉化的生成物渗透到"不可见"之物中去，从而重新理解与阐释视觉文化的思想与文化语境。在梅洛－庞蒂那里，强调了视觉与所有知觉的身体性关联与基础。但这里的问题在于，除了不同的个人、族群所看见的世界外，向世界本身的切近是一个无止境的现象学还原过程。在后现代主义语境里，在二元对立视域下的图像的模仿、反映等本质观，发生了式微甚至失去了基本的合法性。实际上，笛卡儿式视觉中心主义也难免被颠覆与解构。

应当说，近代的理性与感性及其二元分立，在现代的存在论里已丧失了根本性的意义与旨趣。对于创意的视觉表现及其民族性来说，各个民族的精神图式与独特形式感无疑是有差异的。在东方主义的问题上，"批评东方主义的西方批评家常常用对抗性的术语来描述东方主义，因此，这种长存不灭的吉卜林式论调就将东西方理解为永远相互敌对的两极"①。如果只是借用语言哲学的观点与思想，从而把图像理解与把握为一种语言符号，但这依然不可忽视民族间的习俗与文化差异。即使到了后现代，关于精神、创意及其视觉化的表现与传达，仍然会不断地陷入二元分立的问题与困境之中。

因此，对不同的视觉与图像的差异性的无视，难免会遮蔽视觉表征及其独特性本身，特别是这种独特性的人类学牵涉及其意义。在后现代艺术与文化语境里，仿佛为大众制造了一个虚拟的、拟真的幻象，而世界的视觉再现的真实性往往被质疑。在一定程度上，视觉实现的是对理性与秩序等观念的解构，从而导致视觉的异化、虚拟与茫然狂欢。其实，后现代思潮与消费文化的共谋，促使视觉再现的真实感被瓦解与解构，从而导致了人类陷入前所未有的视觉危机之中。正因为如此，对民族创意文化及其视觉化表征的探索与研究，仍然相关于对视觉表象问题的分析与克服。

---

① ［美］J. J. 克拉克：《东方启蒙：东西方思想的遭遇》，上海人民出版社 2011 年版，第 299 页。

第三节　民族性的生成与时尚的视觉表现

在时尚创意及其表现方面，民族性的东西并非什么实体性的存在者，同时也不是所谓固定不变的现成品，而是处于不断变化与生成中的建构之物。对创意的视觉表现的理解与阐发，无疑是时尚设计得以表达的文化基础，同时也是时尚文化及其传播与接受的前提。实际上，并没有一个为所有人所接受的民族性在那里，这种民族性从来都是在不断建构与重构里来显现自身的。时尚的创意设计与视觉性表现，不仅要对一般的设计问题加以分析与探究，还要针对民族的存在及其生成性特征给予阐释。时尚创意不仅关涉特定的民族存在，还涉及众多民族之间的文化沟通与跨文化理解的问题。应当说，揭示民族性元素的精神意义与文化价值，以及它们究竟是如何在历史性的语境里生成自身的，对于民族服饰与创意设计来说无疑是不可或缺的。

一　创意的民族性及其生成

无论是一般的自由艺术，还是服饰设计与时尚艺术，它们无不是人类文化及其在特定领域里得以展现的重要样式。在西方的文明与文化语境里，视觉艺术一直占有支配与主导的地位，并对现代时尚创意与设计产生着重要的规定性影响。因此，对服饰与时尚创意的视觉性表现，就成为创意文化与产业所不可忽视的问题。在这种视觉性表达与传递之中，特定民族或人群是应当加以考虑的人类学此在。创意的民族性特质并非固定不变的实体，而是处于不断建构与重构的生成之物。在这里，民族性表征与阐明为民族自身存在的独特性。同时，既然说民族性乃是一种生成性的特质，那么对这种民族性的揭示也是生成性的。

在民族时尚创意之中，民族性特质之于创意的规定虽然极其重要，但也不能将这种规定性看成一成不变的决定论。而且，时尚创意总是与一定民族、群体的存在及其文化语境分不开的。还要看到，"对人类外表的审美关注，还包括美发、服装，或文身、划痕、身体绘画与饰物等修饰形式。"① 但这种审美关注及其理解与阐释，又离不开各个民族的精神与文化特质。因此可以说，民族性及其与精神的生成性关联，甚至成为时尚文化创意的重要来源。在民族时尚创意及其表现方面，涉及众多的因素与各种复杂的关联，以及与之相关又无所不在的多元文化语境。

毫无疑问，时尚等文化创意如何与民族元素发生关联，乃是应给予认真关注与深入探究的重要问题。时尚创意的发生与艺术表现，关切于一切观念、想法的视觉化问题，因为，时尚艺术主要是经由视觉化来表现的，这里因此就涉及民族元素及其视觉性重构。民族的生存及其民族性特质，既是民族文化及其建构的根本性基础，也是民族时尚创意的思想与观念之源。但这并不是说，存在着一个所谓的、单一的民族性特质在那里，而这种民族性又简单规定着时尚创意的发生与表现。

倒不如说，民族性渗透在一切民族时尚创意的根基里，以及所有与时尚相关的各种元素及其构成之中。与此同时，任何民族的民族性其实都是非实体性的。民族性在时尚里之所以重要，这是因为，"在当今这个充满异质标准和混乱的机械喧闹的时代里，这个或那个民族的文化都以许多方式强烈地吸引着我们"②。还可以说，民族性是一个民族时尚创意的人类学基础，同时也是时尚表现所力图揭示的精神与文化特质。而且，不同民族的服饰与文化不仅相互区分，同时又在共同生活与跨文化的交往里彼此关联。在隋唐时代，不同民族的服饰与文化就有了显著的相互借鉴与融合。

作为民族艺术与文化的根本性规定，民族性以自身的生成、建构与艺术、文化相呼应。更为重要的是，民族元素及其向时尚艺术的介入与渗透，还得考虑到究竟如何实现其时尚化的问题，以及怎样才能通过特定艺术表现来获得这种时尚感。在高田贤三的时装设计里，和服与东方民族服饰的形制成为人类学基础，当然他也广泛地借鉴了世界各地的服饰风格。在民族的时尚创意与文化建构之中，要充分注重民族元素及其特征的揭示与阐释。与此同时，在对民族独特性加以强调的基础上，时尚创意才不乏民族性基础与民族文化底蕴，而这种民族精神特质与文化

① ［荷兰］范丹姆：《审美人类学：视野与方法》，中国文联出版社 2015 年版，第 37 页。
② ［美］露丝·本尼迪克：《文化模式》，华夏出版社 1987 年版，第 15 页。

又应经由时尚化来表达。

但不同民族的衣着与文化间的界限，从来都不是分离的与固定不变的，而是处于彼此借鉴与历史性变化之中。在一定地域范围内，共同生活的人们往往不乏类似的生活方式，同时还离不开一些相似的风俗与文化。而且，处于一定生态与文化语境里的共同生活成员，在思维方式、生活方式、行为习惯以及风俗习惯上可能与其他族群区别开来。即使在现当代的时尚艺术里，不同民族密切相关的文化构成也得到了表现与回应。在人之成为人的历程里，这种民族性区别和文化差异的存在，往往可以通过共同生活的整个族群体现出来。族群与族群之间存在的区别与差异，其实就是各个民族不可缺少的民族性特质。

随着社会与文化的历史性生成，各个族群内部都建构出了特有的习惯与传统，族群的成员大都会受到这种习惯与传统的影响，但不同族群的习惯与传统的差异并不是绝对的。因此，"可见民族融合、服饰互渗等方面的跨文化传通，对于隋唐王室来说，不只是统御天下的政治谋略，而且从某种角度来说是与生俱来的生活渗透与文化承传"[1]。各个民族生活方式与着装行为的发生，总是以自身的民族特质为基础，同时又与其他民族在衣生活领域区分开来。在原始社会，促使成员共同生活的原动力或许就是迫于生存的需要。

也就是说，离群索居的个人很难孤立地生存与生活下来，一定地域内的人们自然地会集在一起过共同生活。在精神寄托与文化习得上，族群成员往往倾向于承认本民族的传统，在衣生活上大都会沿袭已有的着装范式。因此，民族意识和民族文化构成了民族内部连接与整合的精神性基础。这里的历史性并非编年史而是历史的基础与根本，艺术与服饰可以说正是在历史性方面与民族的存在相关切的。例如，景颇族男子穿白色短上衣、缠白头巾，头巾两端饰有绒球，女子一般穿黑平绒紧身短衣，身着红色毛织花筒裙。对于艺术与服饰设计来说，一种民族性如果要生成与成为自身的话，无疑就应基于特定的社会、历史与文化语境。

在不同民族的生存与相互交往之中，相互影响是一个不得不面对与回应的艺术与文化传播问题。但绝对不能以某一民族的艺术与文化，来

---

① 张志春：《中国服饰文化》，中国纺织出版社 2009 年版，第 228 页。

压制与取代其他民族的艺术与文化。比如说，"当拓跋北魏朝廷明确采纳汉人姓氏、朝政礼仪和服饰，这被视为高度的汉化"①。各民族的彼此尊重与平等交流，显然是设计及其文化传播得以发生的理性基础。原始文化是艺术发生的本源与原初规定，也就是说，艺术本身就是原始文化的生成与建构之物。如早期的面具，它就多用于宗教与巫术活动之中，后来逐渐变成一种戏曲、舞蹈的道具。在这里，神话往往以想象性的、寓言式的方式对自然等加以解释。

对象征性地存在于特定文化里的故事，以及这些故事与其他文化里类似故事的关系，所进行的研究与阐释构成了神话学的基本话题，这为创意的民族性及其建构提供了话语基础。作为一种文化样式，服饰揭示与彰显了人们对非功利审美的诉求，它与民族文化处于相互的生成与建构之中，而不是任何简单的部分与整体之间的关系。因为，整体与部分的逻辑关系如包含与被包含等，难免遮蔽服饰与文化之间相互生成的本性。当然，民族艺术的表现及其审美经验，并不一定是纯粹非功利与自由的，它往往与实用、生活发生着密切的关联，如民间工艺就是如此。

但在服饰的设计过程中，既要关注功能性诉求，又应超越这种实用性特质，而注重审美与民族文化的建构。在创意及其与民族性的生成性关联里，共时性与历时性之间也可以发生相互生成。而且，民族性的历史性存在及其在创意里的揭示，其实也可以看作民族艺术与文化的重构过程。譬如说，作为一种民族文化样式，土家族文化是土家人的生存状况、群体心理与民族此在等独特的生成物。毫无疑问，民族文化意味离不开民族的历史、文化的遗存，甚至可以说，这种文化就存在于民族的历史性发生过程中，它虽然经常被隐藏与遮蔽在民族的日常生活方式里。

在一定意义上，正是各民族风俗与习惯的差异与区别，构成了民族文化的独特存在与精神特质。各民族的风俗与习惯本身，就是以歌曲、舞蹈与服饰等样式来表现的。各民族往往通过自己的风俗与习惯，来保护和传承自己民族的文化艺术。有的民族服饰相对稳定，变化不大，如"罗马尼亚的民族服饰，在经历了多少个世纪的发展后基本上没有发生变

---

① ［美］杜朴、文以诚：《中国艺术与文化》，北京联合出版公司 2014 年版，第 131 页。

化，基本的风格和款式一直被沿袭到了现在。"① 但许多服饰艺术表现方式与着装传统，都难免在与其他民族的共同生活里有所改变。在民族艺术与文化之中，不仅沉淀着民族的性格与集体无意识，同时又不乏世界性艺术与文化的民族性基础。因此，从艺术的文本、语境回到民族艺术生成自身，就是从民族性去揭示与阐发艺术及其生成性。

　　在民族服饰与时装的设计上，应充分考虑不同族群的生活方式与接受习惯，以及民族文化积淀所形成的无意识的民族性格。任何民族及其民族性的生成，都与该民族的集体记忆和集体无意识分不开。各种民族元素相互关切与互文性关联，显现出艺术与文化的独特风格与精神特质。各民族艺术与时尚的不断生成，在本性上是建构与消解的相互生成，并由此揭示与敞开民族性的历史性发生。显然，特定的文化语境也不是固定不变与确定不移的，而是随着族群的生存与文化的历史性流变的。在时尚文本及其文化语境的生成之中，民族性对设计及其审美风格的形成具有独特的规定与文化影响。

　　艺术与服饰的生成性创意游戏，彰显了特有的民族文化及其生成本性。虽然，完全脱离民族及其历史性的设计是不可能的，但又不能把时尚归结为对民族性的简单图解。在这里，民族性特质的历史性生成及其揭示，不仅使民族艺术与文化成为重要的艺术与文化样式，同时也彰显了不同民族的艺术与文化间的区分。欧美乃至世界各国或各地区的时装，其实无不以其特定的民族性特质相互区分，但这些民族性特质又在不断时尚化中得到独特表现，而且，不同的民族性之间的边界往往还因交织而变得模糊与游移。

　　作为一种具身性的创制活动，服饰设计还不可避免地涉及民族性与时代性的关系问题。应当说，艺术文本的民族性及其文化特质，其实并不只是诸多抽象元素的集合与关联，而是各种要素及其独特关系的有意味的象征，以及时尚创意的特定关切的一种审美与文化表征。实际上，"世人皆知，意大利时装细腻的色彩搭配和面料运用甚至超过了法国时装，他们出产的毛织物更厚，也更加柔软"②。但对民族性特质的这种符

---

① 吴妍妍编著：《欧洲民族服饰概论》，中国纺织出版社 2016 年版，第 28 页。

② ［英］苏·詹金·琼斯：《时装设计》，中国纺织出版社 2009 年版，第 46 页。

码象征，又应不断还原与回归到民族的存在与日常生活。与此同时，设计活动还必须面对族群身份及其认同问题，以及这些民族文化认同在当代的接受与实现。

在民族时尚创意过程中，设计师要尽可能关注与回应消费者的习俗与文化。因为只有这样，时尚的表现才能对民族性加以揭示与阐发，以及把创意与观念建基在这种民族性之上，并将之转换成一种基于视觉历史性的当代时尚艺术。而且，民族的时尚创意及其在文化上的认同，无疑是一个民族性与国民性认同的文化前提，但不同民族间的开放与相互包容，则构成了跨文化传播得以可能的基础。针对全球化可能带来的同质化问题，民族时尚的创意与文化认同显然是不可或缺的。

在反对西方文化霸权方面，这种民族艺术与文化认同具有重要的意义与价值。在这里，民族时尚创意所关联的元素众多与关系复杂，各元素又以特定方式与整个民族文化相关联，同时民族性元素及其相互关联也是不可忽视的问题。"通常在时尚研究中，种族的研究会涉及一些明显的体征问题，如肤色、发质、面部特征等。"① 而且，种族的人类学体征无疑是创意民族性生成不可回避的。民族元素及其文化彰显了创意的潜在特质，也影响着创意的艺术品质与特定文化意义的生成。作为艺术家的一种自由创造，艺术相关于艺术家的审美经验与精神世界。

但是，艺术并非仅仅停留在艺术家的精神世界里，因为艺术总是会涉及内在图式的外在表现问题。尤其是，当艺术走出了唯美与象牙塔之后，它更加广泛与深入地介入了社会生活领域。与此同时，艺术与各种文化发生多维度、多层面的关联之际，这种内在精神图式的意义就会从与视觉相关的诸多方面呈现出来。如果说，艺术的这种社会、历史与文化关联，存在于一切样式的艺术表现与创意设计之中，那么，这种关联又会在时尚艺术里表征得更加显著。在人类学与社会学的语境里，民族时尚创意与族群生活方式及其关联性的研究，无疑对于创意的民族性及其揭示与阐发是不可或缺的。

---

① ［美］苏珊·B. 凯瑟：《时尚与文化研究》，中国轻工业出版社 2016 年版，第 62 页。

二 民族元素的视觉生成与表现

任何民族元素的生成与存在，都涉及民族内在精神与文化特质的构成，并基于构成的开放性与视觉表现生成出各种社会与文化意义。人类通过自身创造的视觉形象来传达信息与想法，视觉因此一直是人与人之间相互交流的基本手段。毫无疑问，视觉艺术对传统文化的继承与当代表征，以及人类精神生活的建构都具有不可忽视的意义。在创意与设计过程中，时尚与社会、文化的关联有助于深入研究。与此同时，对民族元素的发掘、揭示与当代重构，在民族服饰艺术与设计中具有极其重要的意义。

在这里，时尚创意不仅涉及文本自身的表现形式，同时也与符码的社会与文化象征意义相关联。在文字或符码文本里，视觉表象的独特性往往被遮蔽在抽象性之中。但要意识到，民族元素的视觉化表现无不从文本本身出发。"比如，符号学把每一个图画形象都当作文本，一个编码的、有意图的、习俗的符号，它似乎有意削弱图画形象的独特性，使其成为可阐释对象的天衣无缝的网络的组成部分。"[1] 当然，图像本身就是一种文本样式，但它又与文字文本有所不同并构成互文。而且，视觉艺术表现及其独特的符码与旨趣相关于特定的社会与文化认同。

但在民族元素的视觉生成过程中，既涉及艺术表现与审美经验的问题，同时也关联到不同理解与认同的关系。而且，民族元素与时尚创意的视觉生成与表现，本身就关涉如何将非视觉性的东西加以可视化的问题，以及这种视觉表现如何从传统来获得重构的问题。如在保加利亚中西部，所使用的抽象纹样与现代审美观并不冲突。虽然民族元素被理解与阐释为揭示与彰显民族精神与文化特质的基本单元，但这种理解与阐释却不能受制于简单与传统的元素论及其困境。正如通常所说，视觉文化研究的往往是现代文化和后现代文化，但如此看重视觉及其审美经验的重要性，却并非只是强调视觉而排除与摒弃其他感觉。

在传统的视觉艺术与表现方式里，设计师对经典构图或样式加以揭

---

① ［美］W. J. T. 米歇尔：《图像学：形象，文本，意识形态》，北京大学出版社 2012 年版，第 197 页。

示与阐发，这既涉及民族元素的创意与表现的一般问题，也关联到构图所采取的手法与独特重构方式。在民族元素的创意过程中，基于视觉性的表现方式而生成出特定形式，进而以这种视觉形式来表达与传递民族的精神与文化。当然，不同的视觉表现方式所表征出来的文化意味也有所差异。视觉语言主要由视觉基本元素和设计原则构成，而且它们都是具有传递意义的规范或符号系统，以及这些符号所指涉的社会、历史与文化在意义上的相关性。

毫无疑问，视觉元素是揭示与重构民族元素及其精神与文化所不可或缺的。在这里，设计的原则一般指布局、对比、节奏、平衡与统一，它们是用来组织和运用基本元素传达意义的原则和方法。譬如说，"美洲西北岸的人形面具和图腾柱终于成为某种文化遗产的象征，随着旅游观光者的热潮席卷了整个世界"①。当然，各种艺术与设计的方法与原则及其在民族服饰上的借鉴，无疑应与特定的民族文化、各种相关语境关联起来。因为只有借助与挖掘文化语境，才能表现与阐释视觉文本所蕴含的精神性特质。

实际上，设计师根据各种各样的需要与独特文化诉求，选择特定的材料、表现形式与技法风格，在一定的语境里揭示与生成各种元素之间的关系，从而形成能够传达特定生活与文化意义的构图与样式。而且，所有被建构出的构图与样式无疑还会成为后来设计所借鉴的图式。在现代服饰设计中，民族性视觉元素的构成是多元性的、可变性的与生成性的，设计师往往依据实际功用、社会符码与文化旨趣的诉求，有针对性地运用点、线、面、色或将其加以整合运用。除此之外，还要不断挖掘与阐发其视觉表现的各种可能性，包括视觉的吸引、刺激、昭示与情感的表达等，以便更有效地揭示与表达特有的艺术特质和文化旨趣。

在阿恩海姆看来，人们从艺术形式中所知觉到的张力样式，正是对象的刺激力与生理力的关联。针对各种民族元素及其生成性构成，视觉往往都具有建构与重构及其交织性特质。根据阿恩海姆，任何艺术作品的物理样式，都会唤起一种与它的力结构相同的力的样式。甚至可以说，

---

① ［英］约翰·马克：《面具：人类的自我伪装与救赎》，南方日报出版社 2011 年版，第 144 页。

设计就是根据点、线、面等的形态及其审美关联，以及色彩的情感特征进行创作并表达受众的诉求。基于古典艺术的传统标准与审美文化，经由一系列的范畴与概念而得到规定与表征，如主题明确、色彩匀称、比例和谐等。

一般来说，古典艺术是与优美、典雅相关的艺术样式，此外还涉及崇高、壮美等。在不同的民族衣生活方式里，某种艺术表现与审美可能传递出并不一致的意义与旨趣。有别于古典的艺术样式，现代主义艺术强调的是艺术与审美的自律。在这里，"对民族服饰构造方法的借用，可以从两个层面来看，一是服装外轮廓的启发，二是服装内部构造方法的局部借鉴"①。但这两个方面的借鉴与重构又是密切相关的，并共同成为民族时装设计的重要方式与手法。艺术表现走向社会与日常生活，无疑是难以避免与不可逆转的审美趋势，这就相关于艺术文本自身的开放性特质，以及由此所关联到的社会、历史与文化语境。

应当说，古典与近代艺术的表现方式与审美诉求，无疑是与近代认识论及其文化相关的，但这种认识论在现当代不再具有原初的规定性。而且，审美文化既相关于艺术、审美与各种文化及其生成性关联，也是文化对艺术创作、鉴赏与批评及其审美经验的阐释。对艺术与设计的解读与阐释，显然离不开各个民族特有的审美文化与生活方式。考虑到现当代艺术表现与审美经验的变化，反艺术、反审美成为一种应对传统的艺术与审美的独特方式，它们在本性上其实就是一种新的艺术与审美经验的生成过程。

在某种意义上来说，反艺术、反审美是一种另类的艺术、审美，它们既是对传统艺术、传统审美及其标准的突破，同时也把艺术、审美拓展到与存在、文本的生成性关联上。当代艺术所生成与建构的审美经验，既是一种关切于存在及其本性的经验，同时也是一种欲望及其话语表征的文本经验。而且，当代艺术的审美经验影响着视觉文化意味的独特生成，以及在当代语境里对民族元素的视觉表现与文化阐释。一般来说，传统艺术主要诉诸人们的静观与直觉，它在实质上并不依赖于欣赏者行为的参与和介入，同时也没有把审美观照建立在艺术家与大众的对话与

---

① 马蓉编著：《民族服饰语言的时尚运用》，重庆大学出版社 2009 年版，第 52 页。

互动上。

在当代艺术表现与时尚设计里，各种民族元素被广泛地引入从建构、解构到重构的过程中。虽然说，关于艺术与审美的规定，一直是西方形而上学致思与探究的根本问题，但究竟何为艺术与审美的本性，无疑仍然是一个极其困难的学术与理论问题。特别是进入当代后，基于对西方形而上学体系与传统的深入批判，艺术、审美及其本质与规定的问题，无疑也受到了严峻的挑战与彻底的解构。作为形而上学在艺术存在中的一种样式，艺术形而上学同样受到了不断的、彻底的质疑与深刻批判。

就创意与设计来说，在不同的民族与时代里，裙装都有着彼此相异的长短与艺术风格，这样就构成了时尚视觉表现的多元性与流变性特质。而且，一切时尚的轮回既具有一定节奏与周期，但时尚又在不断地改变与突破先前的各种限制，从而生成与建构出其不意的陌生化审美效果。应当意识到，视觉文化是一种以视觉感知为表现方式的文化样式，它既是视觉印象在文化上的直观表征与阐释，也是文化对视觉事件及其发生的历史性沉淀。但这里的视觉艺术与文化及其观念的密切相关，并不局限于任一或特定民族的生活与文化传统，而是关切于所有民族艺术与文化及其跨文化传播的特质。

当然，当代艺术的存在更加强调创意观念的当下发生，而不是传统的、静态的与封闭的理性概念，这其实正是民族元素视觉表现的生成本性之所在。"作为现代消费者，人们通过时装所表现的空间和身体关系建构了他们的国民身份。"① 关于民族的服饰艺术与创意表现，显然不能仅仅停留在视觉艺术的表象层面，还必须进入精神与文化的深层结构加以揭示。这里的困境在于，当代艺术在文化上难免表现为对表象的关注，从而生成了一种基于表象的视觉符码与文化表征系统，这种文化表象其实又不得不面对艺术的当下发生。

作为一种直观的呈现方式，艺术的视觉表象既是对艺术的显现，同时又是对艺术自身的遮蔽与掩盖。因此，民族元素的视觉表现与时装的生成，就是对那些曾被遮蔽的意义的一种时尚化揭示与阐释。民族艺术

① ［美］珍妮弗·克雷克：《时装的面貌——时装的文化研究》，中央编译出版社 2000 年版，第 41 页。

通常包括本土艺术表现样式，以及那些吸收外来因素而后将其化入本族的艺术形式与传统。例如，中华民族的艺术就是由各个民族共同创造的，并具有各自特色的多元一体的艺术及其传统。还要看到，民族视觉与文化的这种相互生成性，不仅是与民族的存在、生活相关联的，更建构在艺术文本的社会与文化语境里。值得注意的是，民族服饰的当代创意与设计，为民族元素及其艺术表现提供了新的可能性。

基于图像与艺术的视觉文化，其实也是艺术观念发生的一种特定沉淀，同时又往往是经由视觉表象来揭示与实现的，但这亟待不断突破表象难以摆脱的二元分立。在民族艺术与表现的过程中，视觉表象方式和文化传统的交织与相互关联，无疑是民族服饰与时尚创意设计的基本构成。以艺术与服饰的民族元素为线索，通过对表层及其所关联的审美意蕴与精神的剖析，无疑还有助于揭示与阐释时尚创意的民族性及其结构性特质。随着艺术与时尚的跨文化传播的生成与展开，本土文化与外来文化的区分与边界也日趋模糊。

应当说，少数民族艺术指存在于少数民族居住地域内，为少数民族所创造与保存的各种艺术门类与形式，包括传统的与现代的诸多艺术样式及其在当代的重构。但在研究以汉族为人类学此在的民族艺术的时候，显然不能忽视其他民族艺术的存在与相互影响。其实，任何民族都有其不可替代的精神与文化特质，同时又与其他民族处于密切交往与互文之中。艺术是观念形态或精神图式得以表现的重要形式，它往往贯穿于各民族的演变与历史过程中。而对民族艺术与文化的理解与生成论阐发，又是与民族元素的视觉表现密不可分的，但各民族的元素在视觉与文化上都不是单一与孤立的。

而且，各种元素与民族艺术、文化的关系，显然是彼此与相互的交织与生成性关联。在民族元素的创意与视觉表现过程中，交流、对话与相互的借鉴无疑也是不可或缺的。换句话说，每一种元素无不关涉到整个的民族性此在与存在本身。毫无疑问，还可以通过对民族元素的揭示与阐发，来透视它们之于艺术与文化研究的意义与旨趣。但应意识到，时尚从来都不只隶属于某一特定的民族此在，而且，各个不同民族都有属于自己的视觉样式与审美风格，同时也通过特定视觉图像的表现来呈现本民族时尚的精神关联。

　　对于各个民族来说，服饰的民族间性既可表征与阐发为某种差异，同时还可理解为视觉与文化上的融通感。在墨西哥的早期文明里，神祇在神话与传说中往往被描绘成人形。而且，"数量众多的地方神祇需要通过服饰上的细微差别区分开来，服饰是大部分神祇肖像的主体"①。因此，神话与传说也为服饰艺术与文化的研究提供了视觉的文本与语境。创意所关联的传统艺术与文化上的民族间性，包括少数民族之间、少数民族与汉族之间的民族间性，以及不同民族的艺术与服饰相互的影响与彼此的生成。少数民族服饰与文化包含着大量的独特创意与表现手法，而在表现方式的多样性里隐藏的正是民族精神与文化特质。

　　在造物与设计过程中，世界各民族古老与独特的传统艺术与服饰风格，建构与保持着难以替代的审美与文化多样性特质。这种多样性既是应加以保护的艺术与文化遗产，也是当代服饰与设计艺术的文化人类学特质。在民族元素及其视觉表现之中，还要注重到民族艺术的不断生成与传统文化的再建构，而不能把民族传统看作一成不变的僵死之物。在跨文化传播之中，民族独特时尚形象是如何得到艺术表现与文化建构的，无疑是揭示与阐发全球化语境里艺术与文化地方性亟待回应的问题。在地方性与世界性的张力之中，生成的正是民族元素视觉表现的当代性不可缺少的审美与文化前提。

　　应当说，后殖民主义、民族主义等意识形态对构建时尚形象的作用，以及通过一定的视觉表现方式加以文化传播，其实都是民族元素的视觉生成与艺术表现所关涉的重要问题。根据习俗，"凡帮助叙利亚新郎穿结婚礼服的人都注意不能在衣上打结，一个纽扣也不能扣上，否则就会给予敌人可乘之机使用巫术来剥夺新郎新婚燕尔的幸福"②。实际上，这种巫术符咒在许多民族地区都有其独特的体现。在本性上，民族元素的视觉生成也是民族时尚的发生与建构过程。虽然不能说，一切传承与沿袭下来的着装风俗都曾是时尚的，但后来的时尚重构却从来都离不开这些风俗与衣生活传统。

---

　　①　［加拿大］布鲁斯·G. 崔格尔：《理解早期文明：比较研究》，北京大学出版社 2014 年版，第 307 页。

　　②　［英］J. G. 弗雷泽：《金枝——巫术与宗教之研究》，商务印书馆 2013 年版，第 400 页。

三　民族创意的时尚表现与视觉艺术

对于设计艺术与视觉表现来说，民族服装、服饰的种类繁多、异彩纷呈与源远流长，以及其独特的民族性、在地性与多样性等，无疑都是民族创意的时尚表现不可或缺的特质，这当然也涉及如何通过艺术来加以表达的问题。其实，从人类造物活动一开始，就有了最早的设计或设计的雏形，尽管它还不是严格的与现代意义上的设计。但不同民族的早期艺术与设计传统，往往又通过视觉的历史性保护与传承而得以沿袭。也可以说，只有当设计者（师）有独特想法并付诸实施的时候，才开启了创意设计的生成与时尚的历史性语境。

只有当有了设计之后，后来风格的形成与文化传播才得以可能，并由此去揭示与勾连创意所内隐的精神图式。在服装设计过程中，视觉艺术的基本元素与形式都可以用于民族创意的生成与建构。由点、线、面所构成的抽象的几何形体，在人们的潜意识里会激发出很多相关的联想。在创意与设计过程中，任何点、线、面都必须具有一定的形状、大小、色彩与肌理，这些都是民族创意设计所不可或缺的构成基础。但在不同民族或族群的元素及其视觉化中，所涉及的艺术观念与对可视性的理解也并不相同。在民族元素的视觉建构与生成之中，时尚的创意与表现可以获得多种多样的视觉效果。

与此同时，应加以关注的重要问题乃是，民族时尚艺术及其审美风格的当下生成，以及与之相关的时尚文化的建构与传播。还要注意到，"概念的意义与关系可能通过参考其意象而变得易于理解，但是，一旦系统化，它们就成了抽象观念，而不是某种图像语言"①。这里强调的是，概念是根植于隐喻的抽象观念。甚至可以说，民族创意与时装设计及其与视觉的关联性，渗透在从构想、实施、传达与接受等各个层面。毫无疑问，创意在很大程度上规定与影响着设计风格的形成，但这一过程又是经由一系列的视觉表现才能得以实现的。

当然，时尚创意不仅涉及各种想法与见解本身，还关联到艺术的表

① ［美］艾兰：《水之道与德之端——中国早期哲学思想的本喻》，商务印书馆2010年版，第36页。

现与设计的实现方式。在创意的时尚表现过程中，身体的存在及其与艺术发生的生成性关联，在一定程度上规定与制约着时装设计活动。虽然说，有的艺术表现并非都是视觉性的，但它们无疑可以进行视觉性转换，并与视觉艺术及其文化发生相应的关联。时尚表现与人的审美通感的关联，将艺术赋形的美感与经验的形成与建构，从一种感觉样式联通并传递到另一种感觉中去。因此，如何经由视觉化而生成出与特定人群相关的时尚感，却是与不同民族或阶层的精神与文化及其对话相关联的。

实际上，民族时尚创意生成在基于感觉融合的时尚风格及其传播之中。在时尚的视觉传达与流行趋势中，或许正是人的这种共通感，使人的各种感知觉的融会成为可能。在不同民族的衣生活方式里，这种审美通感又被差异化地领会与把握。应当说，时尚艺术往往是一种相关于视觉的文化，因此，时尚对通感的关切依然离不开视觉艺术，以及由此所涉及的生活与文化传统。比如说，唐装原指唐代的汉服，今天作为一种时装的新唐装，无疑是一种当代的中式服装，但它仍然保留有汉服的文化意味与旨趣。

与一般的艺术相比，时装艺术与时尚文化更具有生成性的特征，这乃是因为时尚自身的流行性的审美风格特质，以及这种流行与视觉性及其文化的关联所致。虽然说，一般艺术及其审美也会随着时间而发生流变，但关于时尚艺术的审美经验却显得更加变幻莫测。时尚的这种生成性经由传播后又得到了强化，当然，时尚随着广泛与极端的流行而衰落，并成为下一流行季的心理预期与生成之物。在民族创意的时尚表现里，基于视觉艺术而对元素加以当下重构，并形成了与这种视觉性特质相关的审美通感。在这里，民族服饰与时尚创意的文本，无疑是与民族的存在及其文化语境相关的。

在艺术与文化建构过程中，对文本与语境的关联有着不同的理解与阐释。除了强调对视觉文化的真实例子进行实用性分析外，"其次，布迪厄的文化产生理论主要是用背景来解释文本，而帕诺夫斯基却相信文本本身的意义可以用来阐明其产生背景"①。其实，文本与语境的这种传统区分本身就是相对的，它们交织与互文在视觉性文化的各种层面上，同

---

① ［英］理查德·豪厄尔斯：《视觉文化》，广西师范大学出版社 2007 年版，第 77 页。

时，文本又凭借开放性而与语境发生相互生成。在古代，独龙族并没有严格意义上的衣裳，只是将由麻纤维织制成的独龙毯遮蔽身体，这是与当时的生存状况和习惯语境分不开的。

正因为如此，风格独特的独龙麻毯就成为一种特殊标志，五色麻布制成的独龙毯自肩斜披至膝，从而显示出粗犷豪放的艺术风格与古朴原始的审美意味。除此之外，还有纳西族的羊皮披肩，以及彝族的"察尔瓦"（披衫）等，这些民族服饰创意都具有将实用与装饰融为一体的效果，但它们在视觉表现方式与审美情趣上无疑又有所差异。应当说，民族时装的创意、设计与生产完成后，就可以进入营销与传播的渠道与领域，但这也同样与视觉艺术和文化密切相关。民族服饰或时装的流行与文化传播，也是以其特定视觉风格的被认同为前提的。在这里，服装风格的社会与文化认同，还促成了民族时尚的不断生成与流行。

正是在艺术与文化传播的语境里，民族创意与设计才能得以流行并广为接受与效仿。其实，民族风格与时尚的视觉表现又总是相互关联的，并将民族精神与文化特质沉浸到视觉表现里。在少数民族服饰创意与设计中，衣服与饰品彼此关联并构成完整的与开放的形式美。虽然说，服装的这种整体美也涉及诸多因素与构成问题，但任何整体美本身一旦形成都不可能分解为部分。少数民族独特的配饰与搭配具有重要的意义与作用，它们往往在视觉造型与表现上显示出某种特别甚至夸张的印象。

还要看到，在民族服饰创意与设计的整体搭配之中，色彩起到了不可替代的对比与强调作用。黑彝男子往往身穿黑衣、黑裤与黑披肩，左耳戴缀有红丝线蜜蜡玉大珠，手腕戴银龙大镯，头顶黑布英雄髻。细长锥形的英雄髻，高高地伸出帕外，衬托出格外英武的形象。而倒向右侧的英雄髻与左耳的大型耳饰，形成的则是不对称却均衡的关系与效果，红黄色的耳饰还起到点缀与强调的作用。在服装创意与设计中，还有一类如披肩、背垫等因其常与身相随，已成为民族服饰的重要组成部分，无论从实用还是审美角度来看，它们都可以归为饰品。

毫无疑问，各民族的服饰都不乏风格迥异与独特的审美文化特质，之所以如此，民族视觉习惯对时尚的形成与接受产生了不可或缺的影响，业已形成的习惯与风格甚至成为民族服饰的重要构成。还应注意的是，时尚艺术风格及其变化表征出不同时期时尚的特质。在日本，"平安时代宫廷服饰的奢华风格最终并没有延续下来，其后的镰仓时代贵族服饰就远远没有那么铺张奢靡"①。作为一种表现与传达方式，设计、艺术与文化处于不断的传播过程之中。在不同的时期与各个族群之间，时尚表现风格的关联与区分则是不可忽视的问题。在民族时尚及其审美过程中，习俗与文化具有重要的人类学意义与影响。

比如说，纳西妇女的主要服装异常朴素，缺乏一般所说的装饰与过度设计，最具特色的饰品便是用作背垫的羊皮披肩，这无疑是与纳西习俗和文化分不开的。还可以说，少数民族服饰式样与风格的繁多，往往具有较为强烈的装饰性与视觉性效果。显然，民族创意与设计及其视觉艺术表现，涉及符码与象征及其在社会与文化语境里的生成。在时尚的生成与建构里，服与饰难以分离地关联与交织在一起。应当说，民族性配饰为民族服装添加了不少意趣，无疑成为民族服饰创意与设计的重要构成，服中有饰与饰可成服或许是民族服装的根本性特质。

在这里，民族艺术风格是一个民族在长期的历史性生存中，对本民族的精神图式与文化特质的整体性的视觉与直观表达。例如，"与明初整齐划一、等级分明的服饰不同，明中期以后的服饰已是花样翻新、众彩纷呈。"② 这显然也表明了，不同历史时期的民族服饰与时尚的变化，依然有待于在当时的社会与文化语境里加以阐释。但由于不同民族的地理位置与文化语境的差异，其服饰与着装往往也都具有自身的审美经验与风格特质。而且，即使在那些相隔并非遥远的地域或场所，同样难免也有其不同的装扮风格与着装特色。

随着全球化时代的到来，中国与东方各国或被动或主动地加入这股浪潮之中，民族时尚成为民族面对全球化浪潮的裹挟所作出的艺术与文化回应。此外，民族创意在当代的时尚化，还涉及殖民主义与后殖民主义的回应与批判。从 20 世纪 60 年代兴起的嬉皮风格，到近几年再度燃起的民族时尚风格与潮流，民族元素与配饰对个性风格的强化越来越突出。在设计及其创意过程之中，至关重要的就是如何将理念、观念转换成创意的拟象。在柏拉图那里，摹本被看成次于位居其后的观念或形式，而

① ［英］玛尼·弗格主编：《时尚通史》，中信出版社 2016 年版，第 39 页。
② 杨孝鸿：《中国时尚文化史（宋元明卷）》，山东画报出版社 2011 年版，第 212—213 页。

视觉化本身就是对这种观念或形式的模仿。与此同时，视觉化为拟象生成与建构提供了根本性的艺术与文化语境。

在这里，时尚拟象的生成还必须借助生成论及其经验，这样才能避免陷入西方艺术及其所关联的视觉表象之中。还要看到，"对模式的模仿只有在说明了模式的构造规则、在对理念本身进行了描写之后才有意义"①。当然，这种意义生成物正是创意拟象的根本性来源。不同于一般的现象学，生成论将经验的生成作为事情本身，并为走向经验的生成本身提供根本的可能。当然，视觉化的观念还有待于转化为视觉经验，而这种视觉经验既是对理念的激活与转化，同时也是观念的视觉化及其意义的生成之物。

其实，观念与创意的视觉化从来都是语境性的，而视觉化的观念则为创意与设计提供思想经验。作为视觉化的观念向创意拟象的过渡，意义生成物既是创意的发生，同时也是一种拟象的建构，更是创意与拟象的相互生成之物。在创意的视觉化中，拟象经由经验的文本及其生成，关切与意指着存在本身。重要的还在于，经验的文本化与文本的经验化是相互生成的，而这种经验文本自身无疑也是艺术与文化的生成之物。观念及其视觉化之所以在创意里显得如此重要，乃是因为视觉化为拟象与表象奠定了一个生成论基础。通过视觉化的处理与建构，一切理念、观念都向创意设计发生转换。

那些模仿动植物原型的服装设计，虽然也具有艺术情趣与审美意味，但这并不能与摹本对原作的描写相混淆。实际上，设计离不开理念的视觉化转化与文本的生成。作为前提的这种视觉化转化，还需要经过设计对视觉生成物进行仿真。而且，一切设计场所与语境都可以解读为某种符码。其实，"只需略施小计，时间和地点的坐标就会被取消，被超越，被转换为符号"②。但在现象学还原里，符号又可以通过回归到存在而与时空发生历史性关联。创意与设计也可以看成一种拟象的发生，即让理念、观念经由视觉化，转化为创意所必需的拟象或视觉表达。

---

① ［法］茨维坦·托多罗夫：《象征理论》，商务印书馆2004年版，第158页。

② ［美］迪克·赫伯迪格：《亚文化：风格的意义》，北京大学出版社2009年版，第82页。

　　显然，民族艺术与时尚离不开民族的情调与风俗，而不同民族的创意风格无疑又是有差异的。在很大程度上，不同民族的精神特质规定着服装的时尚情调。但服装要成为一种时尚，还需在艺术表现里强调流行的符号，这种符号在传达时尚与审美经验时，往往具有某种特定的象征性与语境关联。在创意的拟象表现过程中，理念、观念还会以变了形的样式存在着，并对设计及其艺术加以特定的视觉性引导。当然，要完成与实现整个设计和创制活动，还必须将创意的拟象转换为某种视觉性传达及其文化意义。

　　还应看到，视觉传达就是将设计所力图表达的观念，通过艺术的手法加以表现并传递给受众。在设计最终形成的视觉传达中，不仅有理念、观念的历史性沉淀与艺术重构，同时还不乏拟象所蕴含的意味与文化旨趣。可以说，时尚艺术往往经由前卫的或经典的创意，进而通过各种表现手法生成出独特个性，而一切经典与前卫的风格及其关联，又将在时尚里发生交织与时尚化重构。其实，民族服饰创意与设计也是时尚风格对艺术与生活加以介入的生成之物，这种创意与设计又通过视觉艺术及其表现方式来建构民族时尚感。

　　应当说，时尚设计的艺术表现与视觉传达，可以理解为理念、观念与拟象的互文性重构。对民族创意来说，时尚的表现总是发生在视觉性文本之中，并经由艺术表现手法加以回应与当代重构。"而且，文本总是处于生成之中，它既不断地存在于一定场所，同时又处在永远的消失之中。"① 在生成论语境里，经验经由文本而通达存在本身，进而成为一种永远的游戏活动。在创意与设计过程中，视觉化不仅是理念、观念存在的重要方式，也是艺术与创意拟象发生得以可能的基础。在这里，拟象与设计的视觉传达和艺术表现，以及它们的关联所彰显与解码的各种诉求，无不与理念、观念的视觉化处于互文的语境之中。

---

① 张贤根：《艺术现象学导论》，湖北人民出版社 2015 年版，第 116 页。

第 四 章

民族生活方式与民族时尚创意

　　对各个不同的民族来说，生活方式包括衣、食、住、行等基本生活，以及劳作、娱乐与交往等社会生活，还涉及与民族性相关的精神生活。而且，生活方式可以理解为各民族和社会群体所选择的生活模式。当然，不同的地理环境、社会心理与文化传统，也从各个特定方面影响着人们生活方式及其意义的建构。应当说，不同民族生活方式的风格、习性和特质也有所差异。一个民族在长期生存中所形成的独特习俗与传统，又使其生活方式呈现出不可替代的精神与文化特质。但这里还要注意到，不同民族在生活环境、审美经验、民族性格、风俗习惯与信仰旨趣上的差异，生成了基于生活方式的、各具特质的民族服饰与时尚文化。在保存基本的服饰形制的情形下，民族服饰的创意与设计也在发生不断的历史性改变，并衍生出兼有不同民族风格特质的服饰形制。而且，有时甚至还难以对各民族衣生活样式与形制作出严格区分，但这仍然是以各种特定的民族风格与样式为基础的。实际上，民族元素的时尚创意与服装艺术设计，总是与民族的生活方式及其文化语境相关联的。在时尚创意的表达与研究之中，往往都是经由时装等诸多流行艺术设计样式，将创意拓展到民族的整个生活与文化中加以重构。因此，并没有完全抽象的、脱离民族生活与文化语境的时尚创意和审美。在从事时尚创意与设计研究时，必须充分考虑民族的生活方式、审美心理与文化积淀等问题，以及这些因素与民族时尚样式及其风格的相互生成及其实现。与此同时，只有在民族生活方式及其生成与开放的整体性里，时尚的民族性特质才能得到审美表现与文化传播。在这里，对时尚创意与民族生活方式的生成性关联的揭示与阐发，显然也是时尚创意设计与民族时尚文化认同研究不可或缺的构成。

第一节　民族的生活方式与衣生活

在实质上，生活方式是在一定社会与历史语境里，人们所建构的、相对稳定的在世存在样式。其实也可以说，所谓生活方式既相关于人们以什么方式去生活的问题，同时也涉及在世存在的意义及其生成与建构。考虑到人们在世生活的自然环境与民族的人类学存在的不同，各民族往往具有独特的生活方式、行为习惯与风俗文化。在民族时尚的创意与设计中，这种生活方式与文化上的区别和差异的存在，其实都无不通过共同生活的整个族群体现出来。而且，各民族的精神特质与文化差异建构着独特的衣生活方式，而这些独特的衣生活方式又是民族整个生活方式的重要构成。应当说，民族衣生活不仅与民族的生产、劳动、休养生息相关联，而且还是一种极其重要的生活方式与文明样式，并由此勾连到各种相关的社会、历史与文化语境。

一　民族的生活方式与文化

对于各个民族或族群来说，不同的生活方式之于生存的意义与趣味，以及特定生活方式所具有的文化特质都会有所区别。在民族服饰与时尚的问题上，"研究时装史的历史学家认为，中世纪，典型的民族服饰出现在了历史舞台上……"[①] 因为与特定民族的生存状况和文化密切相关，民族生活方式往往还揭示与体现着民族的内在精神特质，并彰显出民族的艺术与文化及其所涉及的人类学差异。随着社会与文化的生成与建构，人们的生活方式也不断改变着自己的形式，并将不同的历史性特质沉淀在文化样式里。

与此同时，伴随民族地区社会与经济的历史性变迁，民族的文化传承、现代转型与当代重构就成为重要的话题。而且，这种生活与文化上的历史性生成，是与人类社会由愚昧到文明的转化分不开的。换句话说，人类生活方式的变化与时代性是相关联的，这种关联还在服饰与时装的

---

① ［英］普兰温·科斯格拉芙：《时装生活史》，东方出版中心 2006 年版，第 105 页。

流行上显示出来。毫无疑问，人类的经济、社会与文化的历史性特质，为人类生活方式的建构带来了强烈而深刻的影响。在一定的社会与历史语境里，生活方式带有在地性与时代性特质与痕迹。一个民族虽然可能相继更替了诸多社会形态，但该民族独特的精神与文化特质及其关联，却往往会相对稳定地内化在其生活方式里。

还要看到，生活方式的稳定性使服饰的使用与衣生活，既有对新的、外来的与不同的生活方式的排斥，同时也不乏对不同民族风格及其差异的借鉴与吸收。任何民族包括衣生活在内的生活方式，又会随着社会与文化而发生相应的变化，其实这种变化也是社会与文化变化的重要构成。在一般情况与语境下，生活方式的社会变迁往往采取渐进的方式，但在特定的社会变革时期也可能采取突变方式，并表现与彰显为艺术与文化上的某种超前性与反叛性。比如说，后现代时尚艺术与文化的生成与出现，以及对传统艺术与文化所带来的颠覆性，就是这种超前性与反叛性在服饰与着装上的体现。

虽然说，时尚往往具有不同于一般日常生活的特质，但任何民族都不可能摆脱这种日常生活方式，因为日常生活是人们不可回避的、难免还原到此的生活方式。这里应加以强调的是，各个民族在自身的民族生活方式里所独具的特殊性，这些特殊性在生活方式与文化传统上相互区分开来。其实也可以说，"伟大的民族都有一种自己的文化和传统，这些文化和传统以多种多样的方式被清楚地显示和表述：伟大的建筑物，绘画艺术的杰作，宗教，文学，政治制度，法律秩序，生活形式，习俗和习惯……"① 对于民族的生存与生活来说，各种社会与文化因素及其关系以特有的方式，介入与渗透到日常生活（含衣生活）与服饰文化里。

在生活方式与文化的建构中，一切特有形式无不表征行为与风俗的稳定性。但与社会、经济的变化相比，民族生活方式及其趣味往往具有某种滞后性。实际上，某种适宜的日常生活范式与衣生活形制一旦形成，就会有助于人们良好行为与修养的培育与建构。在某种意义上可以说，着装其实就是与生活方式相呼应的艺术与行为。对于每一个民族来说，日常服饰所映射的正是现实生活的日常性。尽管说，胡塞尔从未对何谓

---

① ［德］罗姆巴赫：《作为生活结构的世界》，上海书店出版社 2009 年版，第 254 页。

生活世界下过明确的规定或定义，但人们依然可以基于他对生活世界的分析来加以揭示。

应当看到，胡塞尔关于生活世界的基本含义是，人们或团体生活于其中的现实而又具体的环境。在胡塞尔那里，生活世界其实是一个非课题性的世界，指人们在自然观点中面向的现实世界。胡塞尔将现实世界的存在看作毋庸置疑的、不言自明的事实，而不是把它作为某种对象与问题来加以探讨与研究。在胡塞尔看来，客观科学与哲学反思的态度就是以生活世界态度为基础的。也就是说，生活世界其实还是一个主观、相对的世界，它随着个体自我主观视域的运动而发生变化。这就意味着，每个人的生活世界都是各不相同的，生活世界的真理就是相对于个体而言的。

还可以说，生活世界是直观地被经验之物所构成的世界，其实也就是日常的、伸手可及的与非抽象的世界。胡塞尔认为，生活世界作为前科学的、前逻辑的、未被课题化与目标化的原初经验世界。此外，生活世界还随个人生活实践兴趣而得以展开，因此具有鲜明的主体性特征和人性化特色。在人类的生活方式与文化之间，发生着复杂的关联与历史性的相互生成。服饰设计与时尚创意无不着眼于人类独特的生活方式，以及与这种生活方式相关联的艺术与文化样式。作为一种生活与精神文化样式，衣生活以开放性相关于民族时尚艺术与文化及其建构。

在本性上，文化是人类一切创造所留下的实体、制度与痕迹，它其实既是人化的生成之物，同时又以其内在精神化人，也就是将人变成人本身。在现当代时期，文化对生活世界的生成与建构确是至关重要的。随着人类造物活动的历史性变化，文化的传统界定无疑受到了反思与挑战。"换言之，每一个群体的生活世界是由这个群体的文化所塑造的。"①而且，民俗的多样性往往体现在各民族不同的惯习上。布尔迪厄试图建立一种实践理论以分析特定的群体或个人实践的机制，这其实就是围绕场域与惯习而建构起来的理论。

与此同时，民俗的多样性还表现在不同历史阶段民俗的共存上，例如，民族服饰与传统既有繁华的都市民俗风格，同时也不乏古朴的乡村

---

① ［英］戴维·英格利斯：《文化与日常生活》，中央编译出版社 2010 年版，第 15 页。

民俗与生活风尚，以及那些仍然保持着原始民俗的衣生活形态。共存的、不同性质的民俗与传统文化，无疑体现了民俗的独特性与多元文化特质。虽然说，民俗文化与大众文化是密切相关的，但后者以其特有的技术性关联，而与前者的民间性特质相区分。人类的服饰艺术与衣生活设计史，既有与族群生存相关的创意艺术与传统文化，同时也依凭文本的开放性而与当代时尚趋势和文化相关联。应当说，人成为人的历史与文化史是彼此交织与不可分离的。

作为民族艺术与文化的重要标志与象征，民族服饰是一种独具精神特质的文化符码。在西部各民族的日常生活中，经常可以见到许多精美的刺绣物件，如藏族妇女的辫筒、土族妇女的腰带，以及回族、撒拉族妇女的绣花鞋，甚至男子的烟袋、袜跟等，都以色彩鲜艳、构图精致显示精湛的刺绣技艺。但由于针法与配色的不同，以及地域文化上的差异，不同民族的刺绣图案及其风格并不一致，但寓意吉祥与喜气却是许多民族所共有的。民族生活史上的事件与日常叙事，其实都可以通过设计的符码来表达出来。

作为一种独特的叙事方式，民族服饰及其跨文化传播得益于民族间的交往。在人类的生存过程中，生活方式成为创意设计的存在论基础，与此同时，精神与文化的建构则是民族生活意义发现所不可缺少的。在汉语系统中，"文化"的本义就是"以文教化"，它是对人的性情的陶冶与品德的教养。随着时间的流逝和地域的差异，"文化"现已是一个特质丰富与指涉宽广的开放性概念，同时也被众多学科从各自视角加以建构着。应引起关注的是，人类的生活方式既是一种关切于生存的文明与文化样式，但各种文化又对生活方式加以建构以生成出服饰文化。

考虑到，人类社会经过蒙昧、野蛮跨入文明的时代，尤其是，当人类与猿猴相揖别以后，着装就是一种与人的生存密不可分的生活方式。而且，从服饰起源特别是服饰文化生成起，人类就已将其生活习俗、审美情趣等纳入服饰之中。"在很多方面，民族的观念都将是一个基地，日常的研究千方百计地重新为这个基地编码并使之多元化。"[1] 实际上，民族的精神图式与文化特质，既沉淀在民族的各种观念与思想之中，同时

---

① ［英］本·海默尔：《日常生活与文化理论导论》，商务印书馆2008年版，第293页。

又经由观念的视觉化而设计与制作出各种器物如服饰等。

毫无疑问，与服装与衣着相关的还有文化心态、宗教观念等，这些无疑都沉淀与渗透在服饰艺术的表现与设计之中。对民族与人类日常生活方式的研究与阐释，显然离不开日常生活批判理论的建构与思想透视。还可以说，民族日常生活方式与日常生活理论的重构相关联，而正是日常生活批判理论，表明了人类向日常生活世界回归的意义。胡塞尔现象学的生活世界、维特根斯坦语言哲学的生活形式、海德格尔存在论的"日常共在的世界"等，无疑都是民族日常衣生活方式与文化重建的理论与思想基础。在这里，民族的生活方式是民族精神与文化建构所发生的存在论前提。

应注意到，各民族既在本族内不断传承与建构自己的文化，又在对外交流中彰显自身的精神与文化特质。譬如说，汉族以独特的民族性与文化意义，影响了其他民族的艺术与文化建构。在长期的生活过程中，各个民族都形成了不可替代的艺术、审美与文化特质，同时又在共同生活里建构着跨文化的传播与交流。民族的生活方式与在地文化的生成性关联，还相关于风俗习惯与民族心理情感的历史性建构。因此，对民族生活方式与文化关系的揭示与阐发是不可忽视的创意问题。

在这个全球化时代，人们的个人生活方式和社交行为发生了极大的改变，这显然也会影响到民族服饰设计与时尚文化的当代建构。因此不可避免的是，服饰设计还要回应与探究民族文化在全球化变革所面临的问题。但这里仍需提请注意的是，"经验性立场、跨文化视角以及对社会文化语境的强调，乃是典型的人类学方法"①。对特定民族身份意识与文化自信的建构与强调，又是与对其他民族文化的包容和理解相关联的。独具精神特质的民族时尚与文化，往往又是通过民族艺术的手法和技巧来呈现与表征的。

在本性上，民族的生活方式与文化既相互关联与彼此生成，又共同为民族元素的创意与时尚设计提供语境。应对全球化及其对民族独特性的挑战甚至消解，无疑亟待在跨文化的艺术与时尚传播中引入对话机制，这样既可以保持民族自身的传统文化与开放性特质，同时又能有助于实

---

① ［荷兰］范丹姆：《审美人类学：视野与方法》，中国文联出版社 2015 年版，第 39 页。

现民族自我的创新和文化认同，进而参与并创建多元共存的全球性艺术与文化。但要注意到，任何民族元素时尚化的挖掘与审美重构，无不是与民族的生活方式相关联的，而民族时尚又是民族生活方式与文化的必要构成。各个不同民族的时尚及其跨文化传播，是与多元民族生活方式的并存分不开的，同时还涉及民族心理与文化的沟通与理解。

二　民族时尚及其生活方式基础

应当说，民族时尚的发生与建构既是与民族生活及其日常性的分离，但这种发生与建构在某种意义上又是以民族生活方式为基础的。还要看到，现代的民族时尚是在现代感性及其生成的基础上，对传统的民族记忆与文化痕迹的揭示、阐发与重构。而且，民族时尚还是一种基于民族性与商业性的关于日常衣生活的时尚化表现。相关于民族性特质的民族时尚及其在当代日常生活里的建构，无疑是日常生活审美化与审美日常生活化的重要构成。任何当下的民族时尚感及其特质的生成与建构，都将在历史性里沉淀为一种独特的生活方式。

作为一种在地性艺术与设计样式，民族服饰与时尚无疑也是与民族生活方式相关的，但又不能把创意简单地理解为直接源于生活方式，因为创意还涉及对既有生活的历史性回应。例如，卡夫坦长衫是打造闲适奢侈风格的经典时尚，但是，"卡夫坦长衫的历史可以追溯到 14 世纪，那时，由于天气炎热，轻便而凉爽的卡夫坦长衫成为远东至中东地区人们的传统服饰"①。民族时尚是民族意识和心理积淀的表现与传达，它与人们的食、住、行等诸多行为联系在一起，并介入与渗透到人们生存与活动的所有领域。而且，一种关切于民族性的服饰与时尚，显然不可避免地会带上民族性与地方性特质。

在民族生活方式的基础上，民族时尚往往还不乏乡土风味与民族情感，甚至充满着强烈的个性魅力和浪漫主义色彩。其实，许多时装设计都有其悠久的民族与文化传统，但还应让设计表达与传递当下的独特时尚感。甚至可以说，民族时尚是对地方性日常生活方式独特的艺术与审美回应。虽然说，有的艺术与服饰现在被公认为属于某个民族的，但通

---

① ［美］尼娜·加西亚：《我的 100 件时尚单品》，中信出版社 2010 年版，第 45 页。

过深入与细致的历史挖掘与文本分析，不难发现其中介入了非本民族的元素与成分，保留着发源地和流传地其他民族的文化人类学痕迹。

在社会、历史与文化语境里，民族服饰基于对民族生活方式的回应与重构，离不开民族间的生活交往与艺术的跨文化传播。现实世俗活动与日常生活的稳定性，为服饰形制的形成与完善作出了存在论奠基。"换言之，在某些情形下，日常生活确实会被'外部'以及'全球'的影响力所根本改变，但是在其他一些情况下，世俗活动以及思维方式很可能相对地不受这些事物的影响。"① 少数民族的艺术与时尚文化，成为连接各民族的心理与情感纽带。不同民族在艺术与时尚上的交融与互文，构成了基于民族生活方式的服饰谱系及其当代样式。中国与东方的当代时尚，正在成为当今国际时尚界不可忽视的艺术与文化样式。

应注意的是，民族时尚成为许多美术馆展览不可或缺的构成，当代艺术家与时尚品牌合作进行的创意得到了展出与强调。在一定程度上，当代艺术的时尚感是艺术与时尚界限模糊甚至消失的一种表征。与之相关，不少时装设计师也将时尚看成一种重要的艺术样式。虽然说，人们对当代大众文化的态度褒贬不一，但它确实已成为一种不可忽视的文化样式。以民族生活方式为存在论基础，时尚无疑为相对稳定的日常生活注入了可变性特质。作为大众文化的一种重要构成，时尚文化的生成与建构相关于一定的社会和文化语境。

还要意识到，时尚流行既是人们思想观念不断变化的外在表现，也映射着那个特定时代的社会状况、文化心理与生活方式。随着消费的个性化与小众消费时代的到来，越来越多的消费者往往按照自己的意愿来选择流行产品，而不只是被迫地接受那些不可选择的同质化设计，虽然这种消费方式同样难免会受到广告与时尚趋势的诱导与影响。在当代生活方式里，那些具有民族元素与文化特质的时装，还不得不涉及一致性与独特性复杂的关系问题。着装与时尚消费行为的发生，既相关于如何表达消费者的心理与文化诉求，同时又与特定群体对服饰符码的认同与接受分不开。

应当说，只有从消费者现有的生活状况与处境，以及不断变化的生

---

① [英] 戴维·英格利斯：《文化与日常生活》，中央编译出版社 2010 年版，第 163 页。

活旨趣与趣味出发，才能对适合消费者需求的流行趋势加以判断与预测。但在人们的时尚生活方式里，民族文化及其历史性特质从来都是不可或缺的。例如，骑马裤（Jodhpurs）的起源，与印度的一个地名分不开，但它在 20 世纪 80 年代，成为一种着装时尚，而且，不再局限于印度的地域与文化。从古典文献中可以发现，传说的三皇五帝时期就有了服饰，如战国时《吕览》记述，黄帝时"胡曹作衣"；或曰："伯余、黄帝制衣裳"。毫无疑问，中国古代服饰艺术与衣生活方式历史悠久、源远流长，成为世界服装生活与社会生活史的重要构成。

作为民族时尚基础的生活方式，以其开放性特质向各种艺术与文化敞开自身，同时把时尚接纳与建构为一种新的日常生活。不少的时尚艺术与服饰文化，其实都与对不同民族或地域的衣生活的揭示与审美重建。"所有这些别具国籍、地域、文化与职业特色的服装，整合形成当前的流行趋势。有些是完全地复古，有些是略作修改便可以融入当前的流行趋势之中。"① 在人类生活方式史上，中国自夏、商起就开始出现冠服制度，素有"衣冠王国"的称号与世界性认同。在东周战国期间，服饰的日新月异与诸子百家的兴起和思想活跃分不开。尤其是到了西周，冠服制度已基本臻于完善，有了不少关于服饰的文字记载。

在当代流行时尚里，人们可以发现先前各国各民族服饰与文化的传承，以及特有的生存与衣生活方式遗存的历史痕迹。在这里，民族时尚既以各个民族的生活方式为基础的，同时又对既有的日常生活加以陌生化与时尚化。众所周知，庄重而质朴的近现代中山装和传统而高雅的民国旗袍，显然成为民国时期人们对生活时尚诉求的独特表达。其实，风行于 20 世纪 20 年代的民国旗袍，虽然曾经脱胎于清代的满族妇女服装，却是在当时妇女穿着与使用过程中与基础上，又通过吸收西洋服装式样不断加以改进而定型的。

在生活方式上，由于各个不同民族通常比邻分布或交错而居，在着装形制上的相互借鉴也就不可避免。即使那些形制相对稳定的传统服装与时尚样式，也难免在遭遇不同生活方式的基础上发生相应的在地性变化。20 世纪 20 年代直至 40 年代末，民国旗袍形制与款式几经变化，从

---

① ［美］丽塔·裴娜:《流行预测》，中国纺织出版社 2000 年版，第 47 页。

而生成出基于相似的风格差异。例如，旗袍领子的高低、袖子的长短以及开衩的高矮等变化，使旗袍彻底地摆脱了原来的老样式，产生了新的时尚感与生活气息。而且，旗袍还改变了中国妇女长期束胸与裹臂的旧习俗，让女性身体曲线和体态美得以充分凸显出来，这也正适合与呼应了当时的社会生活与文化风尚的状况。

虽然说，生活方式之于民族时尚是基础性的，但它也会受到生成论的不断解构，以消解这种基础及其可能陷入的形而上学。值得一提的是，时尚里的摩登或时髦女郎、交际名媛和影剧明星等，在旗袍式样设计与制作上强调了标新立异的创意，这也促成了民族或地方的服饰与文化的建构。自 20 世纪 30 年代起，旗袍几乎成了中国当时妇女的标准服装，民间妇女、学生、工人和达官显贵等无不穿着在身。正因为如此，时尚就成为一种流行的艺术与审美文化，旗袍甚至还成为交际场合和外交活动常用的礼服。

显然可以说，民族时尚彰显了中华民族深厚的艺术与文化底蕴，同时体现出与民族生活方式在精神与文化上的密切关联。现代服饰涉及服装、首饰、佩饰、鞋饰、包饰、珠宝与手表，以及中国传统民族服饰与生活方式等诸多相关方面。在生活方式的建构过程中，服饰风格的独特民族性与开放性则是不可忽视的。无论是一般所说的西装，还是阿拉伯的长袍，其实都是从其传统服饰流变与重构而来的，并与其民族特定的生活方式发生关联。作为民族时尚基础的衣生活方式，为新的时尚创意提供了人类学的可能性。在不同的民族时尚里，所表征出来的意味无不相关于生活方式的民族性特质。

而且，服饰与身体的生成性关联，构成了民族元素及其时尚创意的生成论基础。在不同民族与时期的时尚风格里，服饰与身体的宽紧程度也是有所差异的。以披挂式服饰为例，"所有这些衣服一举手之间就可脱掉，绝对不裹紧在身上，可以勾出一个人体大概的轮廓；在衣服飘动的时候或者接缝中间随时会暴露肉体"①。与此不同，紧身衣服与身体的吻合则是较为严格的。对于民族的时尚来说，难免会发生内部跨阶层的时尚传播。譬如，对于隋唐女装形制及其时尚性特质来说，发生的是由宫

---

① ［法］丹纳：《艺术哲学》，安徽文艺出版社 1998 年版，第 308 页。

廷向民间的扩散与传播。

应注意到，现代时尚服饰及其所蕴含的传统艺术与文化，往往是从民族生活、服饰历史与人类文化而来的。在实用基础上所进行的改造与重构，创造出了能体现传统文化的现代服饰与文化创意。还可以说，观念的创意与物化也是人类文明及其表达的构成。在民族生活方式里，时尚创意从来都不乏民族的特质、风格和审美趣味。在不同的历史时期，民族服饰都有着特定的风格与表现手法。在这里，服饰的民族性特质与民族生活方式的复杂关联，往往表现为地域性、装饰性与多样性及其相互生成。或许能够说，正是在传统民族服饰的跨文化传播与影响下，唐装与旗袍的设计与制作才具有民族间的风格与特质。

在民族时尚服饰的传播与接受过程中，都市街巷所掀起的民族风往往难以避免。在古希腊社会与时代，服饰艺术与时尚表现了对人体自然美的推崇与尊重，这其实可以说相关于希腊人对自然的尊重与崇尚。在隋唐时期，最时兴的女子衣着是齐胸襦裙、高腰襦裙，即短上衣加长裙，裙腰以绸带高系几乎及腋下，这其实就是那个时期生活方式的重要特质。新的民族时尚创意与设计，又使得民族生活方式生成出新的文化意味。与此同时，那些被纷纷仿效的民族服装的时髦性特质，无不受到民族艺术与文化及其当代重构的影响。

在人类生活方式的历史中，民族服饰的用途和功能逐渐发生了诸多变化，尤其是审美的意义与价值、民族识别的符码象征等在日益增强。虽然说，服饰的实用性依然无疑是极其重要的，却被逐渐削弱至少没有被过分地强调，然而，当代的各种功能性服装并不受此限制。"在考虑早期文明的艺术和建筑时，我们无法将功能性考虑和象征性考虑分离开来。"[1]　而且，实用性与社会、文化的象征性，有时难免还会发生密切的交织，难以作出非此即彼的简单区分。作为一种生活记忆的符码，历史上的各类服饰被保留下来，既可当成特殊场合的着装而出现，还会作为艺术品来收藏与审美欣赏。

其实，民族生活方式特质的历史性建构，本身就是与服饰和时尚史

---

① ［加拿大］布鲁斯·G. 崔格尔：《理解早期文明：比较研究》，北京大学出版社 2014 年版，第 383 页。

相关联的，尽管说，许多服饰在当时并未引起足够的重视。难以否认的是，民族服饰慢慢地退出了各地的当下生活，但衣生活的民族性关涉却是不可避免的。还可以说，民族的生活方式与其相应的地域、环境分不开。在民族衣生活史上，那些曾有的实用性在后来的设计里被遮蔽了，这种实用性甚至被当成一种象征符码而得到表征。不同的自然环境、生产方式和生活方式，造成了不同的民族性格和民族心理，同时也造成了不同的服饰风格和服饰特点。

在长期的衣生活方式里，民族的生存、环境与文化特质及其关联，早已沉淀在服饰史里并成为整体性的特质与标识。不同于北方民族，南方民族地区往往宜于植麻种棉，自织的麻布和土布是衣裙的主要用料。虽然所用工具多十分简陋，但织物精美，花纹奇丽。因天气湿热，南方的衣裙往往也就多短窄轻薄，式样繁多，各不雷同，风格生动活泼。除了从民族生活方式入手之外，还可以通过对新锐设计师的概念设计、流行市场的分析，以及对服装批发市场、街头时尚的分析来揭示时尚趋势。只有这样才能作出及时与有效的流行预测，从而有助于制定下季服饰与时装的风格和设计样式。

随着越来越多的消费者及其趣味的多元化，选用适合自己个性与品位的服饰就显得格外重要，但同时也实在难以让所有人对某种服饰与生活趣味感兴趣。因此，这就需要适合各种不同消费者的、颇有地域特征的时尚产品，这里还涉及气候特征、民族宗教与文化等诸多因素。但民族时尚还应将民族性作为流行趋势研究的问题，同时把民族生活方式作为时尚创意与设计的基础。在现代化尤其是全球化的进程中，民族的传统服饰已经发生了不可逆转的变化，这无疑是民族当代时尚创意所应关注与回应的问题。

自近代以来，欧洲的不少国家都一直处于时尚的前沿，并引领着国际时尚界的潮流与流行趋势。但对一致性的诉求及其同质化后果，难免导致民族性与地域性时尚被忽视。通过对欧洲时尚史的回顾可以发现，"时尚大餐、时装、珠宝、香槟——从 17 世纪 60 年代起，在奢侈品经济的各个领域里，法国一直占据着举足轻重的地位"①。还要考虑到，由于

---

① ［美］若昂·德让：《时尚的精髓》，生活·读书·新知三联书店 2012 年版，第 198 页。

服饰的不断更替与人们的喜新厌旧，以及服饰本身保存与收藏的极其困难性，再加上传统服饰持有者尚未意识到其重要性，服饰文物近年来流失与损毁的速度相当惊人。因此，民族生活方式的传承与研究，对于民族元素的揭示与时尚的建构来说是必不可少的。

三　作为生活与文化的民族衣生活

作为一种生活方式与文化，民族衣生活之于人类生活的意义与旨趣是不可忽视的。在这里，生活方式既是人类对生存的模式与态度的选择与建构，同时又体现着时代或群体共同的、潜在的审美趣味和人生理想。而且，人们通过对生活方式的不同选择和塑造，形成了特定的审美文化符号与传统文化积淀。在生活与文化史的语境里，民族衣生活不仅是一个民族生存于世的物质性依托，同时无疑也是民族的精神与文化的人类学表征，并成为民族生活与文化构成不可或缺的存在论基础。

在人类的生活世界与生活方式中，民族衣生活不仅是民族生存的一种文明化实现，同时也是精神与文化的建构及其向人的生存的灌注。除了极具个人特征的生存之外，各种人群或族群还涉及相互之间的交往与往来。毫无疑问，衣生活是人类彼此沟通与交流不可或缺的基础。通过不同民族或人群之间的交往，人与人之间的心理与文化发生了生成性关联，同时也让民族间的文化元素与衣生活趣味得以勾连。在一定的历史与文化语境里，人际关系揭示了个体与个体之间的交往需要，以及由此而实现的彼此认知与相互体验，从而形成了以一定行为模式表达出来的社会心理效应。

应当说，协调人际关系与保持人际和谐是一种基本需要，族群间的这种关联与沟通其实也是与衣生活分不开的。在不同民族的生活与交往过程中，各种衣生活的独特性既构成了民族间的边界，同时又亟待基于民族间性而实现对边界的消解，并为各民族在心理与文化上的互文提供了可能性。实际上，当社会阶层出现与形成后，人们原初的平等地位就开始有了变化，而服饰则成了人的社会身份最显著的划分标志。在古代社会生活里，"布衣"原指平民百姓最普通的廉价衣服，后来也以之称呼那些没有做官的读书人。

在生活史上，服饰这种关于身份的社会与文化符码，并不仅仅存在于不同民族的相互区分里，往往还被当成各个社会阶层特质的重要识别方式。在民族的生活方式之中，服饰与时尚文本关联到民族间性的问题，以及各民族间的艺术与审美的交流与对话。作为一种社会与文化符码，着装、时尚与人的身份指涉是衣生活建构的相关物。这里所说的民族服饰、着装与时尚消费，既是一种基于民族生活方式的现代消费行为，更是一种与民族性特质密切相关的大众消费文化。在人类衣生活方式之中，时尚消费体现了对流行风尚的追随和模仿，这其实也是对日常消费活动及其平常性的克服与反离。

在某种程度上，一定的生活方式既生成着相应的民族性格和心理，也建构着服饰风格与服饰文化的民族性特质，并将这些心理与文化融入民族特有的衣生活及其文化里。还要看到，就文化与民族的关系来说，"已经形成共识的观点是，文化并不与族性完全重合，界定族群不能主要依据文化上的差异"①。虽然说，民族生活方式往往相关于自然与环境，但它并不仅仅局限在自然性及其限制上。更为重要的是，不同民族的元素、艺术与文化总会以特有的方式，去揭示与回应民族的生活与万物、自然、文化的生成性关联。

尽管说，各个不同的民族可能属于同一文化传统，但与此同时，同一民族的成员也持守着不同的文化信念。在不同民族的交往过程中，显然还面临着彼此接纳的文化适应性问题。但文化尤其是民族文化，仍然是民族生存与生活不可或缺的语境。作为精神与生活观念的一种诉求，时尚不仅体现了人们的消费喜好与生活品位，也表征着人们的价值取向和审美心理。在衣生活与服饰消费之中，时尚诉求是人们渴望变化的心理的一种显露。在这里，时尚消费既是大众消费中容易过时的消费行为，同时也是关涉情感与自我张扬的消费方式。在服饰设计中还应把握住时尚流行趋势，以吸引消费者的眼光与赢得视觉消费的商机。

应当可以说，民族衣生活方式既是一种传统的生活与消费行为，同时也可能是一种与流行相关联的民族在世方式。正是在这种意义上说，衣生活将民族的生存与文化连接、勾连在一起，它甚至还成为民族艺术与文化建构的存在论方式。但要注意到，任何一个民族都会通过服饰与

① ［英］斯蒂夫·芬顿：《族性》，中央民族大学出版社2009年版，第109页。

着装，而关涉整个生活方式及其建构的问题。居住在不同自然与生态环境中的民族，其生活方式都难免会受到当地条件的特有限制与影响。与此同时，民族的在地性还形成了带有浓厚区域特质的生活方式。

在民族生活方式里，不同的与众多的民族服装及其独特创意，其实就是民族文化建构的一种表征方式，它同时还是民族时尚多样性特质的文化构成。这里所强调的是，这种被赋予了精神与文化特质的民族时尚，既展现了特定民族独特的生存方式与民族个性，又有别于其他民族的精神面貌与文化特质。"杰格德还认为，艺术在文化上并不具备普遍性，但艺术是从特定的文化中获得其特殊的含义。"① 应当看到，许多民族服饰不仅具有实用性的特点，比如说方便着装与便于劳作，而且往往还不乏较突出的观赏性特点，尤其是节日盛装及其对生活的美化。

显而易见，民族服饰可以作为传统设计品来收藏，如值得纪念的婚嫁礼服等，虽然说，服饰与时装比其他设计品更难以保存一些。实际上，那些原本只是在节日与仪式中穿着的民族服饰，在后来的民族元素与时尚重构里又可能被理解为日常衣物。民族衣生活既是传统的着装行为，同时又可以在当代加以艺术与审美重构。在人类社会与历史之中，各民族的衣生活呈现出了极大的差异性与多样性，这既是民族间审美与文化相互区分的基础，同时也构成了民族间可能的跨文化交流与对话。

即使在特定的民族衣生活问题上，设计仍然是既关涉共同的文化一致性特质，同时也不乏个别差异与不可替代的文化独特性。毫无疑问，民族的生活方式与文化发生着密切的关联，文化本身其实就是生活方式及其旨趣不可或缺的构成。但还应意识到，并不能仅仅通过着装来决定一个人的民族身份，虽然这种着装曾经与民族身份密切相关。"因此，选择的食物、穿戴的衣服和聆听的音乐通常不是定义民族性之公共文化的一部分。"② 但这并不能否定，民族衣生活仍然是民族文化的重要构成。在经过整理、解读与历史性重构之后，民族衣生活通过对话而与现代思想加以交织。

在不同民族的传统元素与文化之间，其实并没有如人们通常所诉求

---

① ［美］沃特伯格：《什么是艺术》，重庆大学出版社 2011 年版，第 311 页。
② ［英］戴维·米勒：《论民族性》，译林出版社 2010 年版，第 26 页。

的简单对应。在建构民族精神与文化的过程中，民族衣生活方式的意义与作用是不可或缺的。不论是民族的哲学、政治与道德观念，还是民族所创造的各种艺术样式，其实都是民族精神与文化的揭示与表达，这些都是民族衣生活的生成与建构的复杂语境。与民族相关的服饰艺术与审美风格，历史地积淀为民族的心理、精神与文化样式。在民族的诸多文化样式中，民族艺术与时尚关联到民族特有的审美观念与心理意识。

在这个全球化时代，民族的衣生活面临失去独特性而陷入同质化的危险。但这里亟待去做的，既不是简单地回归到民族传统的衣生活方式里，更不是以着装的一致化来替代民族服饰的多样性。在当代生活方式里，民族衣生活之于衣生活与文化的多样性是必不可少的。应意识到，"隐喻在话语中成了可以看见这种图式的地方。因为同一性与差异性并不结合在一起而是相互冲突的"①。但同时还要考虑到，民族服装显然相关于民族的生活习惯和审美意识，而民族性特质表现在造型、款式、色彩与材料等诸多方面。在民族衣生活的重构之中，沟通、理解与文化对话是创意设计不可或缺的。

不同历史时期的材料与质感，无疑是服饰审美建构不可忽视的问题。例如，美洲印第安人穿的是树皮布，爱斯基摩人则穿兽皮，工业革命前的欧洲人往往穿着粗制毛呢。其实，民族服饰与时尚的质料、工艺与形制，就是民族衣生活风格与文化的独特表达。民族服装往往显得很夸张与表现得更强烈，较少地受到一般与通常的审美标准的限制。同时，民族时尚创意应关注抽象、鲜明与标识性等特质，但又不能对这些特质加以简单外推与极端强调，因为创意还涉及与这些特质不同性状的因素，以及它们之间的艺术、审美与文化张力及其建构。

与此同时，任何民族的艺术、衣生活与服饰文化，都不可能成为与整个文化简单对应的符码象征。在人类生活方式的历史性变化中，传统民族服饰当然会发生相应的改变与重构。随着各种技术在现代时尚里的借鉴，传统服饰的规定与时尚表现的变化难以避免。在 20 世纪，"70 年代日本的设计师们开始寻找传统服装和传统织物的更新方法，材料科学

---

① ［法］保罗·利科：《活的隐喻》，上海译文出版社 2004 年版，第 275 页。

为制作服装创造出新的纤维和新的化学工序"①。更为重要的是，各民族所具有的独特的民族精神与传统文化，无疑是民族衣生活方式的构成与历史性沉淀。这里还可以说，民族特质是民族精神与文化生成与建构的根本之所在。

而且，民族服饰力图在创意与观念的建构里，把民族元素及其精神相关性表现出来，而不只是将设计理解与阐释为视觉表象。在这里，精神与文化缺失的民族是迷失的与无家可归的，这种民族不可能在与其他民族的对话里来建构与成为自身。独具艺术与精神特质的民族生活与文化，显然也是民族在世存在的意义与旨趣之所在。衣生活既具有传统的历史感与文化特质，同时又是服饰文明得以生成与传承的基础。还要注意的是，民族服饰不仅是民族文化的外在表现与形象展示，它本身就与人的身体生成与建构着一种生成性关联。

不仅如此，民族服饰还与人的精神、心灵发生对话与交互影响。比如说，自"改土归流"之后，由于受到封建王朝的压制，以及中原文化的强大影响，土家族的男女服装均为满襟款式，改变了"男女服饰不分"的着装习俗，同时以土家族的家织花边修饰与美化，从而保持了本民族服装的浓厚特色，并与土家族的民族性格发生关切与呼应。在当代时尚创意与设计里，还涉及对民族元素与文化基于传承的重构。其实，从纺线、织布、刺绣到成衣等各个过程，不少传统的民族服装往往经由手工艺而得以实现。

而且，许多服饰手工与技艺大都是祖传的，这些没有伪造与模仿痕迹的原创性，所建构的无疑是民族自身的精神与文化特质。其实，不少民族服饰已经形成了自己的系列或谱系，其多款式、多层次与多体形的服饰特质，比较适合不同类型与体形的人们穿戴。但在所谓西方主流文化的流行趋势里，东方的服饰与时尚往往被看成是"异国情调"而成为他者。在民族精神特质与文化语境里，民族服饰又有其不同寻常的艺术与审美特点，有的甚至堪称独具风格的世界性民族艺术与文化样式。即使在民族意味并不显著的当今衣生活里，这种民族元素与文化的沉淀与历史性记忆，也通过当代民族性时尚的创意而渗透在大众着装里。

---

① ［英］彼得·多默：《1945 年以来的设计》，四川人民出版社 1998 年版，第 236 页。

第二节　民族的衣生活、审美与文化

虽然说，人类生活世界不乏美的东西与事物，但生活方式本身毕竟还不是美本身。作为一种重要的生活方式，民族衣生活与审美、文化发生着密切的市场性关联，进而建构与生成为一种重要的审美方式与服饰文化。实际上，只有当欣赏者和服饰发生审美的关联与建构时，才能够得以揭示、生成与彰显出衣生活自身美的特质。应当看到，生活与审美的密切关联往往包括两个层面：一是艺术和审美进入人们的日常生活，甚至被日常生活化；二是日常生活中的一切产品与日常用品，以及人们所生活的环境被审美化。在生活与审美的生成性关联中，艺术不再局限在与大众生活相隔离的高雅场馆，而是拓展与渗透到日常生活空间与领域，如城市广场、购物中心与社交场所等。但无论是衣生活的审美化，还是审美的衣生活化，无疑都是在社会、历史与文化语境里得以实现的。

一　民族的在世生存与衣生活方式

为了克服主体论与形而上学，海德格尔以此在取代了人这一主体，这里的此在其实就是人的根本性规定。对于各个民族或族群而言，生存不仅涉及民族与种族的存在与繁衍，还关联到日常生活的发生与文明、文化的建构。莫斯认为，"另外，某个社会的好战特质可能导致用于保护躯干的衣物的发展：棉布、编制物，以及最重要的，皮革、动物甲壳——做成的胸甲"①。还要注意到，不少曾经存在的民族因为自身的脆弱与致命问题，从而导致了这些文明与文化在民族生存中式微甚至消失。

其实，文明的形式与建构相关于民族生存的精神特质，而民族生活方式则可以理解为文明存在的特殊样式。应当说，民族生存的需要与审美诉求为衣生活提供了可能性，不仅如此民族生活方式还将这种生存拓展到文明与文化里。根据海德格尔，民族与人类的此在就是在世界之中存在。从人类的生存与生活史，可以发现与阐发衣装的历史性变化及其

① ［法］纳丹·施郎格编选：《论技术、技艺与文明》，世界图书出版公司 2010 年版，第140 页。

意味的生成。譬如说，在那些有棕榈树的国家的历史上，人们的身体往往是被防水衣物来遮蔽与保护的，但其他社会行为的需要也推动着族群服饰的开发与设计。而且，民族文化与民族衣生活方式的密切相关与相互交织，其实也表征在各种各样的社会活动与行为方式之中。

当然，世界上还同时存在着多种类型的族群共同体，譬如说，民族、氏族、部族、部落集团等，这些应当说都是人类的族群共同体的划分样式。考虑到，学术界对民族的规定与含义尚无统一的理解与阐释，这难免会影响人们对艺术、服饰与民族文化关系的看法。时尚创意总是与一定民族的生存相关联的，并成为民族对生活情趣的一种发现与揭示。还应意识到，民族生存并不只是原初与自然、环境发生关联的问题。在人类生存过程中，一个民族还涉及与其他民族生活相关的问题，以及由此关涉的社会、文明与文化的建构。

在这里，社会、文明与文化及其相互生成，成为民族衣生活意义发现的相关语境。因此，应把时装等时尚艺术与衣生活的创意、构思与设计，拓展到众多民族的整个生活方式与文化中加以考察。"大概从1830年开始，希腊人非常乐于穿着民族服饰，在雅典和伯罗奔尼撒半岛的街道上随处可见穿着民族服饰的人们。"① 还应充分揭示与借鉴各种传统文化的内在特质，从而使得当代创意与设计更有历史感与文化底蕴。而且，不同学科都为民族生活关联性的揭示提供了独特视角，交叉学科往往借鉴学科间的对话来透视衣生活。

而且，在诸多交叉学科之间，其实还会发生不可避免的视界融合。作为一种特殊的存在，人的生存方式无疑相关于生命的存在方式。还可以说，人类的生存方式是存在本身的一种在世样式，它还使人与各种生物、存在者区分开来。文明时代的到来就是人类与自身的自然性的一种分离，但又难免给生态与自然带来威胁与灾难。在当今时尚与服饰产业界，对动物毛皮的使用已给生物多样性造成了极大甚至毁灭性的破坏。伴随着人类社会历史性建构，人的衣着与装饰显然也由粗鄙到高雅，以及由遮体护身到适应社会与文化表达。

应当说，民族服装是在特定的社会与民族生活方式里形成的，它与

---

① 吴妍妍编著：《欧洲民族服饰概论》，中国纺织出版社2016年版，第47页。

民族的生活习惯、审美意识及其建构相关联。在衣生活史上，那些颇具个人特质的风格化时尚着装，往往会广泛地传播在不同个人或族群之间。对此，"列维－斯特劳斯审慎地避免对其关于艺术个体化的论述作任何天真的解释：他提醒人们说，风格通常是在原始文化中个体化的"①。各民族先民们的衣生活遵循本民族的历史脉络而传承下来，并显示与表征出与该民族生存相关的生活旨趣与艺术风格。在服装的创意与设计上，虽然有的民族在质和形及其相互关联上，似乎与其他民族并没有什么实质性区别，但细品确不乏某些不可忽视的区分与差异之处。

而且，应当用一种历史的眼光看待民族衣生活，即使在当下的时装创意与设计过程中，仍然要充分考虑民族与文化特质的独特表达与时尚化重构。毫无疑问，只有在社会、历史与文化语境里，才能把服装这种"穿在身上的民族历史"加以阐明，并通过服饰生活史了解民族的生存、文化与审美趣味。一种基于民族特质的服饰文化的建构，无不相关于当时当地的生产与生活方式，以及民族精神图式的建构、揭示与阐释。服饰的历史性变化是与生活方式密不可分的，着装本身就是一种与身体密切相关的生活与行为方式。

但针对服饰这种存在者的一般描述，还不属于现象学意义上的，同时也无关现象学之根本，除非将服饰这种存在者与人的在世存在关联起来。这乃是因为，现象学把"现象"规定在存在及其结构与生成上。作为一种独特的存在者，此在在其存在中与存在本身相关切。但此在与存在的关系，既不是特殊与一般的关系，也不能把存在作为普遍本质，并以此去推演此在及其在世存在，否则就难免陷入理性形而上学的规限之中。在巴特那里，针对符号的能指与所指及其关联，尤其是所指及其意义如何实现升华，神话无疑得到了充分的肯定与强调。但在艺术跨文化传播里，神话意义的提升方式又会有所不同。

在人们的日常生活之中，此在之存在仍然是关切于存在本身的。而且，对此在的理解与阐释必须从其存在入手，但此在本身又往往被日常生活所遮蔽。在近代，实体的存在是一种无须其他存在者的存在。其实，

---

① ［法］若斯·吉莱姆·梅吉奥：《列维－斯特劳斯的美学观》，天津人民出版社 2003 年版，第 53 页。

"此在的'本质'在于它的生存"①。实际上，这也表明了此在是可能的
存在。在海德格尔看来，笛卡儿回避了实体的存在论问题。笛卡儿那里
的实体及其实体性，其实在存在论上是无法通达的。应当说，笛卡儿越
过了世界现象，把自然物性作为首先可通达的世内存在者。

在这里，对生存与在世的揭示是通达存在的可能路径。但无论是理
性，还是感性与经验，其实都不可能关切此在及其存在，也难以敞开与
彰显生存与衣生活本身。对于民族衣生活及其建构来说，民族此在的开
放性与历史性是不可或缺的，它旨在避免民族性此在陷入主体论与理性
形而上学。还要注意到，民族服饰的历史性生成与当代建构，其实相关
于对传统服饰艺术与文化加以选择与重构。但究竟如何对民族与传统服
饰加以审美与文化重构，仍然离不开人们对民族在世存在与衣生活的理
解与阐释。虽然说，各民族的衣生活方式所关联的精神图式与文化并不
一致，却可以在民族间加以历史性沟通与语境性对话。

从三皇五帝到明代，汉民族创造了汉服形制与独特的服饰体系，进
而建构出具有汉民族精神特质的汉服文化。从汉服的博大精深、体系完
备与底蕴深厚，其实也可以看到汉民族的内在精神图式与文化。而且，
民族服饰与衣生活的生成仍然没有停止与终结，它还会在当代艺术与文
化的语境里获得自身的重构。在民族的生存与生活方式里，服饰尤其是
时装总是在发生不断的建构与历史性变化，而当下时尚又将沉淀在民族
衣生活及其文化里。世界各国的民族服装都无不具有自身的民族特色，
并在与民族生存的独特关联里建构出意义。

应当说，民族服饰都是与各民族的特定生活方式相关的。不同民族
或国家颇具独特性的服装样式，都对后世的时装创意与设计产生了深刻
的艺术与文化影响。在民族文化的保护与传承上，服饰具有记载历史、
标识身份与沿袭礼俗等社会和文化功能。民族服饰不仅是民族历史与文
化的生成物，也是对人类的生存与生活的审美与文化重构。在这里，艺
术与文化的认同相关于情感的交流与沟通，借鉴与应用民族服饰元素与
独特艺术表达方式，显然有助于服饰艺术与文化的构建及其对日常生活
的美化。

---

① ［德］马丁·海德格尔：《存在与时间》，生活·读书·新知三联书店1999年版，第49页。

　　也就是说，服饰是民族艺术与文化及其在生活方式里的建构，而独特的服饰形制也是一个民族区别于其他民族的标志。但不同民族时尚的精神特质、艺术表现，以及时尚与民族内在精神图式的关联，在不同的民族衣生活里有着不可忽视的差异。还要注意到，表征在日常衣装上的民族关联性，就不如在仪式着装里那样具有象征性。以民族的衣生活为底蕴与语境，民族服饰通过创意来表达精神与文化的象征意义。其实，所有民族独具特质的民族精神与文化，通过各种形式在民族生活方式里得以表征。同时还应当看到，民族间的差异性也是在民族的生存与生活方式里建构自身的。

　　更为重要的是，民族的休养生息既基于民族的生存与生活方式，同时也与民族的精神图式与文化特质分不开。但不能仅仅把民族服饰理解为民族文化的外在表现，或者说一种关于民族内在精神的视觉表象与形象展示。因此，"我们也了解到人们如何为了获得审美快感来使用文化，建构意义，建构他们的身份、他们的情绪和他们的身体"[1]。这里旨在表明的是，一切被赋予精神与文化特质的民族服饰，彰显的往往都是民族独特的个性与旨趣。虽然说，着装及其视觉印象与人的内在气质密切相关，但这种相关在现代以来却呈现出多元的可能性。在范思哲那里，面料上所设计的图案相关于意大利巴洛克与未来主义风格。

　　当然，民族服饰涉及生存活动里的实用诉求，以及与生活方式相关的审美与文化特质。在民族的生存方式里，服饰的独特性构成了衣生活内在的文化特质。壮族妇女大都擅长纺织与刺绣，所织的壮布、壮锦以图案精美与色彩艳丽而著称，此外还有风格与情趣别致的蜡染往往也为人们所称道。虽然说，各民族的蜡染具有大致相似的工艺与程序，但它们往往又呈现出自己的特色与风格。譬如说，就蓝白蜡染图案来说，苗族的显得古朴、清新，而非洲的则粗犷、生动。

　　但是，那些较为封闭地区的民族服饰艺术，由于较少受到外来文化的影响，往往保留着浓厚的地域和民族特色。但又不能把民族衣生活与文化的勾连，仅仅解读为一些过于简化的象征符码。在全球化时代，国际时装领域日盛的民族风题材的时装设计，其实也是对具有民族特质的

---

① 〔英〕维多利亚·D. 亚历山大：《艺术社会学》，江苏美术出版社 2009 年版，第 375 页。

元素与服饰的借鉴与重构。当然，设计师们对民族服饰的借鉴与当代重构，不仅从造型、色彩、图案及工艺等方面入手与展开，还涉及对传统服饰元素的重构与时尚化转换。随着全球化趋势的加剧，民族服装及其时尚化重构越来越受到现代人的青睐，这表明历史与文化感在当代的自觉意识的觉醒与回归。

过去人们在特定节日如庆典、婚嫁时才会穿着民族服装，但这些民族服装在时尚化后往往被人们穿戴在日常生活领域。其实，各种仪式或礼仪都有关于相应服饰与着装的独特规定。"在仪式庆典过程中，我们常常发现艺术：漂亮的或引人注目的物品的使用、特殊装扮的服饰的穿戴、音乐、视觉炫耀、诗性语言、舞蹈、表演。"① 甚至可以说，仪式服装本身就是为仪式活动而专门设计的。当然，人们现在并不是一味地把整套民族服装都穿戴在身，而是充分强调民族服装与现代服装样式的结合与相互借鉴。

尤其是，设计往往将各种民族元素、图案与文化特质，重构后表现在当代服装与时装的设计上。应当可以说，时尚其实就是一种当下的衣生活方式，而当代生活品质与时尚从来都是密不可分的，但人们对生活品质与时尚相互关联的理解也在不同的个体间形成了差异。与此同时，时尚创意也是人们不断满足生活崭新诉求的一种行为，并通过这种当下新感受的生成与建构来获得生活的新意与趣味。在这里，应注重民族服饰的民族性特质与韵味的生成，并在此基础上关注与重建人类衣生活的当代意义。

二　衣生活与民族审美心理

作为人类的一种生存与行为方式，民族衣生活与民族审美心理是密切相关的，因为无论是着装，还是观赏与审美，无疑都离不开民族在心理与文化上的建构。与此同时，民族服饰心理涉及认知、性格、价值观、自我意识与身份认同等。与之相关的是，服装的流行与人们着装的心理感受，又将对着装行为与衣生活方式产生深刻的影响。而且，服装与着装还有助于人们的心理治疗。在过去的传统社会，从人的衣食住行到穿

---

① ［美］埃伦·迪萨纳亚克：《审美的人》，商务印书馆2004年版，第82页。

靴戴帽，应该享用什么样的生活用品，都必须受到人们身份品级的严格限定，而不同族群或阶层的人们在审美心理与文化方面也有所差异。

而且，人们社会生活状况与阶层的变化无疑会在服饰上得到表现。在古代的生活方式里，礼制通过限定服饰的等级分配而制约社会风尚。与此同时，这种礼制主要通过礼服和官服得到体现，具体来说，礼服主要是用于上朝和祭祀时的着装，官服是上至大臣下至官府皂隶仆役等人的服装。汉代的朝服是冠服，头戴冠身穿深衣下穿履，而等级的区别在于冠的不同形制上。而且，冠服制度自汉代建构以来一直沿用到明末。在明清时期，作为一种饰有品级标识的官服，补服在心理与文化上建构了严格的等级意识。

在古代社会，各级官员的官服在形制、色泽、质料及图案上，其实都有严格的区别并用法律手段加以规限与实施。实际上，中国历代王朝都对冠服加以礼法的约束，因此，服饰与着装的等级差别得到了认可与强调。除非异族入侵用屠刀逼令人们改衣胡服，否则即使改朝换代服饰也只是稍有异同而已。在这里，着装的审美所关联的心理、社会与文化效应是不可忽视的。对民族或族群的着装来说，审美心理既有那些较一致的模式与文化沉淀，同时又会随着历史与生活而发生相应的变化。民族服饰的造型、图案、色彩、材质等能指符码，揭示与阐发的往往是民族的审美心理与文化习俗等所指。

与此同时，服饰审美心理的接受与文化认同，还发生在不同民族的日常衣生活方式里。如自隋唐开始盛行的圆领衫，延续到了五代、宋、元、明等时期，并影响了日本、朝鲜等国的服饰。"在日常生活中所见的各种形式的模仿中，行为的模仿占据特殊的地位。"① 在衣生活中，彼此模仿的行为其实相关于一种从众心理。应当说，民族服饰的心理暗示与文化意味，均可通过一定的造型与图案设计呈现出来。其实，民族传统服饰是不乏地方性特质的民间艺术，同时它也因此具有浓郁的民族与民间的风情与心理特质。

还应看到，民族服饰所隐喻的审美习惯与文化意蕴，彰显出其装饰美特有的朴素与纯真风格。在日常生活方式里，人们穿着的服装主

---

① ［匈］阿格妮丝·赫勒：《日常生活》，黑龙江大学出版社 2010 年版，第 165 页。

要有中式服装和西式服装，它们都有其彼此不同的地方性特质。作为平面型的服装，中式服装崇尚装饰而富有传统的民族特质。不同于中式服装，西式服装这种立体型服装讲究穿着效应，尤其是善于显示优美的人体体态，还有着浓郁的时代与西方文化特质。但服装显然又不局限于这两种典型的服饰形制，更多的当代服饰与时装涉及地方与传统的多元性。

而且，在各个不同时期，民族服装的形制与着装观念也是有所差异的。在不同的民族之间，服饰与着装的观念和心理差异也是不可忽视的。其实，中西服装及其形制的生成与建构各有其社会与文化语境，因为它们都难免受到各自的着装观念、生活方式、地域环境与文化传统的影响。19 世纪以来，西装之所以成为通行世界各国的商务与正式服装，显然是与西方着装的心理、文化与价值观分不开的。而且还要看到，民族审美心理往往通过行为与着装，进入人们的日常生活及其习惯的建构之中。这里的民族审美心理与文化建构，旨在阐发民族心理与文化对着装与衣生活的复杂关联与深刻影响。

在服饰的穿着上，各民族之间微妙的心理特质与文化差异，无疑也是设计、制作与消费所应关注的问题。不同的艺术样式与服饰形制，所表现出来的情趣与风格难免有所差异。具体来说，"民间艺术通常具有浓厚的乡村风情，注重实际，直截了当，稚拙而世俗"①。值得重视的是，关于服饰设计与着装的审美经验相关于直觉的心理活动。当然，人们的着装方式也会因受到性格与情趣的影响而发生变化。在艺术与时尚审美过程中，人们把自己的感情转移或外射到文本上去。在审美者与着装者之间，一定的心理距离无疑有助于美感的生成与体验。

在心理距离的建构与维系上，不要过多地关注与文本的感性存在无关的东西，尤其是要把功利与实用性诉求悬置与遮蔽起来，以回归到艺术与审美的存在与发生本身。如果说，主客体之间适当的心理距离一旦被取消，那么审美经验就会因为距离太近或过远而式微。与此同时，文本的认知性质与经济价值等也是亟待悬置的，也不能以一种实用与世俗

---

① ［美］F. 大卫·马丁、李·A. 雅各布斯：《艺术导论》，上海社会科学院出版社 2011 年版，第 400 页。

的态度来对待审美。也就是说，当审美者把情趣与趣味外射到艺术（服饰）文本，同时又把文本的感性及其生成吸收到自身时，就会出现审美的物我两忘与同一的情形与境界，可以说这种纳入与融合是与距离的分开相反的过程。

但正因为有了这种适当的审美距离，同时又悬置了实用与功利性关涉，这种我与物的关切与同一才是可能的。作为一种行为方式，着装与着装者的心理活动和文化密不可分，而且，不同族群与文化的人们的审美心理又有所差异。"其次，每个人对服装的兴趣也将受亚文化群即所属民族、宗教、种族和地理等背景的影响。"① 实际上，人类的衣生活方式与审美心理活动从来都是相互关联与彼此生成的。在原始民族生活方式中，从出生到死亡的仪式无不是与歌舞密切相关的，而这种歌舞借助特定的表演服饰来表达民族心理与精神。

应当说，春秋时代学术与思想的繁荣，是与特定的审美心理和文化相关的。孔子提倡乐教，在其私学中，弦歌之声不绝。在不少民族的艺术之中，仪式或表演的服装都是不可或缺的，这些服饰也因为远离日常生活而显现出独到的韵致。但自从理学兴起以后，在"存天理灭人欲"的观念与思想的规定与影响之下，人们的爱美之心与天性受到了极大的压制与禁锢。因此，崇尚简朴与沿袭传统成为宋代服饰的心理、审美与文化特征。宋明时期，人们的审美心理所呈现出的宁静、秀逸与严谨的特质，其实就是与理学思潮的盛行与影响分不开的。

在现代技术与功利主义的规定与影响下，由于轻视感性教育与审美文化的熏陶，人们难免成为缺乏艺术素养与美感的单向度人。弗洛伊德认为，美感产生于性欲的替代性满足，艺术活动是人类性欲的一种升华行为。在罗卡莫拉看来，"布尔迪厄旨在表明，审美判断一定是社会的与历史的设立"②。但在现实社会与日常生活里，人的美感与情愫却被理性形而上学所宰制。因此，服饰与衣生活既涉及人的性心理及其对身体的指涉，但同时又在对性欲的升华里来建构美感与审美经验。

---

① 刘国联主编：《服装心理学》，东华大学出版社 2007 年版，第 145 页。

② Agnes Rocamora and Anneke Smelik（eds.），*Thinking through Fashion*，London，2016，p. 241.

　　然而，由于涉及个人深层的无意识心理，人们往往没有意识到美感与性欲的关系。不同于弗洛伊德，荣格提出审美经验与艺术创造取决于人类的集体无意识。在荣格看来，美感来源于艺术幻想，而幻想来源于集体无意识中的神话原型和意象。在民族的服饰设计与审美过程中，往往也会唤醒与触发民族集体无意识及其原始经验。对特定的民族或族群来说，不同时期的服饰映射了人们审美心理的历史性变化。在长期的民族审美活动中，民族自己的审美心理得以生成与建构。因此可以说，民族服饰图案的造型设计与表现，其实都与民族心理、文化习俗密切相关。

　　在艺术与审美鉴赏之中，虽然并没有什么绝对的标准可供凭借，但是，"我认为，通过训练我们的经验、理解、判断和决策能力，好的艺术可使我们得到愉悦，它的作用是要解除我们的肉体和社会环境对意识的限制，这就是好艺术存在的理由"①。通过对图案造型与民族精神关联性的揭示，有助于理解民俗文化的深层底蕴和生命情感。应当说，民族的审美心理结构是民族审美历史积淀的建构之物。在民族的日常生活中，包括服饰在内的艺术与审美具有重要的意义与价值。

　　在民族的生存与衣生活之中，创意与设计都是独具特殊禀赋的文化样式，同时又关联到民族审美心理的历史性建构。传统的文化心态往往崇尚吉祥、喜庆、圆满、幸福与稳定，这些民族心理与情感诉求都在民族服饰与衣生活里得到了生动与有趣的表现。在魏晋南北朝时期，服饰艺术与审美呈现出了"仙风道骨"般的飘逸与脱俗。而到了隋唐五代时期，服饰却表达出绚丽多彩与雍容华贵的审美印象。任何民族审美心理的生成与建构，无疑都要经历由幼稚到成熟、由朴野到文明的历程。在审美经验生成的过程中，心理机制的自组织能力需要通过外界刺激物，直接或间接的作用才能顺利地加以实现。

　　与一般心理活动相比，民族审美心理往往具有独特的旨趣与趣味。但无论是民族的一般审美活动，还是民族审美的人类学存在，它们都与民族自我意识的介入与重构分不开。对于审美心理来说，特定民族还在与其他民族的区分中成为自身。因此，民族衣生活的建构相关于民族心理与文化的建构。由于不同民族在宗教信仰，以及审美心理与文化旨趣

---

① ［英］H. A. 梅内尔：《审美价值的本性》，商务印书馆 2001 年版，第 29 页。

上，存在着各种不可替代的差异与独特性，这就使各民族服饰带上了不可忽视的民族特质。此外还要注意的是，各民族的精神与文化特质本身就与其独特的民族心理分不开。

在这里，艺术与审美的民族性表征在，以民族独特的艺术形式、表现手法来揭示与建构日常生活世界，同时又使这种所建构起来的审美生活世界带有民族艺术的独特风格。而且，民俗传统既是一种蕴含着独特艺术美感与风格的建构物，同时又将民族特定的审美心理建构与沉淀在历史性特质里。其实，"所有文化都将用服装（如果不是时装的话）来区别男女，大多数以之在世俗与宗教阶层间标注差异，有些把它作为不同家庭成员的标记"①。经过历史性建构与沉淀的审美心理与传统文化，为各民族在生活世界里的对话与互文提供生成论基础。任何关切服饰的审美心理与文化都涉及衣生活及其民族性问题，而民族性特质在不同的服饰样式与风格上又有其独特与不可替代的表征。

三 传统、文化与衣生活的民族性

在民族衣生活与服饰文化中，民族性可以说是一种内在的精神与文化特质，同时也是基于生活世界的文化传统不可或缺的人类学基础。这里的传统往往指，那些从历史沿袭下来的与世代相传的思想、文化、道德、风俗、艺术、制度与行为方式的总和及其稳定性构成。但这种世代沿袭的精神与文化传统却是生成性的，也就是说，一切传统所表达的其实并不是固定不变的观念和思想。还应注意到，前一个时代所认为是成熟与确凿无疑的观念与想法，难免会在后一个时代成为被反思与重建的文本与话题。

就服饰创意与设计来说，新的时尚可看成是时尚传统在当代的一种重构。还可以说，传统、文化与衣生活的民族性及其关联，是民族时尚创意与设计不可忽视的审美与文化问题。在服饰的传承与重构之中，民族精神与传统文化渗透到了人类活动与生活世界的各领域，甚至已经贯穿与沉浸在人类经验及其历史性建构之中。在服饰审美与文化上，"为了

---

① Malcolm Barnard, *Fashion as Communication*, Routledge, 1996, p. 62.

表示尊重传统，'衣裳'形制，被作为最高级别的礼服形式"①。从实质上看，民族艺术与文化的根本之所在就是民族精神。与此同时，在所有艺术与服饰的传统及其当代建构里，其实都必定关联到各种民族精神图式与文化特质。

在上古时期，"上衣下裳"是中国最早的衣裳制度的基本样式。出于尊古的考虑，古代帝王百官的祭祀之服（如冕服等），所采用的其实就是这种着装与服饰形制。在"上衣下裳"的服装形制里，上衣象征着天，天（未明时）是玄（黑）色，下裳则象征地，地是黄色。可以说，不同民族的服装形制与着装方式，体现了衣生活与传统文化的历史性特质。任何民族的时尚创意与设计的表现，其实都是与民族的传统文化分不开的，而且它们之间还存在着许多复杂与深刻的内在关联。

因此，衣生活的民族性在传统文化语境里得以建构，它同时又成为这种传统文化的精神与文化特质。如何对民族创意进行审美的表现，却是衣生活建构里的艺术与文化问题。应当说，民族创意及其审美表现的发生，既涉及民族的传统与民族文化的精神特质，还关涉生活场所、文化习俗等各因素及其关联问题。还应关注到，传统与文化几乎渗透到了人类活动所有领域，它们甚至还成为人们日常衣生活的精神性构成与不断重构的基础。传统使人们获得了有别于他人的精神特质，还构成了人们的历史感与独特的文化记忆，而自我的社会与文化认同离不开个人与族群之间的关系。

实际上，这里的记忆不只是神经学或者脑生理学的问题，它其实还是与历史、文化等范畴紧密相关的概念。自我的社会与文化建构，从来都是与他者密切相关的。这乃是因为，"他者性并不是从外面被添加到自身性之上的，就好像是为了预防它的唯我论的变种，但是，它属于自身性的意义内涵和本体论构成……"② 在这里，自我与他者的生成性关联得到了强调。当然，传统与文化往往是通过习俗等诸多方式来表征的，这里的习俗是指人们在社会生活中逐渐形成的，以及从历史沿袭而巩固下来的一种行为惯例。

---

① 冯盈之编著：《汉字与服饰文化》，东华大学出版社 2008 年版，第 17 页。
② ［法］保罗·利科：《作为一个他者的自身》，商务印书馆 2013 年版，第 461 页。

　　而且，民族衣生活的文化特质是与民族性相关联的，并被建构为基于民族生存的精神诉求。应当看到，习俗往往是具有稳定性的社会风俗和行为习惯，并与民族情绪、社会心理与传统文化发生密切关联，从而成为人们自觉或不自觉的生活与交往范式。在民族衣生活方式里，习惯与传统一般都是历史遗留下来的，它们往往具有民族性与社会性的特点。生活在不同地区的各个民族或族群，曾经都具有其不同的传统、习俗与着装方式，但这些差异又难免在交往与共同生活里式微甚至消弭。毫无疑问，当代的时尚创意与设计仍然是在与传统加以对话的基础上来建构与实现的。

　　虽然说，文化无疑是人的各种创造与活动的生成与沉淀之物，但人们却不能随意地去改变那些业已形成与建构的文化。作为一种积淀的文化尽管也是不断生成与变化的，但它并不能简单地被人们的认知与意志所改变。还可以说，传统文化是由民族精神贯注其中而沉淀下来的文化，它是民族历史上各种观念、思想与文化的建构物。值得注意的是，各种不同的民族服饰与服饰文化，是一种基于身体社会性存在的艺术与文化，并使这种社会性建构与沉淀在文化里。

　　在历史上，文化的物质、制度与精神等层面，也是与传统文化及其建构相关联的，但这些不同的层面又在传统里融为一体。民族服饰、生活习俗与信仰旨趣等，就是文化遗产及其多样性的表征维度。例如，台湾客家女性许多都保留了原乡的传统服饰风格。"换而言之，客家妇女的'裤衫制度'，不但继承了大陆中原文化传统的精神，也显示了客家民系所固有的生命哲学的态度。"[1] 这里的传统文化及其构成，无疑是各民族长期积淀下来的、具有历史性特质的文化谱系。还可以说，传统文化尤其是指那些具有民族精神与人类学特质的文化。正是在传统文化的语境里，民族的内在精神才能得以生成、建构与传承。

　　在古代与传统社会里，衣生活方式是与民族的传统文化分不开的，它既是传统文化在生活领域的一种表征，同时又处于自身的变化与时尚感的不断生成之中。其实，民族时尚创意无不是对传统精神与文化的一种当下回应。甚至还可以说，传统文化为当代民族时尚的创意与重构奠

----

[1]　叶立诚：《服饰美学》，中国纺织出版社 2001 年版，第 289 页。

基。除了儒家文化之外，传统文化还包含道家文化、佛禅文化，以及诸多地方与民族的文化等。而且许多所谓的非主流艺术表现与流行文化，也日益成为传统文化应加以回应的文化样式。

在西方艺术史上，古典主义指对包含古希腊与古罗马在内的古典时代文化的认同。在这里，古典主义将古典时代的品位作为标准，并模仿与传承其精神图式与艺术风格。在创作理论上，古典主义强调模仿古代的传统与风格，按照规定的创作原则（如戏剧的"三一律"等）进行创作。而且，现实主义、抽象主义与新古典主义等都属于古典主义。在服饰与衣生活方式里，古典主义风格注重优美气质的塑造，在款式、色彩、图案、剪裁与搭配等，都极力表现与传递一种严谨与规整的效果。在现代时装设计之中，古典主义仍然在不断得到传承、回应与重构，其实，民族时尚创意也离不开对古典主义的回应甚至消解。

当然，各个民族对待自己传统文化的态度也有所不同，但尊重与爱护却是一个有教养的民族应有的文化态度。在民族服饰设计与时尚表现中，民族传统文化的独特性是在与其他民族的文化特质的区分里来成为自身的。就"竹林七贤"这个画家群体的创作来说，"作为一种题材，也是当时社会风尚的缩影，即强调自身修养和隐居遁世，与报国、齐家这些正统儒家规范相左"①。毫无疑问，中国传统文化通过历史性的积淀与建构，形成了独有的礼仪、典章制度、风俗习惯与民族心理，也因此规定与影响了民族衣生活的精神与文化特质。

但在当代，传统文化与衣生活的民族性特质，却遇到了严峻的挑战与极大的危机。在民族性与世界性之间，民族间性既是一种区分，更是一种交融与互文。传统文化与世界文化其实从来都不是无关的，而是处于长期的相互吸纳和融会贯通之中。在唐代，本土文化之所以对外来文化具有融惯性与吸纳力，其实是与当时文化的开放与包容分不开的。如仅就宗教文化而言，从印度传入的佛教实现了中国化的创造性转换。实际上，文化交往使佛教文化成为中国文化一个不可分割的构成。在有唐一代，日趋开放与兼容并蓄的社会与文化风气，无疑为服饰设计与衣生活作了跨文化的奠基。

---

① ［美］杜朴、文以诚：《中国艺术与文化》，北京联合出版公司 2014 年版，第 156 页。

　　与此同时，唐代文化也给五胡十六国以来进居塞内的各个民族，提供了一个非常开放的交流与融合的社会与文化语境，当然在此过程中，本土设计师亦从外族文明汲取了诸多的创意与文化灵感。在不同社会与时代的服饰设计中，民族间的生成性关联及其向世界性的通达也有所差异。在传统文化语境里，顿悟与灵感的发生就是主客体在感悟中浑然一体，从而达到彼此交融与物我两忘的艺术与审美境界。比如说，对意象与意境及其生成性特质的主张与充分强调，显然是中国艺术与服饰内在精神与文化诉求之所在。

　　而且，各民族都表现了不同的民族性格、心理与文化，以及对衣生活与自我建构关联性的独特理解与阐释。在衣着与装饰方面，不同的原始民族的侧重其实也是有所差异的，从而建构出了彼此区分与相互有别的民族性。例如，"其他一切狩猎民族都是不顾衣饰专门追求装饰，埃斯基摩人却当置备一种抵御北极严寒保护身体的衣著为其第一要着。"① 族群的生存成为不可替代的衣生活首要需求，但不同地域的族群对服饰的认识与理解却并不相同。甚至还可以说，少数民族的各种服饰创意与着装设计，虽然都是适应其自然环境和生存状态的权宜之计，但精神与文化的内在诉求也是不可忽视的艺术与文化问题。

　　在民族的生存得以持续与保障的前提下，心理与文化的建构及其传统依然是衣生活不可或缺的语境。北方蒙古族的服饰之所以便于马上驰骋，其实也是因为生存的根本性需要。但对南方的哈尼族叶车人来说，服饰与衣生活又是另外一种样式。因此，地域性也是民族衣生活方式特征的必要构成。应当注意到，各种宗教对艺术、服饰与文化的影响，在不同社会与历史时期又是有区别的。任何对艺术、服饰与文化的理解与阐释，其实都难以摆脱不同学科及其视角的独特建构。

　　值得注意的是，不同民族的服饰、穿着与衣生活方式，其实都从特定的观察侧面和文化视角，揭示了独特的民族性格、审美趣味与心理倾向。在不同的民族之间，文化适应性还涉及独特的民族心理与习惯。从服饰与着装去看，有的民族强悍，有的民族柔弱；有的民族粗犷，有的民族细腻；有的民族平和，有的民族暴躁，以及有的民族含蓄，有的民

---

① 〔德〕格罗塞：《艺术的起源》，商务印书馆 1984 年版，第 74 页。

族洒脱。一般来说，各民族的不同性格、心理与气质，难免会在服饰与衣生活上得到显露，但内外的关联与严格对应从来都不是绝对的。与此同时，那些具有不同民族精神与文化特质的服饰，反过来又会对着装者加以传统的熏陶与符码建构。

而且，各民族成员的自我建构和认同与心理、文化诉求，在一定程度上相关于服饰与自我形象关联性的建构，但是，在如何建构形象的问题上却不乏民族差异。例如，傣族与朝鲜族虽然相隔遥远，但都爱戴鲜花，而纳西族人却不喜欢以鲜花来装扮。还应考虑到，"人类学研究中区分自我和他者需要一个转译性过程，它必定跨越文化之间的边界"①。在服装和饰物的选择上，人的形象与自我建构彰显出与着装相关的精神与文化关涉。但任何民族通过艺术与服饰而实现的自我建构，其实都不可能摆脱所谓他者（如其他民族）来建构。

毫无疑问，每一个民族都有自我，同时民族间又互为他者，他者生成与建构在自我的开放性里，他者又通过这种开放性促成自我的建构。在作为一种文化表达的同时，服装自身又是对生活的揭示、理解与传达。尤其是，那些充满个性与特质的民族服装，将在传统与现代、过去与未来的交织与对话里，表现出与当下民族艺术和文化相呼应的时尚感。在传统甚至现代社会及其建构之中，服装关联到人们在性别、阶层与民族身份等方面的区分。在当今这个社会与文化语境里，人们希望与渴求以外在的个性化衣装来表现自己，但这种独特着装又会由于他人的模仿而失去其唯一性特质。

应当意识到，衣生活的民族性关涉各种社会与文化语境，但这往往还可以从基于民族精神的传统与历史来把握。针对当前民族服饰设计与文化现状，应从对西方文化的依附与盲目膜拜中，向民族的艺术、精神与文化及其特质转向与本真回归，但这绝不是简单套用某个传统服装样式与既有文化意味，也不是将独特的民族性仅仅把握为一种抽象的符码。无可置疑，文化的内在精神通常也可以通过具体形态来体现，但此时所涉及的某民族艺术与文化等具体形态，必须基于与内在于精神图式与文

---

① ［美］乔治·E. 马尔库斯、弗雷德·R. 迈尔斯：《文化交流：重塑艺术和人类学》，广西师范大学出版社 2010 年版，第 246 页。

化意义上的民族性。

　　与此同时，民族时尚与时代精神和文化特质，以及各种语境及其当代重构相关联，甚至可以说，民族性与时代感及其相互生成是民族时尚建构不可或缺的。还应看到，"有些国家试着要保护自己的文化，免予遭受其他国家过多的文化侵略，尤其是在经济上处于霸权地位的美国"①。但如果一味地封闭、画地为牢与自以为是，并不能真正传承与弘扬本民族的艺术、服饰与文化。还要意识到，仅仅依凭只是模仿与移用异质文化的拿来主义，还是远远不能建构民族自己的创意与设计的。因此，假如没有民族自身的精神与文化的当代重构，就根本不可能建构出有国际影响的时尚品牌。

　　更为重要的是，如果仅仅跟着世界性时尚趋势而随波逐流，难免会在多元化的国际流行趋势里迷失自我。不容乐观的是，不少设计师往往紧跟在西方人后面亦步亦趋，难以创造出自己的服饰话语风格与时尚品牌，更不能与世界性的时尚发生跨文化的对话。还应当看到，国际性的欧洲服饰同样不能完全与其民族性分开，它其实也是自民族艺术与文化国际化的生成物，又在后来被包括东方人在内的所有人当作国际性着装方式。正因为如此，各民族传统的艺术、精神与文化及其在当代的生成与重构，仍然是理解与阐释民族服饰与衣生活及其不可或缺的民族性特质的生成论基础与人类学语境。

第三节　基于民族生活的时尚创意

　　在实质上，民族时尚既涉及各种艺术表现与文化，同时又离不开民族的生活方式与跨文化交流。应当说，时尚创意不仅是与一个民族的生存状态相关的，而且还是基于这种民族生活与文化而得以生成与实现的。在民族时尚创意与设计中，无疑仍然有必要经由艺术与时装等艺术表现样式，将观念与思想拓展到民族的整个生活与文化中去。因此，在从事创意设计与研究时，必须充分考虑时尚与民族生活方式及其文化的关系。特别是，还有待于深入揭示与阐明，为什么只有民族的才是世界的，以

---

　　① ［美］理查德·谢弗：《社会学与生活》，世界图书出版公司2009年版，第55页。

及如何才能使民族时尚得到广泛的文化认同。在这里，民族时尚创意极力主张与强调的是，设计所关涉的审美心理、价值观念、传统文化与宗教习俗等问题，以及这些因素与民族的时尚样式及其风格、特点的相互关联与彼此生成。在民族的生活方式里，时尚的民族性与个性如何在当代得到审美表现与重构，无疑也是亟待加以深入揭示与研究的民族时尚创意问题。

一　作为创意本源的民族生活方式

作为一种艺术与设计样式，时尚既有其发生、表现与传达的特定方式，同时也与民族的生存和生活方式密切相关。因此，在民族时尚创意与设计过程中，就不得不涉及艺术与生活方式相互关联的问题。这是因为，"随着自然共同体的消失，个人为了能够使自己的特性延伸，总是（无论是有意识或无意识地）寻求依附于一个团体"①。在不同的历史时期与社会生活之中，艺术与生活的关系往往又表现出独特性。在古典时期，艺术与生活还没有严格的区别与差异。但即使在艺术与生活得以区分的现代，民族的生活方式之于艺术与服饰设计仍然是必不可少的。

而且，如何从民族生活挖掘与建构创意灵感，总是与各种学说与思想及其对话相关联的。作为一种人类存在方式，民族生活构成了创意来源的存在论基础，但这有待于对民族此在的主体论加以消解。作为一种相关于感性与情感的文化形式，艺术从一开始就与民族的实际生存甚至精神生活相关。但创意与设计其实并不是对功利性的简单否定，而是对功利性的一种更为广泛与深刻的呼应，以及将实用纳入审美与文化建构之中，这无疑也是对民族生活方式建构的一种回应。与之相关的是，由于诉诸感觉、形式与直观印象，艺术给人带来了视觉、审美与精神上的享受。

在这里，艺术的精神关涉表明，艺术凭借视觉与感官来生成与表现独特经验，但这种表现与传达又是与人类的精神图式分不开的。当然，民族生活之于艺术与时尚的意义与旨趣，并不是把生活简单地看成创意的直接表达，而是强调创意不得不回应人们的生活方式。作为创意的存

---

① ［匈］阿格妮丝·赫勒：《日常生活》，黑龙江大学出版社 2010 年版，第 38 页。

在论本源，民族日常生活既是生活世界的一种现实样式，同时又可能遮蔽与掩盖生活世界本身。考虑到，人类生活方式自身具有的历史性特质，创意因此也不是一蹴而就的非历史性思维。当原始与史前艺术进入当代视野后，时尚创意无疑又有了某种新的可能性。

甚至可以说，创意就是对各种日常生活的一种不断的回应，并从民族生活方式的历史与传统中获得灵感与启示。但这里的回应不是对生活的简单反映或表现，而是回到生活世界去重新挖掘与发现被遮蔽的创意来源。值得一提的是，"海德格尔最具创新也最为重要的见解之一是，人类生存的基础在于我们总是已经在世界之中找到自身"①。其实正是生活世界及其开放性特质，将观念与思想纳入其文本及其生成里。应当说，创意与设计从来都不是对日常生活的简单搬用，即使是后现代所说的挪用其实也是一种重构。但在艺术与时尚发生的过程中，功利性的悬置却是现象学不可或缺的准备过程。

基于民族生活方式及其重构，创意借助异域艺术的图文、实物与民族志，为原始民族艺术与审美的揭示、研究与重构，奠定了人类学与存在论意义上的文化基础。在格罗塞看来，艺术科学首要的迫切任务，就是对原始民族的艺术进行研究。在此之所以提倡研究原始民族的艺术、精神与文化，乃是因为它们是人类最本源与初级的文明样式。还要意识到，古典美学与哲学的成对概念及其二元分立，难免消解与解构在生活世界及其和解与重构之中，而二元之间的审美与文化张力却成为创意的发生之处。

而且，原始艺术难免充满着陌生与神秘，这与当时的生存、生活与文化密切相关。在本性上，原始艺术就是一个含义丰富与变动不居的开放性概念。这里又不得不承认，原始艺术显然并不是现代意义上的艺术，但它又将远古生活方式带入了现代视野。对英国设得兰岛的男人来说，虽然如今已放弃了生存型农耕与无暇休闲等传统生活方式，但仍然穿着具有先前佃户身份象征符码的传统服饰。这乃是因为，"他们要向社区表

---

① ［美］马克·拉索尔：《向着大地和天空，凡人和诸神：海德格尔导读》，中信出版集团2015年版，第7页。

明自己是毫无'架子'并忠实于岛民伙伴社会身份的人"①。在存在论的语境里，民族创意其实离不开与该民族相关的生活方式。作为一种符码，着装还成为民族参与融入传统生活的象征。

但要注意的是，民族生活方式对时尚创意的铺垫与影响，其实并不是传统所说的决定论与因果论的。同时也不能说，民族生活方式无须任何挖掘、揭示与阐释，就可以简单照搬并自动构成民族时尚创意的本源。在这里，把民族生活看成创意的生成论基础的观点，强调的正是创意的发生与生活方式的不可分离性。在创意过程中，还涉及如何对日常生活方式加以悬置与祛蔽，以及在一种祛熟悉化的语境里给予表现的问题。在创意与民族生活方式之间，既相互渗透同时又发生彼此的分离，而不是一种被包含与包含的逻辑关系。

与此同时，创意又要在对这种实际关涉的考虑中祛功利化，从而生成与建构一种关于艺术与设计的陌生与神奇的效果。18世纪以来的西方艺术观，往往把超功利性视为艺术品最本质的特征，但唯美主义只能悬置艺术所关涉的功利诉求，却不应忽视民族生活方式及其功利关涉的复杂性。然而，原始人的观念与感觉则不可能只是唯美的，他们所创造的具有形式美感的工具、原始洞穴壁画和雕刻等，其实都与实用有着不可分割的密切关联。生活方式及其生成为创意奠定了生成论基础，而创意又反过来建构着人们的日常生活。虽然说，原始艺术往往强调了实用与功能，但这并不表明，实用与功能简单地优先于形式与审美。

还可以说，原始艺术既与实用性相关联，又在审美过程中与实用性相分离。在生活方式之中，各民族都表现出其独特的心理、精神与文化。民族心理通过民族的生活方式与精神文化表现出来，这种心理与文化又成为日常生活方式不可或缺的构成。比如说，"在一个以宫廷为中心的世界，风度决定着美的标准。仪态产生美：当然有不可触知的距离，它们与头饰、背影、步子的大小有关"②。民族服饰的艺术表现与审美风格的建构，离不开不同艺术样式与特质及其生成论关联，而创意无疑又与这

---

① ［美］欧文·戈夫曼：《日常生活中的自我呈现》，北京大学出版社2008年版，第33页。

② ［法］乔治·维加莱洛：《人体美丽史》，湖南文艺出版社2007年版，第84页。

些艺术样式之间的对话分不开。

毫无疑问，不同的生活方式及其所关联的阶层性与文化，以及所主张、认同与强调的设计风格都是相互区分的。与生活方式相关的风尚、节日和民俗传统等，其实都表现出了一个民族的性格、情操与审美趣味。在西方近代社会里，贵族与平民的身体存在和生活方式，仍然有着不可忽视的社会差别与文化区分。但随着现代社会与生活方式的到来，这些差异也正在时尚的流行里发生式微甚至消失。应当看到，一切民族往往习惯于本民族的习俗与独特的生活方式，但这些习惯与生活方式的当代流变也应引起关注。尽管说，民族感情大都深藏在细微的日常生活方式里，但它却是民族创意、设计与文化不可忽视的问题。

一般来说，民族生活方式既有其历史性特质，又难免在当代发生不可忽视的变化，正因为如此，还使得时尚创意不乏历史性与当代性。而且，民族的心理、精神与文化特质及其生成与建构，其实也是在民族共同的生存与生活方式里实现的。在德国，施瓦本当地的民族服饰，就受到了周边的瑞士与奥地利甚至法国的影响。在当代创意与衣生活建构过程中，越来越多的时尚设计师有意识地借鉴与强调民族元素与特质。在此应看到，一个民族的自我意识是该民族区别于其他民族的最根本文化心理，也是该民族的创意思维与服饰文化建构的必要构成。对于各民族来说，生活方式既是分层的与构成性的，同时又是开放的与历史性的。

值得注意的是，民族生活的地域与方式都可能发生历史性的变化，但民族的自我与文化意识仍然在不同程度上存在着，这有助于维系民族的族内认同以区别于其他民族。其实，民族的集体无意识往往与民族的生活方式、历史遭遇相关。民族服饰风格与地域性、时代性，以及各种艺术流派、风格和文化相关，同时还涉及着装者的审美修养与文化素质。毫无疑问，民族生活方式与民族共同心理及其关联也不是一成不变的。因为，随着各民族的物质生活条件、社会环境与文化语境的变化，民族的生活习俗与传统文化等也难免随之发生改变。

在民族的日常生活之中，民族的性格、情操与审美趣味也是可变的，这是民族时尚创意及其当代重构所应考虑的问题。特别是，当民族时尚成为人们不可忽视的衣生活趋势时，传统的日常衣生活得以改变并呈现出时尚多样性。但民族的习俗与创意也是以民族的生活方式为基础的，尤其是，时尚的创意从来离不开民族生活方式与文化语境。但跨民族的族群与群体的出现，表征着传统的民族衣生活方式面临着解构与重构的双重可能性。从某种意义上可以说，民族身份危机是民族生活时尚与审美化的文化人类学问题与困境，甚至全球化也是民族时尚重建不可回避的社会与文化语境。

这里面临的问题是，现代的衣生活既涉及从过去传统衣生活方式里解脱出来，同时又离不开传统衣生活尤其是源于传统的当代借鉴。在此应当提到的是，"亚文化和反传统文化是对支配性文化的抵制形式，其表现形式为服装和仪式"①。其实，这种解脱并非与过去和传统的衣生活方式彻底分离，而是从中挖掘与筛选出与当代时尚相关的元素与创意，然后在国际时尚语境里将民族记忆加以唤醒和文化重构。实际上，民族元素与文化不可能原封不动地照搬到当今，却可以在当代加以重构以再建日常衣生活世界。

其实，所有民族的艺术与文化的发生与历史性建构，无不相关于当时与在地的生产与生活方式。但精神与文化独特性的淡化甚至消失，难免会引发民族身份与文化认同的危机。在对全球化的回应中，不少民族或国家建构了对一致性的抵抗策略，认同与重构自己的传统正在成为一种文化自觉。在共同在世的民族生活方式里，相互的借鉴与彼此渗透都是跨文化传播所不可避免的。如嬉皮士装束，曾影响了20世纪70年代全球民族与民俗服饰。民族的服饰与文化及其当代时尚化重建，依然与特定地域和历史语境里的生活方式分不开。而且，社会、经济与文化等语境，无不相关于对日常衣生活世界的理解与阐释。

正是基于民族生活方式，服饰的创意与设计及其在当代的时尚化才得以可能。由于日常生活方式的生成性与开放性，一切学说、思想与理论都会融入其中，从而成为创意得以可能的视角与维度。其实，民族服饰本身就是基于历史建构的生成之物，可以说是先民们继承优良传统的同时，同时又剔除了不合时宜的东西，既要关注功能性与实用，又必须考虑到趣味与习俗，特别是还必须更具当下感。在当代服饰的时尚化过

---

① ［英］乔纳森·鲍德温、卢西恩·罗伯茨：《视觉传播：从理论到实践》，辽宁科学技术出版社2010年版，第99页。

程中，许多民族元素也可能被重新遮蔽，或者发生难以避免的误读与曲解，这就需要不断加以现象学的祛蔽，以及通过对话与视界融合来消除遮蔽与误解。

而且，民族服饰还将随着现代生活方式来改变表现方式，而社会与文化是一切服饰与时尚不可摆脱的生成性语境。其实，服饰甚至时尚的这种变化也体现了，民族精神与文化特质在当代的处境与命运。实际上，"民俗衣装上的纹样一般以当地居民日常生活中的家畜、工具、器皿等与生活密切相关的题材为主"①。透过不同的服饰设计与着装习惯，可以发现民族的生活方式所关联的相关语境，以及由此生成与建构的艺术经验与审美趣味。在服装和饰物的创意与选择上，既可能涉及对深沉与含蓄的低调表达，同时又不乏针对性的凸显与强调，以及各种不同要素、手法与审美经验之间的张力。

应意识到，民族文化身份的当代生成与建构，关切到民族的精神与文化的内在特质，以及难以磨灭的历史遗迹与文化记忆。对新颖与异质的衣生活方式的审美与文化诉求，显然是民族时尚创意与设计亟待不断回应的问题。在创意过程中，生活的日常性与非日常性之间的文化张力，无疑为各种观念的创新提供了诸多的可能。在当代，服装的传播方式借助各种新媒体发生了值得关注的巨变，已介入与渗透到大众日常生活与新的商业空间，如城市广场、时尚高街与购物中心等。在当今的销售场所与商业语境里，审美、购物、社交与文化的传统界限业已消失，它们相互关联并共同嵌入服饰与时尚的生活世界。

二 民族元素的重构与创意的生成

在这里，民族元素的重构不仅涉及艺术的表现与传达，还关联到文化的审美及其联想与想象等问题。在艺术表现与审美过程之中，审美者面对的是不乏吸引力与启发性的形象，因此如何才能唤起对事物的各种联想和想象，无疑是服饰设计与时尚创意不可忽视的问题。但并没有一个固定不变的民族元素与文化，可以现成地借鉴与移植到时尚创意中去。

———————

① ［日］田中千代：《世界民俗衣装：探寻人类着装方法的智慧》，中国纺织出版社 2001 年版，第 37 页。

与此同时，民族元素其实也并不是不可分割的最小单元，而是一个有着内在结构与历史性生成的开放系统。这里所说的生成性与开放性特质，为各种不同元素之间的审美与文化对话，以及元素与语境的历史性关联作了奠基。

在此还要表明的是，所有艺术、设计与审美从来都不是一成不变的，而是在历史性的社会与文化语境里来生成自身的。在时尚创意与设计过程中，民族元素与文化传统是不可或缺的思想与文化语境。比如说，"对称可能是将不同图案对等平衡，这是东方艺术家常常使用的方法，或者是欧洲装饰家常用的参照中线进行机械性复制"①。在民族元素与图案的重构中，对民族特有方式与技法的借鉴是必不可少的。实际上，大多数文化都无不受益于自己的习俗与传统，也是在传统和民族的基础上积累与沉淀而来的。

在民族元素的揭示与阐释上，创意指一种独特与可行的想法的生成过程。在当代服饰与时尚设计里，许多设计师将创意指向了传统元素及其重构，并在解构与重构的不断交替里来表达意义与旨趣。如何对民族元素与传统加以整理与重构，无疑也是当代时尚设计不可忽视的问题。与此同时，民族服饰设计还要在传统元素与民族文化中，不断探究与实现一种基于继承的重构与当代创新。实际上，这些关于艺术与文化的重构一直离不开联想与想象的发生。在本性上，联想与想象往往是生成性的与自由性的，它创造出了超越既有现状的、颇具原创性的艺术文本或审美意象。

在一切民族元素与传统文化里，其实都蕴藏着创意与设计的灵感与创意来源，但仍然需要对民族服饰与文化加以激活与重构。在这里，联想和想象是在对艺术文本有所感受、有所理解的基础上生成的，而联想与想象又会加深人们对传统文化的感受和理解。相关于民族元素的创意设计，既不是简单地回归到既有的民族文化传统，也不是彻底否弃传统文化的内在特质，而是一种基于揭示与发现的审美与文化重构。只有在审美所涉及的联想与想象之中，才能实现对民族与传统的元素与文化的

---

① ［英］阿尔弗雷德·C. 哈登：《艺术的进化：图案的生命史解析》，广西师范大学出版社 2010 年版，第 172 页。

创造性重构。

虽然说，所有时尚设计师都可凭借相同的材料与工具，从而力图去表现消费者的欲望与心理需求，但应看到，"他们之间的区别就在于他们的设计是如何回应这些基本问题的：想要传达的信息是什么，如何传达这个信息，以及它为什么重要"①。在这里，想象包括创造想象、再造想象、自由想象。其中的再造想象，就是根据语言、符号、图样的描述与指示，进而在头脑中构想与生成相应的形象与图式。布洛的审美距离说指出，在审美中必须保持一定的与必要的心理距离，这样就可以在创意与设计中摆脱现实与功利牵涉。如何克服传统艺术与文化的思维定式及其问题，显然是民族元素及其时尚表现与重构所面临的课题。

根据布洛，在日常的经验之中，事物总是向我们显示其实用的方面，同时人们也不能弃绝自身的欲望与功利诉求，因此难以用不计利害的眼光静观事物的客观特性。在民族服饰与时尚的创意过程中，透过审美距离看事物无疑是一种特殊的观物方式，而且，这种审美距离还应对民族、历史与文化加以回应，这样才能使相关的文本与实际需求密切关联，从而促成人们的经验与艺术发生非功利的相互生成。但是，由于人们往往缺乏建构与保持审美距离的能力，容易达到距离的极限而发生失距或超距的现象。

与此同时，人们难以像艺术家那样悬置利害与欲望，从而以纯粹无杂的审美眼光来观赏文本。实际上，人们还会对身边的、眼前的东西视而不见与充耳不闻。其实，正是在习以为常中发现创意的切入点。在现象学的语境里，回到民族元素本身就是通过创意去除各种遮蔽，以及在与诸多理论、思想与文化的对话里，重新揭示、敞开与阐释那些被隐蔽的意义。同时时尚创意对民族元素的重构，也应在日常生活里建构出某种新颖感。陌生化旨在为民族元素的重构带来新奇感，而不同于先前与传统的创意与表现手法。一旦具有这种新鲜与陌生感，人们对民族元素与文化的趣味也就自然随之激活。

而且，时尚元素的重构还与特定阶层的生活方式，以及与此相关的社会、历史与文化语境相关联。在传统的阶层社会，较低阶层往往会穿

---

① ［美］杰·卡尔德林：《形式·适合·时尚》，山东画报出版社 2011 年版，第 111 页。

着印有文字的易读服饰，然而，"随着社会等级的升高，低调原则随即开始奏效，文字逐渐消失。中产阶级和中上阶层的服装上，文字被商标或徽记取代，例如一条鳄鱼"①。而当一个人进入上流与较高阶层时，各种各样的标记甚至趋于全部消失。这其实表明了，时尚创意要不断突破外在性的象征符码，着重揭示民族元素内在的精神图式与审美旨趣。

对创意及其生成来说，就是要把平淡无奇的事物变得似乎不寻常，但这种陌生感又难免重新变成一种新的日常性感觉。正是这种新与旧的对立和冲突，不断建构出陌生化的视觉表象与新奇感，进而给人的日常生活以感官刺激与情感激越。如果缺乏对民族元素精神性特质的关注，而是一味地求新就难免陷入视觉表象的困境。在创意与文化研究上，建构往往指在已有元素与文本的基础上，通过解构使得新的视觉图式与文化视角成为可能，并以此去揭示与阐发那些文本可能隐藏的时尚意味与旨趣。建构与重构既不是无中生有，同时也不提供唯一的图式与风格，而是从文本间找到彼此的交织与不断的生成。

不同于一般所说的建构，解构着重对各文本间的差异加以剖析与揭示。其实，服饰创意活动建构着民族元素与文化及其历史性构成，但同时又经由解构来寻求审美与文化上的重构。对于本土少数民族来说，"它们还总是意味着，群体的文化同它一个世纪前的样子关联不大，群体的认同是一种现代的认同，不管怎样用意识形态来解释它"②。在服饰里，其实并不存在着所谓一成不变的孤立元素，一切元素无不处于不断的生成与变化之中。而且，民族元素与文化不断发生的当下建构与重构，成为创意生成不可或缺的思想与语境。

在民族元素不断的消解与重构里，无疑可以生成出新的意义及其构成方式。还要认识到，民族及其与文化的历史性、生成性关联，是与民族的心理、意识等内在特质分不开的，还涉及风俗习惯与民族生活及其地方性特质等。归结起来，这种重构主要有以下几种：第一种是民族文

---

① ［美］保罗·福塞尔：《格调：社会等级与生活品味》，世界图书出版公司2011年版，第72页。

② ［美］本尼迪克特·安德森：《比较的幽灵：民族主义、东南亚与世界》，译林出版社2012年版，第417页。

化内在精神层面的重构。毫无疑问，这种重构对于时尚创意的意义是非常重要的。而且，民族文化的重构主要体现在，当代文化对民族文化的精神诉求与借鉴，旨在发掘与揭示当代时尚创意的观念与图式。实际上，这种重构涉及民族文化的适应与淘汰，以及借鉴与当代创新等诸多层面与维度。

第二种是民族精神与传统的视觉性重构。应当说，如果缺乏视觉化重构，观念与精神图式难以得到直观表达。也可以说，这种重构就是当代时尚艺术与文化，将以一种什么样的姿态与样式，关联与表现民族传统视觉图式的当下性。这其实还涉及民族视觉艺术与文化的积淀与激活、交流与融合、开放与汲取、自我与共存以及中心与边缘等各种关联及其视觉性生成的问题。而且还应当看到，重构就是广泛吸收自身民族的视觉与文化传统，并在与其他民族共在与比较中来表达本民族的创意诉求。

在民族衣生活建构之中，如果脱离了社会、历史与传统文化，创意无疑就会成为无源之水与无本之木。但这并不是把创意与文化的复杂关联，简化为一种决定与被决定的关系模式，而是主张与强调它们的相互关切与彼此生成。而且，民族元素的当代重构应大胆吸收与借鉴本民族的传统文化，同时加强与其他民族生活方式与文化的交流与对话，从而形成民族间在元素重构与创意生成上的互动。实际上，离开了对民族元素与传统文化的借鉴与重建，当代时尚创意难免陷入文化虚无主义。在当代创意与设计之中，亟待对设计元素所关联的民族与传统文化语境加以分析与阐明。

除此之外，对民族性与世界性及其关系的协调与和解，有助于民族元素与传统文化融入世界多元时尚的建构中。在服装与时尚史上，这种相互借鉴与融合其实由来已久。"实际上，罗马人的服装集前人穿着于一身：他们深受伊特鲁里亚人及古希腊人服装衣着的影响，在一定程度上包含了征服地人民的服饰风格。"① 与民族元素、传统文化的生成性关联，还是当代时尚创意与设计不可或缺的特质。但应注意到，当今所说的民族风、中国风与东方风，其实已经不再是对古代与传统的一种简单回归，它们在本性上就是民族元素与文化在当代的时尚化重构。

---

① ［英］普兰温·科斯格拉芙：《时装生活史》，东方出版中心 2006 年版，第 71 页。

在当代社会，如何赋予民族风以独特文化特质与当下时尚感，其实也涉及对传统文化加以揭示与重构的问题。还可以说，对民族风及其时尚元素的借鉴与运用，也会受到当代时尚文化里的民族意义与旨趣的影响。在现代服饰设计与研究中，中西方民族与传统的元素发生着密切关联与相互生成。但如何理解与阐释业已发生的艺术与文化对话，却是民族与传统的创意及其当代重构不可忽视的问题。在文本与语境所关涉的问题上，一切历史性的民族元素与传统文化都应得到认可与传承。针对民族元素与文化在当代日趋式微的问题，传统服饰的艺术性与历史价值的保护与传承迫在眉睫。

换句话说，随着生活的变化已被民族自身抛弃的文化，如何尤其是采取什么具体的方式来加以保护，无疑是当代民族时尚创意与设计的文化人类学课题。而且，"事实上，众多当代的西方人类学家将人类学的研究对象视为20年前常常提到的'他者'"①。如何将传统服饰的内在精神与文化传承下来，并在当代加以创造性的艺术、审美与文化重构，显然是服饰与时尚所必须面对与加以回应的设计问题。这里存在的问题还在于，民族元素与文化的保护与传承所面临的问题，既涉及理论与思想建构以促成创意的表达与实现，也与观念和创意的视觉化转换如何实现的问题分不开。

而且，一个民族的元素与文化的传承与当代重构，只有在与其他民族文化的对话里才能得到实现与完善。实际上，任何创意都是在与民族元素的对话中生成的。其实也只有这样，民族元素与文化的当代重构才有可能，并在服饰的创意与设计中得以实现，从而建构出民族自身的艺术与文化独特性。基于民族元素与文化重构的时尚品牌建构，对于民族时尚与文化创意的意义是至关重要的。但民族元素与文化创意的当代建构，应考虑大众的日常衣生活与审美文化诉求。

在全球化时代，时尚创意也难免关涉现代性与后现代性及其张力问题，这种张力及其建构显然也是民族元素重构所应回应的问题。深入揭示民族衣生活的精神与文化特质，是民族元素与当代创意得以生成的基础。但要注意到，对服饰尤其是时装来说，"产品与品牌是否能被市场接

① ［荷兰］范丹姆：《审美人类学：视野与方法》，中国文联出版社2015年版，第129页。

受，就看商家能不能在生产与污染、全球化与本地化、纯天然与人工合成之间找到平衡"①。除此之外，还要对民族时尚与传统服饰及其关联加以文化重建，生产出同时具备当下别致感与民族风情的新时尚产品。作为一种设计产品的时装，既是一种创意作品或艺术品，但它同时也是供人们欣赏与消费的流行性商品。

近些年来，民族时尚逐渐盛行于人们的当代日常生活之中，已成为日常生活的审美化不可或缺的文化构成。甚至还可以说，日常生活审美化中的民族时尚与衣生活方式，是民族元素与文化在全球化时代的一种文化表征。基于民族文化的服饰元素及其创意的当代重构，在民族的时尚生活方式与时尚服饰中悄然兴起并方兴未艾。与此同时，各种不同民族的艺术、审美与文化对话，也是任何民族元素重构与创意所不可缺少的。在创意生成的过程中，少数民族的元素是关切民族传统的文化多元性的基础，因此，如何运用少数民族元素与文化，是当代民族时尚创意的关键之所在。

三 创意、民族身份与文化认同

在全球化时代，时尚创意、民族身份与文化认同的生成性关联，日益凸显出来并成为当代时尚产业与文化建构的重要特质。在这里，民族自身的身份与文化认同应得以肯定与强调，与此同时，民族身份与民族文化的多元性也是不可忽视的问题。如在 20 世纪 60 年代，嬉皮士建构了把东方哲学、摇滚乐与迷幻剂等相混合的独特时装风格。在民族身份及其认同的问题上，服饰与着装曾经甚至一直是象征性的文化符码。当然，服饰符码的象征意味不再如过去那样直接与简单对应。而且，所有时尚创意都与民族身份意识密切相关，无论是认同这种身份，还是对身份意识加以拒绝。

因此，创意与设计也关涉社会语境与文化认同的问题。但基于民族元素与文化重构的时尚观念与创意，仍然是时尚设计、艺术表现与文化认同的社会、历史与文化语境。实际上，时尚创意不仅是一般的艺术与

---

① ［法］多米尼克·古维烈：《时尚不死？——关于时尚的终极诘问》，中国纺织出版社2009 年版，第 102 页。

审美问题，其实更是人类学与民族文化所应关注的问题。还应当看到，"'原始'曾经位于人类学之身份认同和学术地位的中心领域，它也成了现代主义艺术实践的中心内容"①。在这里，时尚创意往往是经由特定的人群或族群来实现，因此难免涉及民族身份与文化认同的问题，以及发生在不同民族间的文化交流与对话。在不同的民族或族群的对话中，民族的身份与文化认同才有了切实的可能。

虽然说，全球化可能会削弱民族的文化认同，而这种文化认同依然是创意不可忽视的。在世界范围内，创意产业与文化正在改变传统的经济与文化形态，从而对民族时尚创意与创意文化产生着极其重要的影响。实际上，时尚创意已经成为经济与社会不可或缺的观念性动力，并日益引起国际时尚界与社会各层面的普遍关注与重视。这里的身份意识指人对自己的社会地位与文化认同的认知，它相关于人在社会受尊重与被认同的程度与方式。与此同时，民族身份与民族社会地位的确立，以及该民族得到认同的问题分不开。

对于个人来说，民族身份曾经也是归属感与族群认同的基础。在传统社会里，民族的身份既与各种不同民族之间的关系相关，同时又是文化认同的社会学与人类学基础。在服饰、衣生活与时尚创意的过程中，观念的表达与艺术表现也关联着民族性问题。在现当代，人们还有待于以新的创意、新的概念与新的设计，来探究与回应民族关系及其变化所涉及的各种问题，这既涉及民族身份与文化认同，同时又应突破狭隘的民族主义情结。应当说，着装从来都是人的社会地位与身份的象征，虽然说，这种象征在不同时代具有特定的含义，而且，在当代呈现出了式微与极大的不稳定性。

但应当意识到，即使在现代及其对一致性的诉求里，民族性特质与文化认同仍然隐藏在同质化的表象后。而且，当代时尚的突破往往是从对能指与所指的传统关系的解构开始的。毫无疑问，人类的身体装饰及其意义一直在发生历史性的变化。比如，"在较高的文明阶段里，身体装饰已经没有它那原始的意义。但另外兼了一个范围较广也较重要的职务：

---

① 〔美〕乔治·E. 马尔库斯、弗雷德·R. 迈尔斯：《文化交流：重塑艺术和人类学》，广西师范大学出版社 2010 年版，第 19 页。

那就是担任区分各种不同的地位和阶级"①。在当代社会里，创意与设计不仅融入了大众的日常生活，而且也为对日常生活方式的审美超越提供了可能。

在这里，时尚创意在不断地改变着人们的审美趣味与生活态度，而让人们从仅仅追求物质生活的满足到关注自己的精神与文化生活，显然也是当代设计不可忽视的艺术与文化问题。随着民族身份在当代的变化与新特质的生成，创意是基于民族共在的生活审美化不可或缺的。时尚艺术与文化产业面临着，如何从中国制造到中国创造的转变，而对民族身份与文化自觉的强调与当代重构，无疑是这种转变得以可能的文化人类学前提。那些极具原创性的独特创意与设计表达，可以说正是服饰艺术与时尚文化的根本性诉求。服饰与衣生活不仅是一个消费与经济的问题，同时也是一个艺术、审美与文化的问题。

与此同时，时尚创意产业、文化创意与智慧密切相关，无疑也关联到跨学科的思维与思想方式，以及既拉开又弥合阶层差异的社会与文化问题。在不同的生活与社会领域里，传统与现代的关系依然是民族时尚不可回避的问题。在圣·洛朗那里，异域风情与多元文化成为重要的创作风格。正因为如此，创意设计既亟待挖掘、整理与揭示民族元素的历史性与文化特质，同时又要注重民族元素与文化在当代的重构。从而在这个全球化时代，促成民族的身份意识与民族文化认同的回归与重建。应当说，民族身份与文化认同相关于民族生活的历史性与文化特质，以及民族生活史与传统文化及其传承与重建。

事实上，创意设计将传统元素与文化特质，经由传承与重建而融入时尚服装中，对于服装与衣生活文化意味的生成与建构，进而满足大众生活对当代时尚消费与文化的需求，以及创建不乏民族精神与文化特质的时尚品牌，无疑都具有艺术、审美与文化人类学的重要意义。譬如，"亚述人最常用的一种装饰图案是球形（或花蕾）、花朵图案、圆形图案，这些图案经常组合使用"②。当然，这里的民族身份认同总会涉及民族元

---

① ［德］格罗塞：《艺术的起源》，商务印书馆1984年版，第81页。

② ［英］阿尔弗雷德·C. 哈登：《艺术的进化：图案的生命史解析》，广西师范大学出版社2010年版，第123页。

素及其象征符码的问题，其实即使是全球化时代也不可能彻底消解民族
性元素与文化特质。

当然，民族个体成员既是某一主权国家的公民，由此拥有相应国家
公民的文化与政治身份，同时也有着特定民族共同体及其成员的文化身
份。特定民族身份既是个性身份性质的，也难免与其他民族的存在相关
联。民族性无疑是民族身份及其认同所面临的问题，尤其是，究竟如何
看待民族性在全球化时代所遭遇的问题与困境。而且，怎样协调民族与
个体双重身份间的关系十分必要。比如说，澳大利亚就是一个典型的移
民国家，不同种族的文化形成了该国文化多样性的特质，这种文化多样
性主要体现在原住民文化和移民文化上。还要注意的是，民族与个体的
身份认同都会涉及世界性问题。

但应看到，特定民族的衣饰难免具有其他民族与世界性的特质。应
当说，种族文化的多样性导致了澳大利亚多元文化的兴起，多元文化主
义政策也逐渐被采纳为国策。在不同民族的生活方式里，服饰设计所凭
借的元素与图案也有所差异。在梅热看来，"新的现实元素虽然广泛地用
于日常生活，但由于它们被当成外来的东西而没有得到充分接受"[1]。与
此同时，所有民族的特定身份，难免会随着民族间的交流而发生混杂与
交织。随着许多原住民种族意识的强化，民族身份的独特性与重要性显
得日益突出。在多元文化语境里，原住民的民族身份也逐渐获得认同并
不断得到强调，但原住民与移民间在文化上的区分也在式微。

除此之外，民族身份自觉还得到了在艺术与文化上的表述。在全球
化时代，面对民族身份、民族主义与文化多元等问题，设计师往往会在
艺术与文化上加以回应。任何人既是独特个体性的存在，同时又离不开
与特定群体的关联，还涉及世界性的民族与公民身份问题。但任何与民
族相关的艺术与文化挑战，难免波及激进主义、自由主义与保守主义，
创意在与各种学说、主义的对话与回应里来建构自身。一切艺术流派及
其表现风格，都会对艺术与文化建构有所助益。

其实，传统的艺术与服饰文化，曾是民族身份的标识与区别之所在，
特别是，这在传统的衣生活史里表现得比较明显。在时尚创意之中，象

---

① Jakub Petri（ed.），*Performing Cultures*，Wydawnictwo LIBRON，2015，p. 280.

征各民族身份的图案、纹样与设计，成为民族艺术表现与文化认同的重要方式。还应意识到，"对于相关的西方研究，理论家们强调了其所使用的基本概念以及整个分析框架和阐释框架的文化边界与局限性"①。在当今的日常衣生活方式之中，各民族在相互借鉴里模糊了彼此间的界限，创意往往发生在错综复杂的多元文化语境里，这就需要对不同民族持包容与多元的文化态度。其实正是全球化，为多元的民族文化提出了亟待应对的挑战。

应提到的是，后殖民主义批评家在民族、阶级与性别的问题上，分析过欧洲霸权文化对东方、第三世界民族、黑人、女性的扭曲与误读。因此，实现不同民族与多元社会的平等、正义与融合是必须面对的问题。在全球化语境里，人们普遍具有在民族及其文化身份上的迷失感，东方或第三世界民族往往以拒斥的态度对待全球化，不少人认为全球化就是欧洲化尤其是美国化，这种全球化难免是以牺牲民族文化为代价的。在这里，身份认同意味着个人在特定的历史与文化语境里，与他人、社会建立认同与包容的共在关系。

在全球化时代里，民族的身份与文化认同又因反思现代性，获得了身份重建的多元文化主义契机。要意识到，民族身份的文化认同就是在全球化语境里，确定自己在这一社会与文化秩序中的角色与地位，这是民族国家面对现代性所无法回避的问题。应该说，"人类学研究多以精神与祭祀实践中模仿、图解、装饰和信仰之间密切互动的关系为研究焦点"②。身份认同也是对自我根源的不断追寻，不同族群或民族的思维方式与行为模式，归根结底都是从认同问题里派生出来的，同时也是以某种身份认同作为社会与文化前提的。对一致性与异质性非此即彼的反思与批判，正在成为民族身份与文化认同的思想与文化基础。

在自成一体的部族社会中，姓氏与血缘等族群特质共同构成了坚实与牢固的身份认同机制。特定民族的认同感在当代的建构，既涉及与其他民族的生成性关联，同时也与全球化时代的根本问题分不开。还可以

① ［荷兰］范丹姆：《审美人类学：视野与方法》，中国文联出版社 2015 年版，第 125 页。
② ［英］奥斯汀·哈灵顿：《艺术与社会理论——美学中的社会学论争》，南京大学出版社 2010 年版，第 20 页。

说，民族认同性是民族彼此承认与共同体认的心理与文化特质，在着装上则倾向于选择那些具有民族或乡土情调的服饰。比如说，在20世纪50年代，那些兴起于南美与欧洲的民族主义者样式与风貌，所选用的色彩鲜亮与充满乡土气息的装饰，成为热爱乡村生活的中产阶级的流行着装与时尚文化。

在亨廷顿看来，不同民族的成员常用祖先、宗教、语言、历史、价值、习俗与体制来界定自己。而且，各民族的人们还以某种象征物作为标志，来表示与传递本民族的文化认同，如旗帜、十字架、新月形甚至头盖，等等。例如，"早期东方主义在波西米亚主义里的变形，同时在阶层与人的问题上，既是一种贬低，又是一种超拔"[1]。亨廷顿认为，文化认同对于大多数人来说是最有意义的东西。各种不同文化与文明间的冲突，在当代成为应引起重视与认真回应的问题。文化认同是人们在民族共同体中长期共同生活里，所形成与建构的对本民族最有意义的事物的肯定性体认，其核心就是对一个民族的基本价值的认同与承认。

正因为如此，这种文化认同无疑是凝聚民族共同体的精神纽带，也是民族共同体的生命延续与精神建构的文化基础。文化认同既是民族认同与国家认同的文化前提，同时又是民族深层的无意识与文化心理基础。民族性及其在当代的理解与阐释，显然是时尚创意与民族文化认同不可忽视的问题。作为民族认同的基础的文化认同、价值认同，应当说不仅没有失去根本性意义，而且还成为民族文化与文化多元化的前提。当代人虽然已不可能完全以复古的衣装去生活，却可以将当代时尚与民族的艺术和文化认同关联起来。但创造与建构出既有民族性，又不乏世界性的服饰与时尚文化，对民族生活方式与文化认同将有所助益。

在文化认同的重建过程中，应当理性地、批判性地对待现代性与全球化。在不同民族的交往过程中，往往通过语言表述与宗教信仰等来达致彼此的认同。在长期的共同生活中，民族集体无意识的符号化与民族性特质密切相关。还要注意到，"现象学中的自我认识并不在知觉、记忆、想象、选择与认知行为的后面或之外，相反地，自我认识是通过这

---

① Adam Geczy, *Fashion and Orientalism*, Bloomsbury Academic, 2013, p. 93.

些方面的实现或完成来构成自身的"①。在无意识的规定与支配下，民族独有的风俗与习惯在特定场合会得到强调。而且，民族的文化认同是民族生活方式的文化基础，同时也是民族间相互区分与彼此认可的文化基础。应当看到，对各民族元素及其符码象征的理解与文化认同，其实也是当代艺术与文化多元化应加以考虑的问题。

---

① Robert Sokolowski, *Introduction to Phenomenology*, Cambridge University Press, 2000, p. 127.

第五章

全球化语境里的民族时尚与文化认同

在全球化时代，一切历史悠久的民族服饰与文化都亟待建构出自己的时尚文化，并在时尚创意里重构民族的审美文化与当代话语风格。在服饰与时尚创意之中，民族性不仅是艺术与文化认同的精神性基础，它同时也是关联与通达世界性的文化前提。作为时尚创意之源，民族性艺术与文化及其认同，显然也是向世界性通达所不可或缺的。但应注意到，任何对西方元素与文化的简单拿来或排斥，都是不可取的、不应该的与不可能的，否则就会陷入殖民化或狭隘的民族主义而不能自拔。在这里，有助于发掘与激活民族元素的文化意义，以促成民族当代时尚与文化的生成与建构。在全球化的艺术、审美与文化语境里，基于时尚视觉表现的民族审美文化的当代建构，主要包括民族元素的视觉表现、民族审美趣味与接受习惯、民族间的精神与文化及其比较，以及文化认同的对话与理论建构等。在此基础上，研究如何保持与重构鲜明的民族特色与艺术风格，避免迷失在全球一体化与同质化的潮流之中。只有在民族性与世界性的关联与融通之中，一种颇具民族性特质的世界时尚与服饰文化才是可能的。与此同时，还要通过民族元素的时尚创意与艺术表现，为全球化时代里民族审美文化认同的建构提供可能性。而且，任何民族元素及其发现、揭示与重构，都可能成为时尚元素与创意的文化之源。这种基于民族的元素与文化特质的创意与设计，既离不开社会、历史与文化的语境及其构成，同时又是民族时尚及其文化认同得以建构的路径。当然，这里所涉及的时尚的民族性及其揭示与阐发，在实质上从来都不是封闭的、僵死的与彼此排斥的，而是经由民族间性通达与融入一种世界性的文化认同。

第一节 时尚创意的民族性与世界性

在时尚创意与设计之中，难免会涉及民族元素及其文化的问题，一种时尚创意与文化往往是基于民族艺术，并以这种民族文化为根本性语境与底蕴的。但还要考虑到文化的民族性与世界性的关系问题，因为任何民族都不可能完全离开其他民族而独自存在，同时也难以避免与其他民族的生活往来与文化交流。就文化本身而言，从来都关涉着民族性与世界性及其关系问题。作为一种独特的文化样式，服饰与时尚也同样摆脱不了民族性与世界性关系。在这里，民族时尚创意与设计是民族性的，因此应得到民族文化的承认与认同。一切能够称为时尚的东西往往也具有世界性特质，并在世界性的语境里获得广泛理解与文化认同。正因为如此，文化的民族性与世界性及其生成性关联，无疑是时尚创意所要面对与探究的思想与文化问题。

一 从民族性到世界性

在这里，民族可以理解为在一定的历史阶段形成的具有共同的语言与生活地域等，以及具有一致的文化特质与民族心理的稳定共同体。当然，这种共同性一般是针对本民族的成员而言的。虽然说，任何民族都有其独特的精神特质与文化传统，然而，"民族是不能通过单独一种文化就可领会的"①。在服饰与时装的创意与设计之中，民族性具有不可替代的艺术特质与文化意义，同时它又与世界性发生着密切的关联与相互生成。基于民族元素的创意与设计，同时还无不涉及民族性与世界性的生成性关系问题。

而且，独特的民族艺术与审美文化，何以通达世界性也是创意不可忽视的问题。在不同的场合与文化语境里，民族表达的含义与旨趣也是有所差异的。在广义上来说，民族泛指各种带有族群性与地域性的共同体，民族性无疑又是民族的根本性的特质与规定。作为民族的规定的民族性及其构成，又是一个处于生成与开放状态的复合结构。就世界范围

---

① ［英］斯蒂夫·芬顿：《族性》，中央民族大学出版社 2009 年版，第 25 页。

与历史性而言，各民族是人类生存与文化的多元化的构成与表征。原始民族、古代民族、近代民族、现代民族、土著民族等，甚至氏族、部落都可以包括在民族构成内。当然，民族往往还用以指一个国家或一个地区的各民族，如中华民族、阿拉伯民族等。

与此同时，民族又用来指各个具体的民族共同体及其成员。如英吉利人、德意志人、法兰西人、汉族人、蒙古族人、满族人、回族人、藏族人等。那些生活于特定环境与文化语境里，并共享精神与文化特质的群体属于特定民族。也可以说，民族是人在人类历史上形成与构成的，同时具有某种一致的情感与意识的群体或共同体。在某种意义上，文化的类别及其划分是与民族的存在密切相关的。而且，文化与族群、人类学的关系与勾连，显然也是文化人类学研究不可忽视的问题。

应当说，民族之间的关联与共同的民族生活，是揭示民族性与世界性关系的存在论基础。还要看到，民族既是历史性生成与发生的，它与人类精神与文化的建构分不开。在原始社会时期，由于受到生物演化及其自然性法则的限制与制约，人类祖先只能以血缘关系组合的形式共同生活。族群内部各成员之间，以及民族内外成员间也会产生相互影响，成员们都以本能意识自然地维系着相互间的各种关系。到了人类文化开始形成的时期，原始社会的人们除了劳动与生存外，还生成与建构了最初的生活习惯与风俗文化。

虽然说，民族艺术与文化相关于地域性特质，但却不能将民族性仅仅归结为地域性。一般来说，这里所说的"民族"（nation）一词除了与地域相关外，"它也有一个原始意义：有关拥有共同血统或被当作拥有共同血统的人民（people）的'品种'（breed）或'原种'（stock）"①。因自然生活环境与族群先天条件的不同，同时又加上受特定地域独特性的限制，使各族群的成员之间在生活方式、行为模式与风俗上进行区分。当然，不同民族在艺术与文化上的差异也是历史性地形成的，这种民族性特质是一个民族成为自身的内在精神与文化规定。

与此同时，各民族所具备的、难以相互替代的民族性特质，构成了不同民族的区别和差异的历史性存在。事实上，处于各个民族特质之内

---

① ［英］斯蒂夫·芬顿：《族性》，中央民族大学出版社 2009 年版，第 20 页。

共同生活的群体构成了民族本身，民族个体及其情感里的共同群体性特质相关于民族意识。在传统的民族生活方式里，民族性特质与文化认同的意识、心理与观念，往往还可以经由着装与衣生活方式表现出来。在长期的民族生活史中，各民族都生成与建构出带有民族性特质的民族文化。与之相关，民族文化也必定表征与彰显在各个地域与族群的生活方式里。在某种意义上，民族文化是民族艺术与精神建构所留下的痕迹，以及在历史性的社会里生成与实现的各种建制与仪式。

对特定的民族来说，民族性一直沉淀在精神生活、礼仪典章与地方文化之中。在相互传播与影响下，不同民族得以借鉴艺术与服饰样式。"此外，装饰图案的相似并不一定意味着是传播而致。古代彩陶和纺织品中的某些基本图案在毫无关联的文化中都很普遍，如古代中国和秘鲁就出现过这种情况。"① 任何民族服饰与时尚其实都以其特有的方式，表现了与民族性特质相关的艺术与文化意味，以及对民族性与世界性的关系加以揭示与回应。对民族元素的发现与历史性阐释，离不开对民族生活、文化观念与风俗习惯的研究。

显然，当特定民族共同体在人类历史上形成与建构起来，以及其精神和文化特质区别于其他族群并回应世界性问题以来，人类文化总是表现为各不相同乃至千差万别的文化样式。但应意识到，任何文化的发生与文化的历史性传承，其实都是以民族与民族社会为根基的。特别是，文化使民族与民族社会得以形成自己的精神特质，从而为民族生活方式提供了内在的意义与价值体系。而且，民族的与传统的服饰还在各种艺术里得到了表征，如辛亥革命后，以梅兰芳为代表的京剧演员与表演艺术家，创制了表现古代女性的新式戏曲服装即古装衣。除此之外，文学、雕塑与绘画等也不乏对人物着装的表现。

在民族性及其与精神、文化的关联之中，各民族的生活方式得以形成自身的特质并相互区分开来。在民族的文化建构之中，必定会涉及信仰与观念的密切关联，这种关联的生成之物有仪式、信物与旨趣等，这些都促成与导致精神及其在文化里的灌注。当然，各民族在共同的在世生存与存在之中，某种一致性的东西必然会越来越多，而民族间的差异

---

① ［英］迈克尔·苏立文：《东西方艺术的交会》，上海人民出版社2014年版，第289页。

性则可能越来越小。实际上，时尚创意也相关于对各种民族特质的关联的回应，如拉克鲁瓦的时尚创意虽然饱受法兰西文化的熏陶与浸染，但他非常乐于在欧洲其他地区发掘文化风俗，从而汲取来自各个历史时期与不同艺术风格的灵感。

在传统社会里，不同民族的差异既体现在其精神图式上，同时又表征在外化了的器物与服饰上。但与此同时，往往还会导致民族间的同化与融合的加剧，一致性甚至最终导致民族差别的消失。因此，这将涉及由独特的民族性到普适的世界性的问题，而在这一转化过程中难免关联到民族间性的特质。一个民族往往以对本民族的文化理解去表现时尚艺术，并把民族性元素与文化纳入与重构到世界时尚之中。虽然说，民族性特质之于任何民族都是不可或缺的，但这种独特民族性又是与其他民族的民族性相比较而存在的。

应当看到，服饰与时尚创意又力图使民族性特质，成为世界时尚创意与表现不可分离的必要构成。在不同民族的衣生活史上，相互借鉴也涉及一个由陌生到适应的过程，这其实就是文化适应性研究应当考虑的问题。就服饰的创意与设计来说，"征服者的衣生活习惯改变了土著民族的衣生活习惯，或者双方的服装文化相互影响、混合；征服者有时也会屈服于当地的环境、风土和气候，不得不改变自己的衣服，产生新的服装文化"①。还要注意到，某个民族因受其他民族影响而可能丧失本民族的特质，接受与认同其他民族的精神特质与衣生活方式。在这里，文化的同化是民族创意与设计不可忽视的问题。

一般来说，可以将文化同化分为强迫同化与自然同化两种类型。具体而言，强迫同化在此指凭借压制、特权甚至暴力来实现的同化，却可能发生来自被同化民族的反对与抵抗；与此不同，自然同化指各民族经由互相影响与文化交织而发生的同化，如在衣生活方式、服饰文化与习俗、审美趣味等方面产生的趋同。在自然同化之中，甚至可能改变某民族的传统习俗与象征符码，进而接受其他民族的服饰传统与衣生活方式。在同化与反同化的过程中，民族间的衣生活与服饰文化建构出了审美与

---

① ［日］田中千代：《世界民俗衣装：探寻人类着装方法的智慧》，中国纺织出版社 2001 年版，第 33 页。

文化张力。而且，民族或本土时尚并不能仅仅局限在某一特定民族文化里，往往还涉及由一个民族向另一个民族的跨文化传播。

在此，世界性及其所谓的普适性特质，指那些悬置了各民族特质后的共同剩余物。当然，由民族性而涉及往往带有一致性特质的世界性，还关联到各民族间文化的理解与认同的问题。应当说，民族文化的多样性基于各民族文化的不可替代性。文化多样性不仅体现在人类文化遗产通过多种形式来表达、弘扬和传承，也表征在以各种方式进行的观念、创意与设计等生成之中。但任何形式的多样性都不可能离开独特性，这种多样性其实就是对唯一性的否定与消解。因此，在创意中既要认同本民族的文化，同时又要尊重其他民族的文化，力求相互借鉴、求同存异与彼此包容。

毫无疑问，创意与设计要充分尊重世界文化多样性，促成人类文明的历史性传承与当代重构。显然，主张与尊重各民族艺术与文化的多样性，是以对本民族的艺术与文化的认同为基础的，但还要回应不同民族或国家在文化上的差异。"在 19 世纪，西方人认为穿衣标志着文明，不穿衣服的人被认为是野蛮的。然而，到了 20 世纪和 21 世纪，半裸则标志着西方的优越性。"[①] 虽然说，一切着装行为仍然是与文化传统相关的，但它同时又影响着世界性时尚的建构。例如，好莱坞的电影把美国的流行文化传播到了全世界。而且，经由各民族的艺术与文化间的沟通与对话，无疑是通达具有包容性的世界性特质的前提。

实际上，承认与认同世界各种不同的艺术与文化样式，就应当坚持各民族艺术与文化共生的原则。在艺术与文化的交流之中，尊重差异、理解个性与相互借鉴显然是必不可少的，只有这样才能共同促进世界服饰与时尚文化的多元化。世界文化指世界各地区所呈现出的彼此不同又密切相关的文化，这些众多的世界文化样式往往具有某种一致性。相对于许多地方性艺术与文化来说，世界性的艺术与文化不乏超出地方性的精神特质，但这种世界性又是以各种不同的民族性为基础的。除了文学与艺术等文化样式之外，文化其实还包括日常生活、交往方式、价值体

---

① Robert J. C. Young, *Postcolonialism: A Very Short Introduction*, Oxford University Press, 2003, p. 83.

系，以及关于这些方面的传统、信仰与精神旨趣。

在不同的时代与地方，服饰艺术与文化无疑具有各种不同的表现形式，以及与人们内在精神相关的社会与文化特质。其实，艺术与文化的这种多样性及其具体表现，无疑是构成民族与人类的精神特质必不可少的语境。尽管说，各民族大都具有其独特的服装样式与着装传统，"但大部分国家，人们在日常穿着国际服，到节日或盛典时则穿上自己的民俗衣装，过着双重的衣生活"①。还可以说，这种所谓的双重衣生活方式，有助于在民族性与世界性之间保持一种平衡与张力。虽然不少设计师都注重对民族元素的借鉴与重构，但设计的服饰与产品要得到世界时尚界的认同，还需要创造性地运用国际性的设计话语与创意思维。

从交流与沟通的意义上讲，文化多样性及其所关涉的世界性问题，亟待从历史性传承与当代建构予以承认与强调，并将之作为族群间相互适应的文化人类学特质。还要意识到，世界各民族无论大小与人口多少，以及处于何种社会与文化建制里，无疑都应在认同自身民族与文化特质的前提下，对其他民族的艺术与文化持有宽容态度。各民族都应该相互尊重各自与彼此的艺术与文化，并基于可以共同接受的世界性的基础上，达成与建构相互间的理解和文化认同。其实，文化权利本身就是人权不可或缺的构成，也是人的文化诉求及其实现的权利保障。如今的许多世界性时尚风格，业已融入了各种民族元素及其文化特质。

在这里，每个人其实都具有选择衣装、服饰的权利与自由，只有充分保护与传承各民族的艺术与文化，才有可能保障每个人均能自由使用本民族传统文献。任何民族元素及其揭示与时尚化，都涉及如何将各种文化整合与重构到服饰中去的问题。比如说，韩国服饰最初主要是受中国唐代服饰的影响。在唐代，新罗与唐朝交往非常密切，韩国服饰特点几乎与唐朝无异。在当代社会与人们的生活方式里，文化的全球化意味着全世界的各种文化，都不能再孤立与彼此无关地存在着，它们无不面临着其他文化的影响和挑战。应当看到，世界性显然离不开民族性而生成自身，当然，世界性所谓的普适性也是有条件的、历史性的。

---

① ［日］田中千代：《世界民俗衣装：探寻人类着装方法的智慧》，中国纺织出版社2001年版，第36页。

在全球化时代，不同民族文化之间的交流也会越来越频繁。在相互的交织之中，各种服饰与时尚改变着各自的表现方式与风格。但这绝不意味着各种文化间的差异会消除，甚至会形成一种全球完全一致的艺术与文化；相反，不仅艺术与文化的多样性会长期存在，而且还将继续基于多元化来生成不同特质。"当然，日常生活受影响于广泛的价值观、国际象征性形式、文明、国家意识形态和文化以及地区性的定位。"① 在时尚的民族性所在之处，其实也不乏世界性的建构与存在，而在世界性里往往灌注着民族性特质。在独特的民族性与普适的世界性之间，亟待建构出一种相互交融与彼此生成的关系，而不是传统的个别与一般、被包容与包容的抽象与逻辑关联。

二 关涉世界性的民族创意与认同

在这里，民族认同的这种血缘及其溯源倾向，源于早期民族的血缘性的存在样式，即氏族、部落及其他早期的民族，应当说都是建立在这种血缘性基础上的。民族文化及其认同的传统与积淀，无疑一直延续与扩展到现代甚至当代时期。基于这种原初的血缘性，民族认同往往比其他认同具有更稳定的本能聚合性。在共同生活之中，不同民族间的艺术与文化交往是不可避免的，也就是说，世界性也是任何民族文化认同不可回避的问题。但如果仅仅停留在民族元素曾经的历史性语境里，是不可能建构出具有当代感的世界性时尚文化的。

实际上，民族认同发生的前提在于民族之间的交往，通过交往形成他族不同于我族的对比，从而确立自己的群体归属与族群间的边界区分。一个民族的身份与文化认同，显然是离不开其他民族的存在的。虽然说，各民族的生存、生活及其文化语境都有所不同，但所有民族都共存于这个世界之中却是无可置疑的存在论基础，因此，时尚创意的民族文化认同，显然也是相关于民族间性的，是不可能脱离这个世界而存在的。其实，世界性的文化首先都是民族性的文化，如果没有民族性文化的生成与存在，也就没有世界性的一般文化的存在。与此同时，文化的世界性

---

① ［美］马丁·詹姆斯·罗尔：《媒介、传播、文化——一个全球性的途径》，商务印书馆2012年版，第309页。

不过是民族性文化融入世界文化的生成物。

虽然说，民族创意与文化认同往往相关于某一族群的内在精神，但却离不开对特定族群与其他民族乃至世界的关系的回应。在这里，此在乃是在世界之中的存在，这同样适合于这里所说的民族性此在。其实，"世界的这种属于'在之中'的先行的展开状态是由现身参与规定的"①。在这种现身的参与之中，既有个体性的在场，又离不开群体性的存在。也就是说，世界性的时尚与文化也是各民族的时尚与文化的生成物，这种生成离不开各民族之间的时尚对话与文化交流。甚至可以说，各民族的生存与生活是以这种世界性为基础的。

还要注意到，经由此在（Dasein）通达存在本身，离不开此在生存及其所关切的世界。因为，此在在本性上就是在世界之中存在。当然，世界性不是忽视了差异与个性的一致性。具有世界性特质的人类学此在，总是各种不同民族共在的生成之物。在海德格尔那里，此在的存在表明某种面向未来的可能性。这也表明了，一个民族性此在及其文化应是开放性的，并面向将来而生成着自身的艺术与文化。这里所说的面向未来，涉及的正是诸多与多样的可能性，这无疑也是流行与预测所关注的趋势问题。民族文化与世界文化之间可以相互贯通与彼此渗透：一方面表现为民族文化的世界化，另一方面表现为世界文化的民族化。

作为民族成员的根本规定，民族性此在也是对主体人的一种悬置，它以其特有的开放性不同于一般的实体。但民族与世界在文化上的相互渗透，其实并不是无条件的与可以简单达致的。在安德烈·金的韩国时装设计中，既借鉴了中国元素与文化特质，同时又吸收了欧美时尚元素，显得经典、前卫、不张扬，色彩柔和出挑。文化的民族性与世界性的相互关联与交织，也是一种具有交互性的艺术与文化认同的过程。当然，世界性文化不能被当成各民族元素的简单加和，但它却是民族创意与时尚文化所不可或缺的关涉物。也可以说，世界性的文化往往是在各民族文化中，那些被世界各民族广泛认同与普遍接受的文化。

但是，并不是所有民族性的文化都能自动地被称为世界文化，同时也并非文化越具有民族性就越具有某种世界性。在基于世界性的共在与

---

① ［德］马丁·海德格尔：《存在与时间》，生活·读书·新知三联书店1999年版，第160页。

生成性关联里，各民族不仅是彼此间祛主体的人类学此在，而且还应与万物处于共在与和谐的状态中。尤其是，当一种民族文化只是存在于某个封闭与隔绝的地域内，或者只存活在本民族的现实与实际生活中，并没有对其他民族与世界文化产生文化影响力，则其民族文化就难以自然而然地成为一种世界性文化。如果一种民族文化尚未渗透到其他民族文化中去时，它只能是一种民族的与地域的独特文化样式，还不能直接被视作一种现实的世界性文化。

因此可以说，民族文化并不天然的就是世界性文化，民族文化及其向世界文化的转变与生成，其实也是一个基于世界性的民族文化的重构过程。与此同时，民族创意与文化认同转化为世界创意与文化认同，以及在民族创意与文化的基础上建构世界性关联，无疑是以人类从地域性向世界性的历史生成为前提的。虽然说，封闭在一定程度上有助于民族文化的保存，但这种与世隔绝却是根本不可能持续下去的，还会因为封闭而失去历史性传承与对话的可能性。对时尚创意与文化认同来说，还要考虑到特定民族与世界服饰文化的生成性关联。

在这个全球化时代，世界上任何一个民族或族群，都不可能完全摆脱其他民族而离群索居。而且，各个不同民族之间在服饰领域的开放、交流与对话，构成了民族的成为世界的不可缺少的必要条件与前提。譬如说，"美国文化和地理意义上的欧洲文化之间的相互渗透从未停止过，无论是音乐还是自然科学领域、文学还是人文科学领域"①。自从进入近现代以来，西方主体论遇到了诸多难以克服的认知问题与困境。为了克服与解构主体论与理性形而上学，海德格尔用此在作为传统主体的基础，并以之作为个别性主体的根本性规定。对于各个民族来说，作为群体性主体的规定就是民族性的此在。

在当代时尚化创意与重构中，民族元素无不是对世界性时尚与文化的一种独特回应，而不能将民族时尚仅仅把握为内在性封闭性的轮回。应当看到，时尚创意的民族性认同，显然也是以民族性此在为基础的。山本耀司基于和服与东西审美观的融合，甚至大面积地使用黑色来营造

_____

① ［法］阿尔弗雷德·格罗塞：《身份认同的困境》，社会科学文献出版社 2010 年版，第61 页。

哥特气氛，引发了西方与世界对当今女性身份定位的思考。在共同在世之中，各个民族的生活、艺术与文化，也显现出自身的开放性与共通性。民族性此在不仅是群体性主体的根本性规定，而且其自身也是祛主体的、开放性的与历史性的。

还要看到，民族时尚创意与文化认同，难免发生在世界性的艺术与文化语境里。这里的祛主体化旨在表明，一个民族不应仅从自身的主体或主观出发，也要将其他民族的存在纳入自己的眼光与视野。这种开放性还使各个不同民族发生交织与融通，从而奠定了一个基于世界的、根本性的多元文化基础。就服饰与时尚创意而言，力求得到的不仅是各个民族自身内部的认同，还要尽可能获得其他民族的理解与文化认可。为此，就需要在不同的民族性此在之间，展开艺术、思想与文化方面的对话与沟通。实际上，特定民族元素的创意与时尚文化的当代重构，必须将其他民族与世界性时尚趋势纳入自身文本里加以对话。

值得提到的是，民族元素与文化之于当代时尚审美的意义，在今天得到了越来越多设计师与专家学者的关注与看重。各个民族之间的艺术与文化沟通之所以可能，乃是因为民族性与世界性是相互关联与彼此生成的。此在及其在世界之中存在，以及此在所残存的主体论痕迹，无疑为日常生活的异化的克服，进而向存在本身的回归提供了可能。反过来，不同民族元素及其时尚重构，显然也不断生成着世界性时尚。但海德格尔其实并没有停留在对此在及其日常生活的一般把握上，而是将存在作为此在本性通达的根本所指来对待。

随着一些新独立国家的诞生，出现了不少新的民族艺术与文化样式。如第二次世界大战以后的非洲即是如此。与此相反，也会发生民族间的结合甚至相互同化的事件。毫无疑问，独立、结合与同化难免影响着世界民族文化及其构成，以及民族服饰与时尚创意产业的生成与当代建构。但在世界范围内，对同一民族元素的创意与设计的理解，还会因民族与地域而发生历史性的变化。在当今的文化多元主义语境里，时尚创意的民族性难以脱离世界性而存在。尤其是，在民族服饰与时尚文化的研究上，诸多学科的介入与借鉴是近年来值得加以关注的学术趋势。

当然，世界性本身也给民族性特质带来了问题与挑战，促使人们关注民族艺术与文化的传承与当代重构，以应对世界性艺术与文化复杂多样的诉求。应注意到，"现在时装系统本身不仅已经国际化，讨论时装的话语也被国际化了"。① 但在这种所谓国际化的话语生成里，仍然隐藏着各个民族不可忽视的独特声音。各民族时尚创意的艺术与文化认同，以及民族之间的思想对话的可能性，离不开民族性与全球化语境里的世界性的关联。但无论如何，世界性都是民族性认同亟待关注与探究的问题。

在疏离与熟悉之间，时尚从民族性与世界性的生成性关联里获得了张力。一般来说，同一人种的人们往往还可以分成为不同的民族，因为人种是具有共同遗传体质特征的人类群体。民族通常有着自己特定的人种（种族）这种人类学关联，也由此较为稳定地属于一个人种（种族）集团，但文化上的历史与传承也会影响到民族的人类学存在。当然，民族虽然与人种这种自然性特质密切相关，但它又并不局限在这种自然性的基础上，而还会涉及精神图式与文化的复杂关联。而且还可以说，民族是指在文化、语言、历史或宗教上，可以与其他民族有所区分的族群或一群人。

但是，对那些带有混合性的过渡类型的民族来说，难免含有复杂的与难以简单区分的民族成分，像部分中亚民族、埃塞俄比亚人、现代美洲民族等。世界性对民族性的超越之处在于，艺术与文化可能在相互借鉴的基础上建构出某种一致性。与之相关，那些具有同一特质的、超越民族性的世界性艺术与艺术潮流，往往会成为今后世界艺术与文化建构的一种趋势。但在任何时候及任何地方，这种具有一致性的所谓世界性趋势都不可能是绝对的。正因为如此，人们的日常着装与衣生活方式，都是各种民族服饰文化互文后的生成之物。

只有在借鉴与吸收外来文化的基础上，进而对传统的民族艺术与文化加以当代重构，才能使艺术与服饰在世界性语境里凸显民族性。毫无疑问，对其他民族或地方的技艺的考察与借鉴是重要的。在费南迪斯看来，"通过这些参观学习，我们可以研究那个民族的编织技术或造型传

---

① ［美］珍妮弗·克雷克：《时装的面貌——时装的文化研究》，中央编译出版社 2000 年版，第 60 页。

统，然后我们就可以通过这些开发出一个服装系列"①。当然，特定民族性的保护与传承不能无视其他民族而进行，而是要在与其他民族艺术与文化加以对话的基础上，去生成与建构在全球化时代的服饰创意与时尚文化的认同感。

与此同时，不少民族性特质都会在世界性的生成里发生变化。还要意识到，艺术与服饰的世界性既不等同于美国化，也应与欧洲化趋势有所区分与不同。其实，艺术的世界性并不以某一国家或地区的艺术样式为标本，而且这种世界性还随着各民族艺术与文化的发生及其关联来历史性地生成自身。与此同时，艺术与服饰的世界性也不是一成不变的，而是基于不同民族创意的对话而生成自身。只要各民族间的交往与文化对话存在者，艺术的交流就可能表征出世界性的特质。应当说，艺术的民族性只有在与其他民族的交往中，才能成为自身并具有某种世界性的文化特质。

任何民族时尚的当代创意与重构，无不将这种世界性回应到设计样式与风格里。虽然说，一个民族的艺术、服饰与文化，并不受制于其他民族或一般的世界性。"然而，随着铁路的四通八达，巴黎时装以及成衣的扩散，迅速地使地方服装沦落到民间服装的程度，成为过往历史中残留的物证痕迹。"② 对待西方艺术、服饰与文化，既不必简单地加以拒绝与排斥，也不必一味地模仿甚至趋之若鹜。显然，世界性时尚往往不乏独特与典型的地域与文化，一切地方性艺术与文化都是世界性时尚建构所不可忽视的。

在这里，任何民族的服饰与时尚创意、设计，都应不断吸收其他民族的创意与风格，以促成本民族艺术在不同民族文化的交织中生成自身。还可以说，那些具有世界性特质的艺术与文化样式，往往具有全人类的共性与普世的人文关怀，不乏世界性的眼光与全球化的文化视野灌注其中。在当今的时尚创意过程中，各民族在世界性语境里的艺术与文化，以及所遭遇到的生存状况与文化处境，无疑都是应加以回应与深入探究

①　[美]杰·卡尔德林：《形式·适合·时尚》，山东画报出版社2011年版，第148页。
②　[法]弗朗索瓦－玛丽·格罗：《回眸时尚：西方服装简史》，中国纺织出版社2009年版，第139页。

的，而这种回应还涉及对时尚的独特领悟与符号化传达。实际上，任何民族的时尚都难免被世界潮流所关注与借鉴，而世界性也不可避免地成为民族时尚创意的关涉物。

在全球化时代，既不应简单消解民族性与地方性的存在，也不能以世界性来直接规约与统一民族多样性，而是应旨在民族性与世界性，以及独特性与一般性之间，建构出某种关于审美与文化的张力。在西方文化语境里，所谓的主流意识往往参照一个较低的他者来建构自己。尤其是，"自从后结构主义出现，强调西方文化将所谓边缘的团体编码为他者的方式，这种观念就越来越流行"①。在当代世界性的语境里，重建民族时尚与文化成为了重要的艺术与文化问题。还可以说，民族创意与认同是在民族性与世界性的对话里实现的，这种对话与沟通还被纳入不同民族的衣生活方式之中。

三 民族性特质与世界时尚的祛同质化

作为一种生活方式，人类的衣生活难免带上民族与地方的特质，同时又无不相关于其他民族与世界性的问题。实际上，时尚创意与设计离不开这种民族性这一根本传统。因此，发掘、保存民族与传统服饰的内在文化精神，就成为当代时尚创意的艺术与文化诉求。例如，古朴的秦汉服装、富丽的隋唐五代服装、高雅的宋装、堂皇的明装，以及华贵的清装，这些服装显然都是这种民族性特质的独特表现，其中，最典型的样式与风格莫过于唐代的服装了。应当注意到，在世界性时尚与流行趋势之中，民族性特质在祛同质化过程中具有不可替代的意义与价值。

但随着历史与文化的变迁，许多的民族与传统服装都面临着被淘汰的命运。在这里，民族性特质与民族精神和文化密切相关。在黑格尔看来，作为人类社会最崇高、最永恒的世界精神，常常是体现在一些主要民族的民族精神之中的。在艺术与时尚里，还涉及不同民族精神特质的关联与相互借鉴。譬如，"东汉末期，忍冬纹随着佛教艺术在我国流传兴

---

① ［英］丹尼·卡瓦拉罗：《文化理论关键词》，江苏人民出版社 2013 年版，第 117 页。

起，南北朝时最为流行"①。这种民族性指一个民族的本性与精神特征，以及在艺术与文化里表现出来的、与其他民族不同的特质。随着人类生活条件与方式的变化，民族性特质及其在服饰领域里的体现与表达，其实也不断发生着与之相关的历史性变化。

还要看到，民族性特质的生成与建构，与自然环境、社会生活、历史文化分不开。例如，中国北部、西北部与西南部草原牧区的民族，喜欢骑马、住毡房、喝奶茶或酥油茶等，这些习惯无疑是由于牧区气候寒冷，牧民长期逐水草而居的特点与历史传统决定的。在民族的生活方式之中，当遇到同一问题或类似情况的时候，各民族往往会采取不同的思维方式，这也影响了民族着装特质的形成。但全球化可能导致的同质化，却是应引起警惕并加以文化批判的问题。与此同时，各种不同的创意方式又会形成衣生活的差异。在全球化时代，民族性特质也是民族在思想与行动上所具有的独特品质。

当然，世界上并没有什么绝对意义上的独特性与差异性，一切特质都是相比较而存在于各民族共同的在世生活中的，但共同的在世生活又可能导致特质与差异的消失。"从这个意义上说，全球化，特别是流行艺术的全球化，被视作在艺术价值的最低层次推动了艺术的同质化。"② 一切民族发自内在精神的文化自信与自觉，有助于克服本民族向其他民族模仿的冲动。应注意到，从独特性、差异性去看一般性、一致性，对世界时尚与文化的生成有所裨益，但还要克服与批判在独特性与一致性之间非此即彼的文化执态。

与此同时，民族性特质都是复杂多样的，有时还可能是互相冲突的，这涉及各民族艺术与文化之间的沟通问题。在多元化的民族生活方式之中，任何民族都不宜过分强调本民族对于其他民族的优越感。因为，在全球化时代，各民族及其精神与文化特质都为同质化的消解提供了独特的可能性。例如，维吾尔族的服饰不仅花样较多，而且非常优美、富有独特的民族特色。在日常生活中，维吾尔族妇女喜用对比色彩，这样就

① 冯盈之、余赠振编著：《古代中国服饰时尚 100 例》，浙江大学出版社 2016 年版，第 29 页。

② ［英］维多利亚·D. 亚历山大：《艺术社会学》，江苏美术出版社 2009 年版，第 215 页。

使得红的更亮，绿的更翠。尤其是，维吾尔族是个爱花的民族，人们戴的是绣花帽，穿着的是绣花衣，穿的是绣花鞋，扎的是绣花巾，背的是绣花袋，衣着服饰无不与鲜花密切相关。

而且，维吾尔服饰形式清晰、纹饰多样、色彩鲜明、图案古朴、工艺精湛，充分体现了一个地区与文化的历史沉淀。世界性时尚总是相关于各种民族元素与文化重构的，而非简单与直接地搬抄某一民族的传统样式、图式与审美风格。民族元素与文化特质及其重构，仍然要提防陷入全球一致性中去。许多民族服饰往往具有显著的民族文化特色与审美接受范式，并可以从中窥见民族服饰的传承性与地域性的习俗。在民族时尚的创意中，不少设计师借鉴了时尚元素与现代设计手法，将东西方服饰的特质巧妙结合与创造性的重构。

19世纪，沃斯在法国巴黎从事服装设计与经营，因首创服装表演而被誉为"时装之父"。服装与时尚评论家们开展了关于时装含义的讨论，时装概念得以逐步形成并推动了时尚创意与设计的建构。就时尚来说，世界女装发源地是巴黎、米兰以及后起之秀伦敦，男装发源地则是东京和纽约。虽然这些城市都是国际性的时尚大都市，但它们也是以各自的特质融入世界时尚的。在现代服装与时尚界，巴黎、米兰、纽约、伦敦、东京被视为时装之都，许多顶级世界性的时装秀在这些时尚之都定期举行。而且，西方艺术与时尚的这种深刻影响，可以说一直持续到了当代的世界时尚界。

尽管说，现代性及其对一致性的强调与诉求，在很大程度上导致了同质化的问题，但对特定民族的艺术与文化的过分强调，并由此来贬损其他民族的做法与行为，则可能导致另一种同质化的时尚与文化。因此要注意到，"文化史还面临一个社会史不会面临的问题：容易用人类学家的某些方法来处理文化，对整体做无差异处理"①。从古希腊开始，西方艺术与文化就强调形体美、外在美，而以模特为核心的现代服装表演与发布，强调的其实往往也是这种形体美和外在美。而且，从法国乃至整个现代西方服饰文化来看，世界各地时尚一直秉承着西方人对时尚美的独特理解与阐释。

---

① [英] 杰克·古迪：《神话、仪式与口述》，中国人民大学出版社2014年版，第69页。

在世界性服装与时尚领域，真正有价值的东西不仅是那些新潮的样式与风格，其实还包括隐藏在这些时尚后面的民族艺术与文化特质。这里的民族文化及其根本特质之所在，其实就是关于文化的民族独特视角，以及建构与阐发的民族话语与风格。在世界性时尚体系里，各个民族的地位与文化影响虽然参差不齐，但生成性与开放性为既尊重民族差异，同时又不仅仅局限在某些特定民族的特质上，提供了审美与文化的张力与多种可能性。实际上，民族时尚无疑又是不同于日常生活习惯的一种独特表达形式。

当然，特定民族的特质并不是单一的、与其他民族无关的，而是在与其他民族性特质相比较过程中而成为其自身的。毫无疑问，东方风格在东方乃至西方影响深远，但是，"在 19 世纪中期，东方主义耗尽自身的新奇性，欧洲在设计与产品上开始超过东方"①。应当可以说，法国服装最显著的特质就是具有民族性，不仅表现了法兰西民族的历史、传统与精神，还保持着法国宫廷的贵族气息，同时又融入了现代生活的简洁大方，所以法国服装体现的是传统与现实的紧密结合。

不仅如此，法国在各方面都保持和重构了过去的传统，包括法国的建筑、城镇风貌甚至语言文学等莫不如此。虽然说，法国曾经拥有古典主义与现实主义风格的艺术，但是法国人骨子里却具有强烈的浪漫主义色彩。即便是巴尔扎克这个现实主义的文学家，其生活经历并没有充满现实的理性，而是表现了浪漫的冲动与激越的人文情怀。在浪漫主义艺术与文化的语境里，法国时尚虽不够缜密却极具感染力。这里所谓的"同质化"，指同一大类中不同品牌的商品，在性能、外观甚至营销手段上相互模仿，以至彼此趋同与难以区分的现象。在产品同质化的基础上，所形成的市场竞争行为称为同质化竞争。

在设计与消费领域，同质化导致了产品的民族性与地方性的式微甚至消失，因此可以通过对多民族与不同地域的文化的关注来消解同质化。对内在经验与个性的关注与强调，无疑也有助于同质化问题的克服。特别是，当今的快时尚的服饰始终追随迅捷的潮流，个性化的设计与生产都难以得到充分的考究。再加上，时尚服饰新品到店的速度奇快，橱窗

---

① Adam Geczy, Fashion and Orientalism, Bloomsbury Academic, 2013, p.116.

陈列的变换频率更是一周两次。在对时尚流行趋势的追逐下，快时尚款式差距缩小的趋势是根本难以逆转的，因此，只能在细节上创新才能表达特定品牌的想法。

而且，出现在不同快时尚品牌中款式相似的服装越来越多，那些引领潮流的快时尚似乎成为某种"标配"性的流行产品。但应当意识到，同质化显然不仅不利于消费者识别某款时装的独特品质，还会导致艺术与文化陷入技术与现代性所诉求的单调与一致之中。在时尚美的揭示与表现中，"个性化走过的漫长路程已经把早期现代美外部的没有争议的古老模式完全改变成内心的个性化的模式"①。个性化风格总是与特定群体或族群相关的，从来都不是所有人群共同的喜好与一致的衣生活选择，但这种个性化在现当代设计里也难免受到极大的挑战。那些无特色、无差异与边界模糊的设计，无疑是差异化的消失及其在时尚上的表征。

在对同质化加以克服的过程中，差异化的设计与营销应当从观念与文化入手，尤其是要关注不同地域与民族文化的内在精神特质的挖掘与揭示。否则，时尚品牌商品会显得相似、雷同与难以分辨，以及难免陷入同质化的问题与困境中去，从而使各种品牌失去自身原初的独特性与优势。因此，要突破同质化就需要在核心观念与技术研发上创新。如果忽视对民族原创性艺术与文化特质的保护与传承，终究会在当代时尚创意与设计里失去话语权。由现代主义与大众文化造成的时尚同质化趋势，使时尚艺术与文化正在走向单调和枯涸。民族特质在时尚与文化里的式微甚至丧失，还会导致设计随着世界性时尚潮流与风格亦步亦趋。

从基于现代性的时尚同质化中解脱出来，走向多元化的创意与表现成为时尚的必由之路。但独具民族特质的个性化设计，应成为一种自觉与主动的文化认同与选择。对于特殊与普遍的关系，"我自己的论点，包含了既对特殊性、差异又对普遍性和同质性保持直接关注的尝试"②。从同质化解脱出来的根本路径在于，从多元性的传统与民族文化的生成过程中，重新寻找与建构新的艺术与文化精神的诸多可能性。设计还要给

---

① ［法］乔治·维加莱洛：《人体美丽史》，湖南文艺出版社 2007 年版，第 237 页。
② ［美］罗兰·罗伯森：《全球化——社会理论和全球文化》，上海人民出版社 2000 年版，第 144 页。

当代时尚赋予民族的个性、差异和文化多元性，多元的民族时尚才能成为与同质化趋势相抗衡的力量。各民族的艺术与文化及其精神与文化特质，为在世界范围内时尚同质化的克服提供了可能。

其实，时尚创意的多元化路径并不是对一致性的简单否弃，而是在差异性与单一性及其相互生成之间，建构与保持一种基于艺术与文化的张力，以克服与消解两者之间的相互否定与非此即彼。同质化是自启蒙主义以来文化的交流，以及技术与理性所带来的普遍性特质。尽管说，民族时尚在一定程度上有助于同质化的克服，但愈演愈烈的相互模仿与同质化仍然难以彻底遏制。在时尚艺术及其表现之中，技术并不仅仅局限于工具性这种定位上，它甚至可能成为时尚表现与审美的规定性。正因为如此，服饰创意与设计的独特个性成为某种稀有之物，而民族衣装就是民族内在精神与文化的一种独特符号。毫无疑问，创意与设计在这里面临着如何摆脱同质化的问题，为此就应当从民族艺术与文化里寻求思想与灵感来源。

其实也就是说，只有不乏特质的个性化设计才能满足消费者的各种需要，以及不同族群的人们在着装上的差异性与多元化诉求。各民族的服饰与当代时装设计，表现出其独特的心理、审美与文化个性。在汉语及其思想与文化的语境里，艺术与设计并没有陷入西方传统的形而上学困境。再就是，"中文不但没有单纯地通过添加冠词，进行这种从'美的'到'美'的简易滑动，将美转向一个具有普世性的概念"[1]。这种被赋予精神与文化特质的服装与时尚，不仅展现了各民族鲜活而又不可替代的民族个性，同时也有别于其他民族的精神与文化特质。正是在这个意义上，独特的民族时尚与文化不仅是不可或缺的，它本身其实就是克服设计同质化的一种重要文本与话语样式。

第二节　时尚民族主义与文化殖民的问题

在民族的艺术与文化认同之中，民族主义一直存在着并往往表征为，一种将自我民族看成具有绝对优越的主体，而置于其他民族之上的学说、

---

[1]　［法］朱利安：《美，这奇特的理念》，北京大学出版社 2016 年版，第 11 页。

思想与文化趋向。虽然说，民族主义对本民族的世界性文化认同的强调，以及在文化传统与历史遗存的保护方面，都具有极其重要而又难以替代的意义与作用，但在对其他民族及其文化的承认、认同与尊重方面，民族主义却带来了诸多负面与消极的文化影响。殖民主义往往只出现在强大的民族之中，并与民族主义发生着各种复杂的关联，而后殖民主义主要表征与体现在文化殖民方面。在后殖民主义的时代，东方的、非西方的民族的服饰与文化，难免被边缘化、愚昧化与幼稚化地对待与表达。当然，后殖民主义也对这种现象及其缘由提出了反思，并为民族主义问题的克服提供了艺术与文化上的可能性。但绝不能将任何特定民族，当成凌驾于其他民族之上的优越民族。与此同时，任何样式的民族主义与文化殖民都应在时尚里得到反思与批判。

一　作为极端民族化的时尚民族主义

虽然说，民族创意与时尚及其文化认同与世界性密切相关。但世界性服饰与时尚本身就是一个悖论，因为这种服饰与时尚既离不开民族性，同时它又是对民族性的一种艺术与文化超越。然而，极端民族化的艺术、设计与文化，不利于全球化语境里时尚多样性的重建。在这里，人们要想了解、揭示与阐释民族主义的根本规定，就必须知道什么是民族的规定这一根本问题。其实，民族往往也可以理解与把握为，在一定的历史阶段形成的，并具有共同的语言与文化习俗等，以及相互认同与承认的稳定共同体。

在不少的时候或情景下，民族主义常常称为国族主义或国家主义，也是一种包含民族、种族与国家的认同在内的意识形态。一般来说，那些具有民族主义情结与气质的民族，往往都具有较为自觉与强烈的民族意识，"……并且致力于运用本地的语言、习俗、艺术和风景，通过民族的教育和制度来培育他们自己民族的个性"①。这其实也并没有什么不对，但这种对本民族艺术与文化的极端认同，也不能以否定其他民族的认同为前提。但如果一个民族不认同与承认任何其他民族，而只是一味地局

_____

① ［英］安东尼·史密斯：《民族主义——理论、意识形态、历史》，上海人民出版社2011年版，第37页。

限于本民族的时尚表现，甚至还对关切于世界性的民族时尚多样性视而不见，这种做法难免会致使民族时尚陷入时尚民族主义。

在时尚创意与设计过程中，对民族性特质的关注与揭示，日益成为当代时尚界的一种重要诉求。具体来说，一个民族之于其他民族所具有的根本性特质，往往缺乏系统与深入的揭示、探究与阐发。而且，民族主义及其在时尚表现与设计中的重构，往往也是一种与全球普适性相背离的运动。考虑到，开化的社会过去大多强调各民族共同体的独特性，否则就会由国家来统一多种多样的艺术与文化特质。尽管民族主义在增进民族文化自信上不无助益，但极端的民族主义却又是不自信的一种另类体现。

在这里，民族主义往往被称为凝聚民族共同体的学说，有时也特指关于民族独立运动的意识形态。民族主义往往表征在，对本民族性特质的极端看重与过分强调，以及对其他民族特质的简单拒斥、否定与反对。在民族主义者那里，明确的准则被用来划分与规定民族，同时以这种标准判定孰为民族成员，并以之与其他的民族或族群成员相区别。尤其是，全球化却难免成为殖民主义的一种扩展样式，这不仅应当引起人们的充分注意与深入思考，还要以后现代艺术与文化的多样性对这种扩展加以克服。在这里，民族之为民族的基本规定，虽然涉及语言、文化与价值取向等，但其中最主要的还是民族的根本意识。

应该注意到，民族时尚的审美及其文化认同的建构，既要反思与克服各种各样的殖民主义思潮，同时又要对狭隘与极端的民族主义加以文化批判。作为一种所谓的异国情调，中国与东方的元素对西方的文化影响由来已久。"但是在模仿东方图案的时候，织工们做了细小的变动，改变了它们之间的关系，并最终把它们同来自中东的图案和铭文一起，收入了哥特式饰品精美的珍藏品之中。"① 值得警惕的是，民族主义者甚至还以特定民族的时尚标志与象征，代替甚至否定在时尚与文化表现中的民族多样性。但任何民族都不可能通过对其他民族性特质的否定，来促成与增进本民族的民族自信与文化认同。

---

① ［英］休·昂纳：《中国风：遗失在西方 800 年的中国元素》，北京大学出版社 2017 年版，第 42 页。

　　一般来说，民族主义以民族特质简单看待与草率处置人类活动，将把自民族的精神特质看成超越他民族的绝对优越性。但是，各民族都有其自身的艺术、文化与习俗，这是其他任何民族的特质不能替代的。考虑到，民族国家已成为国家结构的主流形态与样式，因此，民族主义对世界历史与地缘政治影响巨大。在这里，要将民族的与民族主义的东西区别看来是非常必要的。通过服饰与着装强调本民族的精神与文化特质，就与民族主义极端的观念与思潮是不同的。毫无疑问，早期的民族主义运动是针对帝国的，诸如奥匈帝国之类。那些具有某种民族认同，并以民族国家为法统的人，其实皆可称为民族主义者。

　　然而，如今所谓的"民族主义"一词，难免涉及以政治活动（或涉及军事）支持民族主义者的主张。不可否认的是，民族以血缘的形态呈现与表征着自身的认同基础，但民族各成员之间的差别有时确实太大而难以达成共识。在维护自身民族权益的问题上，"民族主义否认所谓的殖民地人民是次等人的说法；他们断言落后民族也能使自己'现代化'，并保留自己的文化认同"①。反全球化运动看到更多的是，全球化可能导致民族自律与文化自觉的缺失，以及民族生活方式与文化传统的式微。

　　应注意到，一切种族中心主义都以过于偏袒自身文化为基础，即使认同与承认其他民族性特质也是有条件的、有前提的。与此同时，民族或种族主义还指一种自我中心的文化态度，认为种族差异决定人类社会历史和文化发展。但极端的民族主义大都认为，自己所属的人种、民族与国家，显然优越于其他的民族、族群与团体，因此属于一种极其偏颇的思想与文化执态。而且，极端的种族主义也是掌权者对外族隔离与压迫的工具。实际上，世界各地的民族服饰与时尚衣生活方式，大都是与特定民族的习俗、文化相关的，同时还成为传统社会特定民族身份确认的符码与象征。

　　在服饰与着装方面，民族主义还表征为一种基于自民族优越感的时尚民族主义，甚至还将宗主国的服饰体制与衣生活在殖民地强制性推行。在当今，对于全球化时尚与流行趋势来说，民族性与世界性并不是非此

---

　　① ［印度］帕尔塔·查特吉：《民族主义思想与殖民地世界》，译林出版社 2007 年版，第44 页。

即彼的，而是处于不断的对话、交织与相互生成中。在这里，民族文化是民族的生存与生活方式的历史性沉淀，以及在此基础上的信仰、观念、艺术与习俗等的总和。而且，这种民族文化具有不可还原为它的构成部分的整体性，因此不能以一种简单的方式去肢解民族特质及其构成，更不能把一些被分离的、支离破碎的孤立元素，当成民族精神与文化特质的整体来把握与阐释。

无可置疑，民族文化是时尚创意与设计灵感的历史性来源，同时也是一个民族身份意识与文化自信的人类学基础。民族的时尚创意与设计，显然是以民族的精神与文化为底蕴的。如朝鲜服或韩服，就是从古代演变到现代的朝鲜民族的传统服饰，这种服饰本身无疑就是其传统艺术与文化的生成物。西方的服饰艺术与时尚文化，一直并继续对非西方的时尚产生广泛而深远的影响。与此同时，东方异国或民族的生活情调与艺术风格，往往也成了西方当代时尚创意与设计的话语样式，以及艺术与时尚文化所关涉的民族性语境。

但对极端民族主义的反思与批判，并不会削弱民族艺术与文化的独特样式与风格。甚至可以说，正是民族特质的多样性构成了世界时尚，同时也为全球化注入了不同的地方性特质。民族的服饰文化与文化认同，不仅是民族地位与身份获得承认与认同的基础，也是民族建构自己的生存与生活世界的文化前提。在传统的社会里，一个民族往往是由穿着大致相似的服饰样式与风格的成员构成的，但在现代社会里，民族与传统的服装往往不再被当成日常着装来穿戴，它们曾经的族群符码及其象征意味也正在式微甚至消失。还应当注意到，时尚还会在不同的社会阶层、族群之间发生跨文化的传播。

与此同时，民族元素在不同民族之间的相互借鉴与风格移用，成为跨文化的艺术与服饰传播所关注的文化人类学问题。这里所说的文化认同的揭示与研究，还必须进一步考察民族的文化心理与习俗，尤其是不同民族的心理特质及其对认同的影响。"我们存在的基础是一种关系；至于超验因此是对异己与他者的一种肯定。"① 作为一个艺术概念，民族性是在18世纪由启蒙运动主义者提出的，它之所以得以产生与建构的文化

① Kevin O'Donnell, *Postmodernism*, Lion Publishing plc, 2003, p. 143.

语境在于，当时欧洲许多贵族模仿法国宫廷艺术成风，从而激发了人们去构建民族独特艺术的文化诉求。

在基于文化多样性的世界时尚里，所有民族的独特性都是其他民族不可替代的，但又可经由民族间的对话与交际来增进相互理解。当一味地模仿其他民族艺术风格趋之若鹜之际，对本民族艺术的关注与保护就显得格外重要与紧迫。对民族性特质的独特关注与揭示，也是全球化时代民族文化保护与建构的基础与前提。任何民族的文化性格都具有不可或缺的独特性，但这种民族个性并不是绝对的、封闭的与僵死的。还要意识到，时尚民族主义情结也不是一成不变与永远如此的。在不同的社会、历史与文化语境里，时尚的民族主义的文化诉求也有所差异。

但是，如果对某一特定民族的过分强调或贬低，就可能导致与产生民族间的文化冲突。虽然说，在对本民族的艺术与文化的认同，以及在文化传统与历史遗存的保护方面，民族主义都具有极其重要而又难以替代的作用，但它对其他民族却难免带来不可忽视的影响。譬如，"在民族主义成为一种强大的政治运动后，越来越多的尼日利亚人穿上了本土服装，而其他人开始将西方服装和本土服装的因素互相混合"①。作为现代性的核心元素，民族主义与社会时尚的冲突在"妇女国货年"运动中得到充分展现。

在"妇女国货年"运动之中，女用奢侈品进口不减反增的悖论性社会现象，其实表明了民族主义终究不敌消费时尚的趋势。对于"妇女国货年"运动来说，近代都市女性之所以具有如此的崇洋时尚心理，显然不能简单归结为女性民族主义情感之缺失，而不顾西方时尚与生活方式及其向中国的介入。其实，衣着与服饰并不仅仅是外在性的装饰与表象，它们会不断地内化为一种民族意识与精神。尽管如此，人的衣着与精神生活也不是简单的对应关系，因为它们之间涉及视觉与内在图式的复杂关联。考虑到符号所指的迷失与多元化，不可过度解读民族元素及其在服饰设计中的能指意味。

在对民族主义的反思过程中，应避免对"民族的就是世界的"的观

---

① ［美］珍妮弗·克雷克：《时装的面貌——时装的文化研究》，中央编译出版社 2000 年版，第 39 页。

点，作出极其简单与片面的理解与阐发。问题突出地表现在，民族性的东西都将自发地成为世界性的东西，这显然忽视了民族性之成为世界性的条件与语境。任何通过外在的社会运动，来强迫推行某种着装方式的做法，无疑都是对人们生活方式选择权的剥夺，同时还可能激起民族主义的不良情绪。应当说，民族主义基于民族的认同感，而民族认同感是一种族群感情，并往往被作为价值观甚至是非判断依据，这样就促成了民族主义情感与文化认同。

当代时尚及其对世界性趋势的关注，虽然在不断借鉴民族元素与风格，但同时又在对狭隘的民族主义加以消解。甚至可以说"自人类形成部落群体而开始人类文明之日起，当某一部落的人们遇到另一部落的人，发现他们之间存在差异时，跨文化交流便随之发生"①。大多数国家都认同并希望彰显自身的民族精神与文化传统，但极端的民族主义会在文化与政治等方面产生极大危害。极端的民族主义者几乎自认为本民族优于其他民族，甚至会寻求摧毁非我族类的文化与精神的诉求，从而可能导致种族灭绝以及世界性的文化破坏。与此同时，民族主义的表征方式与案例极其多样，而论及民族主义不时会引致极端性的情绪。

应当看到，如何面对异质文化是跨文化传播所面临的根本性问题。其实，任何民族的内在精神与文化特质，无疑都具有不可替代的独特性与内在禀赋。但要注意到，民族个性与特质又是历史性生成与建构的。比如，猎装夹克可追溯到西方19世纪，它曾是英国军官们用作热带地区的习惯性衣着。20世纪60年代后，这种服装却成为全球女性所普遍青睐的时尚，而不再只是其特定历史时期所表征的着装特质。时尚的这种基于历史性的当代重构，依然涉及不同民族间的文化相互适应，这与对极端民族化与民族主义的批判分不开。

因此，那些封闭与僵化的民族时尚及其风格，也不可能融入世界性的时尚文化中去。这里的民族性无疑是一个民族时尚创意的基础，这也是时尚表现所力图彰显的重要文化内涵。时尚创意不仅关涉特定的民族存在，而且还涉及众多民族之间的文化沟通与理解。毫无疑问，任何民

---

① ［美］拉里·A.萨默瓦、理查德·E.波特：《跨文化传播》，中国人民大学出版社2004年版，第4页。

族都不可能孤立地存在于这个世界上。正因为如此，不同民族的时尚创意无疑也是彼此开放的，并在跨文化的传播中共同建构着民族时尚风格。在不同民族服饰艺术与文化的跨文化传播中，应克服与消解民族主义自以为是的极端情绪与根本困境，以促成各民族自信与文化认同的建构与当代重构。

二　创意的祛民族化与文化殖民的困境

还可以说，民族间的艺术与文化的沟通之所以可能，乃是因为任何民族性都是与世界性相关联的。在追逐流行趋势与时尚的过程中，各民族的独特性也在发生不断地融合，特定的民族身份与意识可能因此弱化。尤其是，在后殖民主义的语境里，原初民族意识强烈的民族衣生活，难免被强势的民族同化而发生祛民族化，由于丧失了民族自觉而融入全球化之中。在时尚表现里，祛民族化指对民族元素的悬置与放逐，但也可指对民族主义的一种反动与叛离。虽然说，民族主义在艺术、时尚与文化上亟待批判，但祛民族化同样会遇到自身问题与困境，尤其是可能会陷入文化殖民的陷阱而难以自拔。

历史地看，民族意识与自觉的强弱是不断变化的，在各民族之间还会出现此起彼伏的情形。在全球化时代，民族意识的淡薄与式微在一定程度上，使得东西方时尚文化发生了融合与交织。在衣生活上，民族主义的极端主张遭遇了难以克服的问题，这是因为时尚总是在对既有的民族界限加以冲击的基础上实现的。作为对民族主义的批判，反民族主义是对某个民族自认为优秀、特殊或与众不同，而轻视甚至压制其他民族的思想与行为的反对。那些认为各民族拥有平等行使义务之权的，都可以看成反民族主义的思想与文化样式。

魏晋以来，一些少数民族［匈奴、鲜卑、羯、氐、羌（五胡）］大批内迁，他们和北方汉族人杂居相处。许多少数民族的小聚居与大杂居，为民族间生活方式的相互影响提供了存在论上的可能性。但应意识到，"团体、机构以及国家可以操纵和利用设计的物质文化来构建身份认同，并向广大民众传达这些身份认同"①。在唐朝，黄河流域的人迁往边疆；

---

① 　［英］彭妮·斯帕克：《设计与文化导论》，译林出版社 2012 年版，第 109 页。

元朝时期，各民族互相迁徙。在民族共同的衣生活中，民族的融合与杂居并不是简单否弃民族性。这里的民族融合既指一个没有民族界限的人类及其整体性，同时也指历史上两个以上民族及其共在与交织。

应考虑到，由于互相间的接近与彼此影响，多民族可能最终形成一个民族。毫无疑问，民族融合是人类在共同的生活里难以避免的问题。当然，古今中外民族共同体的形成、变化与建构，实际上都是与民族的关联、融合分不开的。其实，任何民族都不可能以强制性的服饰制度将某种着装理念贯彻与执行下去，即使民族主义在极力推崇本民族文化时不遗余力。同化也并不局限在强制的手段与方式上，艺术与文化的交流也可能导致民族间的同化。但也要看到，现代人不一定都会将民族元素直接表达在服饰上。

在中西艺术与文化的传播与交流过程中，中国的服饰设计与文化也对其他国家与地区产生了影响。在中国多民族的关系史上，既有强制同化，又有自然融合，相互之间分合、聚散，错综复杂。应当说，民族的自然融合是民族间的艺术与文化，以及不同生活习惯间的密切关联与相互渗透的过程。即使在不少祛民族化的设计里，民族的元素与文化仍然可能以隐秘的方式渗透其中。在民族生活史上，汉化也是一种值得关注的民族融合样式。如中国匈奴族从后汉至南北朝的汉化，鲜卑族在南北朝时期的汉化，以及契丹、女真在辽、金、元时的汉化等。

在服饰跨文化传播的漫长过程中，各民族的元素与表现难免发生相互的融合。伴随着历史上各民族的多元化存在，以及统一、分裂与再统一的反复交替，古代民族间的文化交流和相互借鉴也贯穿其中。譬如说，"如今东南亚尤其东亚诸国的礼服（民族服装）的形制，仍保留我国汉唐时期的特征就是一个很好的例证"①。其实，这也是服饰与时尚的跨文化传播过程。由于隋唐实行比较开明的民族政策，民族间经济与文化的交流大大加快，民族相互关切与融合得到了不断的加强。

在殖民主义时期，宗主国控制了殖民地的自然与文化资源，甚至迫使被殖民国家弱化其民族性特质与情结。而且，殖民主义国家往往还将自身的宗教与文化，以及其衣生活方式强加在被征服的民族身上。在殖

---

① 钟志金：《民族文化与时尚服装设计》，河北美术出版社 2009 年版，第 23 页。

民主义时代，一个比较强大的国家甚至直接干预比较弱小的国家的社会与文化。一般来说，殖民主义通常建基于民族中心主义之上，殖民者自以为在精神与文化上比被殖民者优越。但作为对民族主义的另类反动，民族自身的祛民族化难免被西方文化殖民。在18—19世纪，殖民主义往往被看成种族主义与伪科学的结合，而这又导致了西方世界孕育出原始的社会达尔文主义。

但社会达尔文主义在解读艺术与文化之时，难免会陷入混淆人与动物的差异所带来的问题与困境。当然，殖民主义对被殖民地的社会与文化影响，无疑是广泛的、深远的与极其复杂的。在某种意义上，殖民地的生活方式在与宗主国产生冲突的同时，被动地向宗主国的服饰与衣生活方式学习与借鉴，但与此同时，殖民地的时尚文化自身也发生了许多的变化。殖民主义及其问题与困境的影响还体现在人们的服饰上，以及许多与生活方式和文化相关的诸多领域，这也不可避免地、被迫地建构着殖民地的心理与文化。

在后殖民的创意与设计研究之中，关注的问题指向衣生活及其文化的冲突、影响与变化。作为殖民主义的一种新的样式，后殖民主义更多的是一种文化意义上的殖民。在后殖民的语境里，殖民地居民甚至也放弃了自己对本民族的文化坚守，习惯甚至操持殖民主义者所带来的殖民文化与生活方式，这导致了殖民地的民族元素与文化的式微或被压制。现代以来，世界各地的人们在着装与衣生活领域，民族性的特质正在被某种一致性的裹挟而式微。比如说，曾经作为英国的殖民地，印度人当时就非常流行穿西服，穿印度民族服装的反而没有穿西服的多。

随着经济社会与文化的发展，身着民族与传统服装的现代人可能日益减少。而且，这种祛民族化尤其是与本民族相疏离的趋势，成为全球范围内不可忽视的社会与文化问题，这也揭示了现代服饰生活中的后殖民主义及其影响。特别是"随着西方资本主义及其文化席卷大半个亚洲，我们看到，一些传统国家的许多年轻人穿上了李维牛仔服，在迪斯科舞厅跳舞"①。通过对福柯关于知识与权力关系的论述的重构，萨义德表明

---

① ［美］拉里·A.萨默瓦、理查德·E.波特：《跨文化传播》，中国人民大学出版社2004年版，第67页。

西方对被殖民民族的建构是系统而有意识的，同时还隐藏了被压抑的话语的生产。

　　而且，萨义德是从东方这个"他者"的视角，去反思与批判西方中心主义的。在萨义德看来，东方主义使东方劣于欧洲，以及东方需要欧洲对其加以"改进"的观点，似乎已经变得天经地义、无可置疑。在此基础上，殖民主义以建立起自身文化优势的统治地位，以此改变与建构殖民地的艺术、文化特质与表现方式。后殖民主义的文化殖民及其实现，无疑也是一个民族对另一个民族进行的文化同化，这同时还会导致民族意识的淡化甚至消失。西方中心主义还抱有西方文化的普遍化情结，它时而利用种族优越性与文化自豪感，把自身作为规范强加于内部及外部的"他者"，以及掩盖其种族优越性使自身成为一种隐性规范。

　　随着服饰与时尚的跨文化传播，既不是简单地拒斥，又不是一味地模仿，应成为世界各地的一种适当的文化心态。尤其是，当殖民主义在世界范围内退却与衰落，以及宗主国已经无力左右殖民地或半殖民地的时候，这种优越意识却又进入了艺术与文化的领域，通过借助与依靠规训的力量而日益强大起来，这实际上就是后殖民理论兴起的主要原因之一。考虑到，艺术与文化的力量由于久已有之的原因，容易被与社会因素区分开来进行论述与阐释。作为一种意识形态，文化又不得不面对与回应各种文明及其冲突。

　　后殖民理论的兴起，显然有其深刻的理论基础与历史文化语境。在这里，葛兰西的"文化霸权"往往指来自别的国家的统治，只是到了19世纪以后，它才被广泛用于指一个国家对另一国家的政治支配或控制。到了葛兰西那里，"文化霸权"开始被用来描述社会各阶级间的支配关系。在葛兰西那里，反霸权概念试图挑战构成统治地位基础的话语与行为。但"文化霸权"的支配关系并不局限于直接的政治控制，而是试图成为更为普遍与广泛的支配方式，包括特定的观看世界与人类特性及其关系的方式。应当看到，时尚在模仿与反叛的冲突中，回应着其所遭遇的文化殖民的复杂语境。

　　尤其是，许多高级定制时装难免陷入同质化，其时尚的独特品质与个性也将式微。值得注意的是，将民族、传统的元素借鉴到当代时尚里，已成为不少时装设计师的一种文化自觉。作为迪奥的总设计师，加里阿诺不仅设计了许多与他审美观接近的时装，而且"他在迪奥服装中融进了文化内涵、部落主题和现代装饰品相结合……"① 虽然说，日本早就声称"脱亚入欧"，但它也没有完全放弃自己的传统服饰，而是在当代时尚创意与设计里，将东西方艺术与文化加以对话与融合，进而重构出自身的时尚艺术与审美风格。

应当看到，当今许多时装设计师开始重新关注地方性与民族风格的重塑，这也是对简单的祛民族化的过激行为的一种纠偏或反动。早在 20 世纪 60 年代，英国与欧美的嬉皮士风格就流行于青年之中，这些时装曾影响了 70 年代全球的民族与民俗服饰。嬉哈（hip hop）是一种源自非洲原始部落的流行文化，后来逐渐演变成为一场全球的青少年文化运动。嬉哈装束与文化主张与强调，任何款式与色彩都可以穿在身上，造型上往往偏向宽大与随和。嬉哈装束早已成为一种流行的时尚，甚至已成为一种风格化的当代着装习惯，从而孕育出并影响了后来的所谓街头服饰。

而且，嬉哈这种原本自我、随性、廉价的青年街头装，如今却受到了来自高级时装设计界的借鉴与重构，甚至还开启了"高级街头服饰"的衣生活时代。由此可见，时尚既在建构着各种当下的衣生活等级与秩序，同时又会对业已形成的服饰体制加以解构。但在当今全球化的语境里，时尚也成为一种后殖民文化的重要样式。当然，所有时尚都会面临如何尊重多元创意与设计的问题，这样的时尚风格才不会沦为无民族特质的一致性。实际上，那些颇具民族性特质的世界性时尚样式与风格，既不是各民族元素的简单加和与胡乱拼凑，同时也不是忽视了民族性与文化多样性的唯我独尊。

对于一个强势的民族而言，它的民族主义常常表征为某种殖民主义风格。特别是，这种殖民主义艺术风格与文化特质，通过对其他弱势民族的殖民来强调自身的文化价值，并以本民族的文化特质来消解民族文化的差异性。其实，各民族艺术与文化的关联从来都是时尚创意的重要来源。比如说，20 世纪 60 年代末，吉卜赛风格时装的流行与传播，就离不开嬉皮士艺术风格的影响。这其实也表明了，进入所谓的后殖民主义时代，各个民族间时尚文化的严格区分，以及非此即彼的选择显然是不

---

① ［英］普兰温·科斯格拉芙：《时装生活史》，东方出版中心 2006 年版，第 237 页。

可能的。但在东西艺术与文化的交汇之中，各个民族与国家不应放弃自己的价值诉求。

三　民族间性对民族主义与文化殖民的克服

在民族主义者那里，强调本民族以内在精神与外在服饰区分于其他民族。但与一般主体同样，民族性主体也难以摆脱西方思想与文化所遭遇的主体论困境。其实，任何民族的这种主体性及其建构，仍然是离不开作为他者的其他民族的存在的。对于同一民族来说，识别与认同关涉共同的语言、文化与价值取向，尤其是族群意识即种族上的归属与民族身份。在这里，作为民族性与世界性关联的民族间性具有不可替代的意义。应当注意到，民族的认同往往与族群的归属感密切相关，这种归属感又与民族的心理和文化分不开。

应当说，民族国家的目的在于确保民族的存续与繁衍，以及促成民族身份与文化认同的建构与实现。但民族主义者视民族性为排他且非自主性的，而不像其他自主性团体般可自由加入。还要看到，"时尚设计里的解构挑战了规则，推翻了传统。这种审美哲学包括未加润饰的、分解的和重新集合的方法，经一件衣服的隐藏操作而暴露出来"①。因民族国家已成为国家结构的主流样式，民族主义对世界历史和地缘政治影响巨大。当然，"民族主义"一词也不乏延伸或隐喻性的用法，比如说用以描述某些促进群体认同的运动。

但任何对特定民族的过分与极端的强调，以及对其他民族的贬抑无疑都是不可取的。作为一种中介与过渡，民族间性正是民族性通向世界性的根本性路径，但又不可能导致各民族自身的精神与文化特质的式微与消失。而且，这种民族间性还构成了各民族的时尚与文化对话的基础。其实，民族间性也没有致使各民族特质的相互替代，因此不必为此而付出殖民化的艺术与文化代价。尽管说，民族主义也不乏其所谓的历史合理性，但它仍然应引起人们的警惕并加以批判。毫无疑问，文化殖民是后殖民主义时代语境里的根本问题，它旨在以那些具有优越感的民族文化去改造殖民地的文化。

---

① ［美］杰·卡尔德林：《形式·适合·时尚》，山东画报出版社 2011 年版，第 77 页。

在此可以说，一个民族的时尚与文化，难免随着外来艺术与文化的渗透而式微，因此这涉及民族时尚与文化的保护与传承问题。民族及其多样性应得到强调，这是因为，"不存在单独一元的'族性'现象，而是存在着私人认同与公共认同的编阵，这些认同围绕着关于血统及文化的观念而结合在一起"①。兴起于 20 世纪 70 年代的后殖民主义，是一种具有强烈的政治性和文化色彩的学术思潮，主要着眼于宗主国与前殖民地关系的话语。但后殖民主义自诞生之初就常常变化，以适应不同的历史时刻、地理区域、文化身份与从属关系等。

20 世纪 70 年代之后，西方的"文化研究"从早期对工人阶级及其亚文化的关注扩展开来，把注意力集中到性别、种族、阶层等领域中的文化身份与文化认同等问题上。在解构那些具有文化霸权的时尚体系的过程中，亚文化群体正在构成一种不可忽视的时尚与文化力量。而且，亚文化尤其关注大众文化和消费文化及其关联，以及媒体在个人、民族、阶层与性别意识中的文化生产。还要意识到，时尚的民族性指各个民族在时尚创意，以及在时尚作品中表现出的独特性与文化特质，这种独特性又与民族的存在和生活相关联。与民族性不同但又密切相关的是，世界性强调的是各民族在全球范围内的关联性。

各民族之间共同的生存与生活及其关联性，在根本意义上表征为一种民族间特质，这种民族间性既是不同民族的相关性（相似性、差异性等），同时又是民族性关切与通达多民族性乃至世界性的根本性路径。中国各个民族的服饰虽然有所不同，但它们大都属于东方式的平面结构。又比如，制作于 7 世纪长安（今西安）的仕女俑，其发型与妆容都属于典型的唐朝样式，但是，"俑人服装融合了胡、汉两方面的时尚元素：胡氏联珠对鸟纹上衣，配汉式披巾，加薄纱裙罩条纹长裙"②。实际上，民族间性既是民族之间的基本边界与区分，同时也是各民族在生存与文化上的共在与关切，它在本性上乃是不同民族文化互文的发生之处。

不同民族之间的沟通与交流，其实早已难以分离地出现在当代时尚

① ［英］斯蒂夫·芬顿：《族性》，中央民族大学出版社 2009 年版，第 190 页。

② ［美］芮乐伟·韩森：《丝绸之路新史》，北京联合出版公司 2015 年版，"彩图 8（丝路时尚）"。

里。各民族的艺术、审美与文化之间的交流与对话，以及各民族性与世界性之间的互文与彼此渗透，无不发生在艺术、审美与文化的这种民族间性之中。甚至可以说，正是这种民族间性特质，使民族之间的交流与理解的实现得以可能。其实，不同民族的相互借鉴是共同生活与跨文化传播不可避免的，但这并非意味着对各民族精神与文化特质的否定与放弃。应当说，既相互关联又彼此区分是各民族共同在世的文化人类学基础。显然，民族间性促成了各民族在世界上的独自存在，以及不同民族的共同存在与相互交往。

在历史性的社会生活里，民族的着装与衣生活也在发生不断的变化，从而也形成了不同民族都可以接受的服饰样式。实际上，某种共同可接纳的普适服饰款式的出现，表明了超越地域性和独特民族性的衣生活的可能性。对于在共同生存与交流中的相互借鉴，印度学者班吉姆曾经谈到，"有很多人对我们模仿英国的饮食、服饰和习惯感到愤怒。那他们对英国人模仿法国人的饮食和服饰怎么说？"① 在现当代，颇具普适与通用性质的世界性服饰日益被认可，但这也并不能用来替代样式繁多的时尚新潮。从某种意义上说，流行文化表面上似乎并没有地域特色和民族性特质，但它却是根植于民族艺术、审美与文化的重构的。

在菲律宾，人们往往可以感受到一种文化现象，即菲律宾人非常熟悉美国的文化产品。其实，时尚往往以一种新殖民文化的姿态，介入与渗透到人们日常生活的诸多方面，进而消解着某些传统的着装习惯与服饰文化。在衣着与服饰的问题上，所谓殖民主义的审美趣味与文化心理，其实就是曾经有过殖民地或半殖民地经历的民众，对于原宗主国或半宗主国的衣生活方式与习惯的认同。一个民族文化自信的缺失往往表征在，总是觉得自己事事、处处不如其他民族，从价值体系到民俗风尚等不少方面，甚至从人格追求到审美情趣的养成，都一味地崇尚其他民族或外国的生活方式，却忽视了自民族生活方式的意义与价值。

冷战结束以后，在经济全球化态势迅猛增强的同时，民族的艺术与文化在全球化中式微在所难免，这应引起对艺术、设计与文化的后殖民

---

① ［印度］帕尔塔·查特吉：《民族主义思想与殖民地世界》，译林出版社 2007 年版，第85 页。

性的反思。那些自我贬抑与轻视民族文化的人，其实都自觉不自觉地流露出了殖民文化心态。20 世纪 60 年代后，非洲大陆其实也接受了西方当代时尚理念。尤其是随着欧洲对非洲殖民主义的结束，时装开始成为自我意识与文化身份的新表达，但与此同时又出现了后殖民主义的国际风格。但不同民族之间的对话与文化交流，仍然是世界性时尚建构与重构的文化基础。各民族在自身的世代生存与延续过程中，创造与积淀了各具特色又不可相互替代的民族文化，当然也难免在跨文化传播中发生渗透与融合。

但应当注意到，殖民文化心态正是文化殖民所建构出来的，对于民族艺术与文化的保存与传承是不利的。其实，自从人类文明开始走出原有的部落，艺术与文化的多样性就得到了不断的凸显。但在这个全球化时代，各个民族的服饰是如何融入世界性的，这无疑是一个重要的艺术与文化问题。譬如，"……而当三宅一生在流行舞台上引爆出对抗传统服装定义的面貌时，这些服装又被时代杂志称为'日本原创、西方精神、世界诉求'"①。在全球化的语境里，世界各角落都成为不可分割的整体，在民族性与世界性之间，民族间性比以往任何时候都更具互文性。应当说，包容性在时尚创意与跨文化传播中之所以特别重要，是因为包容性为理解与借鉴作出了文化心态上的奠基。

在国家、地区或民族的时尚生活中，现代文化与传统文化应该共同存在与相互生成。地方与本土的生活方式对不同外来文化的吸纳和借鉴，在保持艺术与文化多样性的过程中具有重要意义。例如，日本平安时代的宫廷服装，最初就是对中国唐朝形制的借鉴，后来又逐渐形成与建构出自己的风格。所谓的地方与本土，早已不同于其原初样式，难免被烙上世界性的印记。为了使传统元素在当代获得时尚化重构，既要关注异质文化与世界潮流及其关联，同时又不至于迷失本民族的精神与文化特质。任何民族性向世界性的通达都离不开民族间性，民族间性及其建构无疑有助于克服民族主义与文化殖民。

其实，许多民族或国家都在全球化的过程中，越来越感到民族性在时尚重建上的意义，同时这又离不开在设计上对传统表现的突破。所谓

---

① ［美］丽塔·裴娜：《流行预测》，中国纺织出版社 2000 年版，第 164 页。

的地球村表明的其实正是，各个地方或区域的世界性关联，但这又与技术的规定和建构分不开。仍要看到，"事实摆在眼前：长久以来被预言将要到来的'民族主义时代的终结'，根本还遥遥无期"①。这种民族间性既以其内在性克服文化殖民，同时又以其外在性来消解民族主义。三宅一生与川久保玲所倡导的日本风，既借鉴了日本和服设计的风格与手法，又对之加以大胆而独特的解构与创新。每个民族的存在与生活方式都是独特的，这是一个民族具有自己的艺术与文化的根本规定。

对时尚艺术与文化来说，民族间性并不只是民族之间的边界，它本身就是一种基于开放与生成的融合。作为一种颇具开放性的精神特质，民族间性在不断解构着各民族之间的界限。与此同时，稳定与成熟的民族风格的形成与建构，依然离不开既自信又开放的时尚与文化体系。实际上，任何民族的艺术与时尚都可为其他民族所借鉴。如极少主义艺术观念，它最初起源于 20 世纪 60 年代的美国，后来却成为 90 年代美国时装界流行的审美观，到了 20 世纪末，它甚至还成了国际时装界的一种流行风格与时尚样式。

无可置疑，民族间的互融与对话既要揭示各民族艺术的某些一致性，但又应承认，各民族的艺术与文化之间不可忽视的差异性，并在这种一致性与差异性之间建构出一种审美与文化张力。"根据德里达的解构主义，解构针对的是理性基础、存在论与一切形而上学预设。同时，德里达关注踪迹、延异，不断将他者嫁接到同一性之中，并对理性形而上学提出质疑与批判。"② 民族精神与文化特质及其揭示，无疑是民族时尚设计所应关注的问题，这也涉及对东方主义与后殖民主义的反思与批判。对话性是民族间性的一种生成与展开方式，当然也是连接与整合民族性与世界性的纽带，这在各时期的服饰与时尚之中都得到了体现。

由此可见，促成各民族艺术与服饰之间的沟通与包容是必不可少的。例如，洛可可服饰艺术与审美风格，往往指属于法国大革命之前 18 世纪的款式。尽管洛可可与巴洛克风格相似，但与巴洛克相比，洛可可更倾

---

① ［美］本尼迪克特·安德森：《想象的共同体——民族主义的起源与散布》，上海人民出版社 2016 年版，第 2 页。

② 张贤根：《艺术现象学导论》，湖北人民出版社 2015 年版，第 57 页。

向于精致、优雅与装饰性。在后现代的解释学看来，理解是一种文本之间的交流与对话，而理解又是在开放、平等的语境里展开的。当然，各民族特质之间也是相互连接与互文的。例如，拜占庭的华丽服饰就融合了东西方服饰风格。20 世纪 90 年代，中国台湾地区一些俗称"哈日族"的年轻人，将自己打扮成具有日本流行风格的模样。

当然，任何模仿其实不可能彻底摆脱自身民族的特质。当今的全球化为世界各民族的艺术与文化间的对话提供了可能，从而使民族性向世界性的开放与通达更为顺畅、快捷，但这也带来了民族性与文化特质丧失的危险。只有基于各种民族元素及其复杂的文化关联，揭示与阐释这些元素所隐藏的精神与文化特质，才能将其传之后世并使之不断生出文化新意来。源自印度的禅文化，不仅介入与渗透到中国与日本的衣生活之中，同时也正在成为西方当代艺术与时尚创意的话题。

在这里，民族间相互的承认与认同也是当代时尚的基础，并为文化殖民的消解与克服带来了机遇与契机。尤其是，经由艺术文本的开放性建构与不断解构，在各个民族之间揭示与建构相互的沟通与文化理解，可以促成民族间性及其对民族主义与文化殖民的克服。"在彼得大帝时期之前，俄罗斯国内一直沿袭着与欧洲完全不同的服饰文化，后来在彼得大帝的推动下从俄罗斯宫廷和贵族中开始掀起了穿着法国风以及欧洲风格服饰的潮流。"[1] 应当说，民族元素与时尚之间的视界融合，既关联本民族与他民族的生成性关系，同时又离不开社会、历史与文化语境，以及现代与过去、将来的历史性呼应。

第三节　全球化与民族间时尚文化的对话

在服饰与时尚设计中，民族的艺术特质与文化认同的问题，既是一个国家内部各民族自身亟待探究的，同时也是世界上众多国家及其民族所应加以回应的。而且，民族文化的认同与时尚文化的历史性传播，不仅要考虑后殖民时代的社会、历史与文化语境，同时还要面对全球化及其可能导致的问题与困境。当然，全球化其实并非只是趋同化与同质化，

---

① 吴妍妍编著：《欧洲民族服饰概论》，中国纺织出版社 2016 年版，第 19 页。

也涉及多元化及其对文化差异的认同与尊重。在与世界其他民族的交往中，各民族都经由民族间性而与世界性发生关联。不同民族在衣生活与时尚文化上的对话，已呈现出某种开放性、历史性与生成性的特质。这些特质既可促成民族认同与时尚的跨文化传播，还有助于重构基于民族性的世界性时尚文化样式。

一　时尚的民族性、世界性与全球化

在全球化的过程中，传统与民族的服饰及其文化仍然面临极大的挑战，因为民族的独特性往往容易消弭在某种一致性之中。在各民族的时尚创意之中，应充分注重传统元素及其特质的挖掘与揭示。民族性是一个民族创意的精神图式与文化特质所在，同时也是时尚表现所力图彰显的艺术与文化内涵。而且，民族性与世界性的相互生成，也是全球化时代设计与文化不得不回应的问题。实际上，时尚创意不仅关涉特定的民族存在，而且还涉及民族间的文化沟通与理解。毫无疑问，任何民族都不可能孤立地存在于这个世界上。

在各民族共同的在世生存与生活方式里，时尚创意与设计无疑是相互关联与彼此开放的。因此，时尚艺术既要致力于创意的民族性问题的研究与揭示，还要把民族性置身于世界性的文化语境之中。"在世俗的艺术获得独立之前的历史中，艺术的相互对立的解放和保守这两种作用，并没有穷尽审美经验的全部领域。"① 实际上，艺术文本的开放性将自身导向了日常生活世界及其审美化。还可以说，世界性本身就与多元的民族性及其关联不可分离，它往往也是通过各个民族的交织与互文来实现自身的。但要注意到，世界性与民族性及其生成性关联，不再是简单的包含与被包含、一般与个别的逻辑关系。

尤其要加以特别注重的是，在各种元素之中，究竟哪些是各民族共同的或相似的元素。即使是相似的元素，但在不同社会与文化语境里，其含义与理解也可能是有差异的。与此同时，哪些元素又是不一致的、有差异的，以及各民族对那些相同元素有何独特的理解。另外，还涉及

① ［德］汉斯·罗伯特·耀斯：《审美经验与文学解释学》，上海译文出版社 1997 年版，第 234 页。

对那些不同的元素与文化特质的关注。将不同民族元素加以关联，旨在促成各民族在时尚创意上的相互借鉴，以及在民族文化语境里的沟通与对话等。对民族认同来说，内部的基本共识及其与其他民族的区分都是必不可少的。

各民族的时尚创意既基于民族自身，同时又与其他民族发生生成性关联，达到一种世界范围内的相互理解与沟通。其实，"民族性，从共有的历史遗产这个意义上而言，最终可以在整合为不同的国家的民族集团中，甚至在不同国家的公民当中，产生一种文化认同感或意识"①。其实也可以说，民族性以其与特定地方、地方性，进而与世界性发生着相互关联与呼应。但那些处于中心与支配地位的文化体系与习惯，往往难免对边缘的文化样式可能产生压抑，这就需要以多元的文化心态来缓解与调适差异。

当然，这种世界性的服饰与时尚文化，也为民族意识与身份认同的确立提供了可能，而并非简单地否定与排斥一切民族性特质。各民族之间的关联性尤其是互文，在根本意义上表征为某种民族间性特质，这种民族间性既是各民族相关性的彰显，同时又为通达世界性本身提供了根本性可能。正是民族间性，使民族之间的文化交流与理解得以可能，同时又使各民族独自与共同的存在得以实现。各个国家都有其独特的民族服装与时尚文化，而这些不同的民族服装又发生相互的借鉴与影响。

在本性上，民族间性就是民族性与世界性的一种对话，以及在这种对话中发生的民族间的文化互文。作为对现代性问题的一种回应，全球化在此既是对现代主义的一种推进，同时也为现代主义提供了反思的可能性。在通常意义上，全球化意味着全球联系的不断增强与日趋密切。在全球化时代，各个族群或国家之间在政治与经济上的互相依存，其实也是艺术、时尚与文化不可脱离的语境性关联。随着服饰与时尚的跨文化传播，尤其是技术与现代性对一致性的诉求在世界范围内的扩展，人们难免涉及从外在着装来区分不同民族的问题。也就是说，全球化亦可以解释为世界的压缩和视全球为一个整体。

---

① 《第欧根尼》中文精选版编辑委员会编选：《文化认同性的变形》，商务印书馆 2008 年版，第 14 页。

　　无可置疑，民族性与世界性，以及地方性与全球性，其实并不是简单的对立与冲突，而是处于相互关联与彼此生成之中。"当然，亚洲的企业家都觉得他们是被迫学习西方科学，了解盎格鲁－撒克逊商务实践的基础，熟练使用英文或法文，穿西装打领带的。"① 因此，民族的共在与相互交往，显然不是消解各民族时尚与文化的差异，以寻求某种简单与空洞的文化一致性。与此同时，还要承认与认同各民族独特的文化个性，促进文化的交织和对话的有效生成与建构。实际上，完全与彻底的全球化既没必要也不可能实现。

　　在这里，跨文化的艺术与时尚传播，在不断消解不同民族间的界限，建构着一种既融合各个民族的特质，同时又不局限于某一民族的流行趋势。互文性为文化认同中的坚持与包容，以及民族之间的相互信任与理解的达成，奠定了不可或缺的社会、历史与文化语境。尽管说，不同民族的区分正在缩小与式微，但还远没有达到消失与可以忽视的程度。对当代服饰艺术与时尚文化而言，既不是以一种民族性否定民族多样性与世界性，同时也不能用全球化去限定与宰制地方性文化。即使在全球化时代，世界性的时尚对各民族元素与文化的关注，无疑正在成为一种新的文化自觉与当代传统认同。

　　而且，各民族的元素与文化，既是独特的与敞开的，更是彼此关联与相互影响的。显然，文化的交流与沟通促成了不同的民族，在时尚创意与服饰文化上的彼此借鉴，并对人们日常生活的审美化产生了深刻的影响。应当可以说，"今天的文化人类学家通常并不采用全球视角，甚至经常反对社会文化现象研究中的普遍性视角和比较方法"②。民族文化及其独特性的认同并非可有可无，但这种认同也离不开跨文化的交流与思想对话，这就需要不同族群或国家的广泛参与和深刻介入。

　　应从生成论视角，理解全球化给民族性艺术与文化带来的影响。在全球化过程中，国际分工与世界经济的形成和不断建构，同时也促成了各种知识体系的生成，以及意识形态和宗教世界范围的广泛影响。信息化、互联网与新媒体等当代技术，加速冲破了不同族群或国家之间的传

① ［美］乔尔·科特金：《全球族》，社会科学文献出版社2010年版，第17页。
② ［荷兰］范丹姆：《审美人类学：视野与方法》，中国文联出版社2015年版，第131页。

统边界。全球化还缩小了各国和各地的空间距离，使整个世界越来越融为被技术规定与建构的地球村。尽管说，各民族的艺术与文化难免受到深刻的影响，但人们的衣生活方式与审美经验及其建构，并不简单地受制于社会经济的规限与限制。但全球化在为少数发展中国家提供历史机遇的同时，同时也难免对传统艺术与文化造成冲击甚至解构。

在这里，经济与文化的一体化带有整合与趋同的意思，但实际上根本不可能出现一个单质世界，所以全球化并不能只理解与把握为全球一体化。民族性与世界性的复杂关联，无论是冲突，还是和解，都是全球化所不可回避的问题。而且，对全球化的理解与阐发总是在某种文化语境里实现的。虽然说，经济与科技全球化往往表征为一体化趋势，但对各种艺术、文化、宗教与生活方式来说，相互之间的关联与影响其实并不意味着全球化。在全球化的文化语境里，时尚创意不仅仅是民族性的与地方性的，因此亟待得到民族文化的认同与接受。

而且，各民族的艺术与文化还应尽可能得到其他民族的理解与认同。在这个全球化时代，民族性服饰与时尚会受到世界性趋势的影响而发生时尚化，而当代的世界性时尚风格也离不开对各民族的元素与文化特质的重构。当然，时尚化与重构的发生及其理解与阐释，通常也是经由民族间性来建构与实现的，而民族文化就生成与共在于世界性文化之中。但这里的世界性艺术、服饰与文化，并不是某种单一的、纯而又纯的样式，它本身就包含着民族文化及其多样性特质。还要意识到，民族性经由民族间性而通达世界性，这一过程其实是有条件的与语境性的，显然并不是绝对的、必然的与一定如此的。

应当说，民族性向世界性的这种可通达性，取决于民族性自身的开放性、历史性与生成性，这无疑也是民族间性与世界性得以可能与成为自身的前提。在现代社会，各种思想的表达彼此相异并呈现出多元化，"尽管其内容的确非常不同，但对整体性的痴迷却是处处一如既往"[①]。而且，世界性本身并不是民族性的终结或消失，而是对多元的民族文化的包容与接纳。当然，多民族的艺术与文化在世界性文化中的融合，仍然关涉各民族自身的精神与文化特质。特别是，自20世纪80年代以来，时

---

① ［德］沃尔夫冈·韦尔施：《重构美学》，上海译文出版社2002年版，第148页。

装风格呈现出多样化的审美与文化态势。

如果一个民族的民族性是封闭的、非历史性的，那么，时尚创意就不可能在各民族之间得以沟通。虽然说，开放也可能给某种传统带来挑战与风险，但一味地对外封闭却更容易导致文化生命的丧失。封闭的民族时尚创意也不可能是世界性的，它仍然只是限定在该民族的本土生活方式之中。观念及其视觉化表现不仅是艺术性的，同时也是一种关切于精神与文化的创意发生；时尚文化不仅关联于艺术及其审美表现，它还关切于各个民族自身的精神与文化，以及与时尚相关的诸多社会与历史语境。民族艺术与文化的历史性是基于时间性的，但当这种历史性被当作历史性来看待时，却是传统成为传统不可或缺的生成论基础。

当然，不同民族、族群对时尚创意的文化认同，不可能摆脱自身的集体无意识与前理解。一个民族的时尚创意与设计制作的生成，要成为一种世界性与全球性的艺术与文化样式，它首先就要足够明确地彰显与该民族特质相关的文化。民族性既是民族创意认可得以可能的根本基础，也是民族时尚文化成为世界性文化的前提。民族间性使不同民族之间的理解得以可能，并为世界性的时尚文化认同作出奠基。在这里，民族间性使多元的时尚艺术与文化的对话得以可能，同时也为世界性当代时尚与文化建构作出了生成论奠基。

即使当民族时尚创意不仅只是存在，而且还通达了世界可理解性的时候，这也并不意味着，这种创意就是高度一致与一体化的东西，而是一种以民族性为基础的世界性创意文化。在全球化时代，世界性文化应成为内含民族性特质的多元文化。全球化的时尚创意与设计，大都以各民族及其文化特质为隐性语境，而不应以牺牲独特的民族性或地方性为代价，但也不能只是民族性元素与文化的简单移植与再现。一切民族都应在时尚创意与设计里，建构出本民族的话语风格与审美文化特质。东方时尚无疑主要源于东方自身的艺术与文化传统，这种文化意识与自觉使得东方时尚在当代的重构成为可能。

这是因为简单的非此即彼的文化执态，都不可避免地陷入殖民化或狭隘的民族主义而难以自拔。应当看到，"我们正步入一个创意时代，创意无所不在，并渗透到经济与社会各方各面，并不仅仅表现在高科技产业创新的异军突起"①。时尚的艺术与文化甚至进入了文化产业的内在构成里，极其重要的就是去激活民族元素及其文化意义。在时尚创意过程中，还涉及如何建构与重构民族精神与文化意义的问题，因为只有这样才能使世界性的时尚与文化建基在民族性基础之上。与此同时，时尚风格的历史性轮回也是不可忽视的问题。

20 世纪 60 年代，曾经流行的迷你风格时尚，到了 90 年代再次成为一种时尚。应当说，时尚的这种轮回也相关于民族风格及其文化的重构。在全球化的艺术与文化语境里，基于时尚视觉表现的民族审美文化的当代建构，主要包括民族间的价值观比较、民族元素的视觉表现、民族的审美趣味与接受习惯、文化认同的理论基础与对话机制，以及研究如何生成与建构民族特质等。全球化是民族时尚与文化认同不可回避的问题，任何对西方采取简单的拿来或排斥的态度都是不可取的。在当代衣生活方式里，世界性时尚正是在民族性特质里来发掘话语与风格的。

二　全球化创意：同质化，还是多元化

应当意识到，只有具有某种特质的艺术与文化，才不至于迷失在全球一体化与同质化的潮流之中。考虑到，全球化是第二次世界大战以来，特别是，20 世纪 90 年代以来，世界经济与文化不可逆转的根本趋势。应当看到，"当我们谈文化持续地国际化时，我们会谈到这种情况，而文化的国际化甚至在最不可能的领域里也已经变得十分明显——在日常生活里：饮食习惯，服装式样，居住场所；还有在艺术里"②。与此同时，全球化还对文化与时尚创意产业带来了根本性的影响。在全球化时代，服饰与时尚面临的同质化与多元化的交困是绕不过去的设计问题。

其实，现代性及其对一致性的根本性诉求，导致了同质化的问题与困境的出现，这就为在全球化时代，以多元化来回应同质化而提出文化诉求。全球化在很大程度上是资本与文化的全球化，同时也是生产社会化和经济关系国际化的趋势。在本性上，全球化与艺术、时尚、创意文

① ［美］理查德·佛罗里达：《创意阶层的崛起》，中信出版社 2010 年版，第 64 页。

② ［美］伊曼纽尔·沃勒斯坦：《变化中的世界体系》，中央编译出版社 2016 年版，第 211 页。

化产业分不开。在全球化时代，各国经济相互依存、彼此渗透的程度大为增强，而阻碍生产要素自由流通的壁垒不断削弱，经济运行的国际规则逐步形成并不断发生重建。毫无疑问，全球化是一个历史性生成与重建的过程，其萌芽可追溯到 16 世纪至 18 世纪的西方。

值得注意的是，工业革命以后，资本主义商品经济与现代工业、交通运输业迅速发展，世界各国间的贸易往来大大超过历代水平。"当然，从某种角度来说，我们的确亲眼目睹了世界的多极化，也目睹了被一些人称为文化全球化的东西：单一性的世界文化的形成。"① 随着互联网与各种新媒体的出现，民族时尚易于借鉴到其他民族与世界性创意中去，而各民族建构与重构出来的民族服饰与时尚文化，实际上又无不渗透着世界性的艺术与文化影响。全球化的突出表现在于，国际分工从过去以垂直分工为主，发展到以水平分工为主的新阶段，世界贸易增长迅猛和多边贸易体制得以建构。

与经济全球化一样，文化全球化也是一种世界性动向与趋势，但文化交流仍然相关于不同民族间的文化认同，以至于达成各民族在艺术与文化上的相互理解。还要意识到，这种全球化甚至成为一种不可逆转的文化趋势。在全球化的语境里，同质化指商品在性能、外观甚至营销手段上的相互模仿，最后导致逐渐趋同与差异的式微甚至消失。这种同质化也对民族时尚与创意的多样性造成了威胁，甚至致使民族独特的精神图式与传统文化濒临消失。其实，全球化及其对现代性的强调与不断推进，并以同质化给民族时尚带来了挑战与抑制，但全球化也可能为各民族多元化创意带来机遇。

当然，如果仅仅只是将全球化理解为绝对一致性的宿命，则难以揭示与阐明后现代主义语境所提供的批判视角。不可否认，全球化创意也将凭借文化多样性的执态，为不同民族与国家的时尚创意与设计，提供了获得肯定与认可的诸多可能性。在富马罗利看来，"将活生生的独特性僵化为枯燥乏味的'同一性'严密地保护起来无非是'同一性'行将灭

---

① ［美］乔纳森·弗里德曼：《文化认同与全球性过程》，商务印书馆 2003 年版，第 149 页。

亡的最后一刻"①。在此应特别强调的是，通过民族时尚创意的独特表现，促成全球化时代民族艺术与文化认同的建构。在时尚的创意与设计过程中，民族元素及其文化多样性特质有助于不同民族之间的相互沟通、理解与认同。

对创意与设计而言，同质化指某些大致相同的款式、形制与风格等，这是缺乏原创与一味地相互模仿甚至抄袭所导致的。在产品同质化的基础上，所形成的市场竞争行为称为同质化竞争。就时尚来说，同质化不利于消费者在不同设计间加以有效识别，因为无特色、无差异与极其相似导致了差异性与多元化的式微。全球化时代的创意与时尚设计，无疑是对一致性与差异性及其关系的回应与建构。即使是那些知名品牌，而且尚有强劲的竞争力，仍需对产品加以差异化创意与设计。但对于一般的服饰品牌，同质化显然避免不了残酷的价格战。

对那些有品牌意识的设计而言，如要突破同质化就必须在创意上别出心裁，以及提前对于终端消费市场做出预判，率先作出变革以求从同质化里脱颖而出。应当说，张肇达的时尚创意始终没有离开中国与东方的民族性，这也就建构了他华美、高雅与大气恢宏的设计风格。由于不少设计师缺乏判断与创新的独特能力，所以只好仿效甚至抄袭别人的创意与设计思路，这样就可能导致同质化的出现与差异性的终结。甚至连一个明显失败的创意表现与设计，都难免有很多设计师在极力模仿与抄袭。相似甚至极其雷同的设计作品的大量出现与屡禁不止，导致了人们在创意与设计上陷入单一化的境地。

但应当意识到，随着社会、经济以及创意文化的发展，设计的趋同性并没有得到克服甚至还更加突出。人们往往从资料中吸收别人现成的表现手法，而不注意分析创意思想与原创精神之所在。同时还要看到，"需要推翻工业化时代的后遗症，因为它导致了市场中千篇一律地描述大部分的商品的特点"②。而且，任何简单的模仿甚至直接的拿来，都难免使设计仅仅停留在视觉表象上，根本不可能深入民族的精神特质中去。

---

① 《第欧根尼》中文精选版编辑委员会编选：《文化认同性的变形》，商务印书馆 2008 年版，第 35 页。

② ［美］托马斯·洛克伍德：《设计思维》，电子工业出版社 2012 年版，第 100 页。

针对同质化的问题，差异化思维与设计在时尚中具有重要的意义。

在这里，对创意与设计及其民族性的关注，是实现差异化设计的重要样式与文化基础。对于设计而言，差异化是克服同质化极为有效的策略，其实，对差异的强调本身就是对一致性与同质化的消解。在时尚创意与设计之中，针对性地满足个人情感与体验的需要无疑是非常必要的。亟待研究的课题仍然是，怎样才能激活这些民族元素及其精神与文化特质，进而促成与实现民族时尚创意与文化的当代创新。缺乏民族性与个性的时尚创意与设计，难免陷入雷同而得不到审美与文化上的认同。应当提到的是，马可的"例外"品牌表明了与一般时尚的区分，她又以"无用"表达了对精神的诉求与向传统文化的回归，两者相互生成并共同实现着对中国风的当代审美与文化重构。

在这里，全球化并非简单的一体化、同质化，而是差异化创意与多元文化的并存。实际上，趋同的与同质化的时装创意与设计，导致了艺术与文化特质的式微甚至消失。自20世纪80年代以来，世界文化多元化已成为一种不可逆转的历史趋势。"倘若任由这种以贬损其他社会为代价的现象过度膨胀，那么，这不但会危及对东方世界的客观理解，而且，也要危及对西方世界的正确理解。"① 因此，创意亟待激发人们的民族意识和对民族文化的认同感。每一种独特的民族艺术与衣生活方式，其实都具有其他文化所没有的精神与文化特质。

在西方理性哲学与形而上学之中，二元分立的克服也是服饰艺术与时尚文化建构的基础。因此，文化的多元共存与相互生成，为各种文化的交流、取长补短提供了条件。各种文化在彼此借鉴与相互生成里建构着共生性，从而形成了彼此各异与魅力无穷的人类文化景观。在时尚与文化的多元化过程中，处在同一时代、同一文化体系里的多元文化各自具有独特的民族特色，但各种文化彼此之间又发生着相互交流、互文与融合。在西方生活史上，时尚是以各种不同的样式而存在的，这些样式通常表征为各种不同的时尚艺术流派。如果只是一味地夸大西方的特殊性与优越感，无疑会在民族关系问题的处置上失之偏颇。

但还应注意到，在相互间的融合与彼此生成过程中，每一种文化都

---

① ［英］杰克·古迪：《西方中的东方》，浙江大学出版社2012年版，第250页。

按照自己的价值观念和标准进行自主的选择，吸纳来自不同民族特质或异质文化的特质。实际上，文化在任何时候都是一个动态的、开放的与变化的系统，它的历史性生成永远离不开与其他文化的交流、沟通，以及彼此间的跨文化的艺术、审美与文化传播。流行趋势与时尚的生成，既是对既有同质化问题的克服，同时又难免陷入重新同质化之中。因此，差异与多元对同质化的分离与克服是永无止境的。但在文化融合的过程中，没有冲突其实就是没有意义的融合与交织，而且融合本身就包含着冲突或矛盾在内。

在西方思想史上，同一性往往难免显现与表征在统一性之中。还可以说，这种统一是在存在论上的相互关切，而不是在存在者层面上的彼此相似。在不同民族的时尚创意之间，这不是一种天然与简单的对立关系，而是一种相互渗透、对话与融合，以及对冲突与争执的一种和解。"但这种统一性绝不是那种单调的空洞，那种在其自身中没有任何关系、只是一味地持守于一种千篇一律的东西的空洞。"① 正是各民族不同的价值观和思维方式，塑造与生成了各民族的风俗习惯、文化心理与行为模式等。在当代，各种民族元素发生着彼此借鉴与混搭，生成了基于互文的多元化的国际时尚风格。

从某种意义上来讲，多元化就是价值观与思维方式的多元化。多元化的文化保持其生命力的途径有待于正视冲突，吸收借鉴其他文化的有益成分与元素，使自身文化得以传承与在当代的更新。在2009春夏伦敦时装周上，全球化概念通过各种东西方融合的设计得到了体现与回应。对艺术与时尚流派而言，各种视角往往通过特定的风格来加以表征，而视角及其风格的表征其实都是语境性的。即使在对差异与多元的主张与强调之中，创意也不是为了差异而差异、为了多元而多元，否则民族元素及其表现就会停留在视觉表象上。实际上，对文化多元化的理解其实也是多层次的，并表征在各种不同的维度与层面之中。

在全球化时代的艺术、审美与文化语境里，各民族文化是一种基于各自独特性的共在，而任何特定民族的传统文化与其他民族文化也是互文的。不同民族的艺术与文化之间都是互为他者的，但它们又在互文里

---

① ［德］马丁·海德格尔：《同一与差异》，商务印书馆2011年版，第29页。

克服自我与他者的二元分立。其实,"拒斥宏大叙事、总体世界观、绝对基础,以及随之而来对于破碎性、差异性和不可通约性的强调,都将后现代主义与现代主义的启蒙区分开来"①。在不同的与多元的创意活动之中,主体间性往往表征为共在于世的生活方式,以及由此而生成的民族性与世界性及其和解与张力。在全球化的创意与设计过程中,对同质化与多元化及其关联的回应是不可忽视的问题。

三　创意的对话与全球性的文化认同

一个民族的存在与成为自身,绝不能失去本民族特有的精神与文化特质,同时也不能以其他民族特质来替代本民族的独特性。通过对民族元素的创意与设计,旨在揭示、表现与阐发民族的艺术与文化特质。任何民族都不可能完全与世隔绝地生存,而是在不同民族的共同生存与生活里,依凭相互间的艺术交流与文化对话,来寻求民族自身的创意、表现与设计,以表达相关于民族内在精神图式的设计样式。在全球化时代,各民族在创意与设计上的思想与文化对话,对于相互间的沟通与理解都是必不可少的。与此同时,全球性的文化认同也离不开对差异与多元的包容与尊重。

如果说,只是简单地移植和借用其他民族的东西,那就是脱离本民族精神与文化特质的舍本逐末,无疑还会丢失本民族的创意、设计与文化传统。随着全球化的日趋深入与拓展,各民族文化的对话、碰撞、交流与融合已成不可阻挡之势。对种族偏见与歧视的克服,是时尚界应加以重视的文化任务。英国时装委员会曾去信各大时装品牌,要求设计师考虑多采用少数族裔模特儿,从而在时装周上反映与容纳种族多样性。还应看到,文化交往的全球化给民族创意带来了冲击与影响,因此亟待对民族性特质的可能消弭加以思考与回应。互为异质的各民族文化的碰撞体现在生活的各个层面,它既体现了人类文明的多元化视角与格局,同时又隐藏着不同文化之间的冲突与对立。

正因为如此,应经由跨文化交流与思想对话,克服与消解各民族艺

---

① ［美］J. J. 克拉克:《东方启蒙:东西方思想的遭遇》,上海人民出版社 2011 年版,第305 页。

术与文化间的冲突，进而建构当代时尚多元化的民族性基础。当然，世界性文化不是基于唯我独尊的西方文化专制，而是关于人类生存与价值体系的多元文化共同体。在全球化的社会与文化语境中，任何作为主体的族群不应再被极端个体化，而应是民族个性及其与世界性的相互共属。作为一种回归中的传统及其重构，民族时尚不仅传递着传统精神与文化的特质，还生成与建构着民族文化的当代韵致和气韵，从而成为传统文化在当代的一个艺术与文化符码。

全球化时代的到来，仍然相关于各民族艺术与文化间的对话。在这里，跨文化既指跨越了各民族传统界限的文化，同时也是对这种边界的一种文化跨越。但是，"西方服装系统和殖民地本土服装系统之间的关系不是互相排斥的关系，而是一种互相改变、互相争夺文化吸引力的动态过程"①。全球化时代的创意与设计，亟待回应不同文化归属的人们之间的交往，并从各种民族元素与文化里得到灵感与启示。在全球化的语境里，民族间的文化变迁、文化冲突与文化融合，以及在当代的继承与重构等各种复杂关系，无疑都是不可忽视的创意、设计与文化的问题。

其实，各民族在精神与文化上的差异与融合，影响着人们的价值观念、思维特质与衣生活方式。在全球化这个不可逆转的进程中，民族文化所呈现出的新趋向与流行时尚，正在成为世界性时尚多样性的构成方式。在时尚界，希费格"完全美国味"的服装，因其实用与风格朴素，受到了美国年轻人的喜欢与青睐。但当代服饰创意与设计所关联的，不再只是一种民族习俗与生活方式及其再现式还原，而是与其他民族发生着世界性的跨文化交流与对话。对各民族的精神与文化来说，全球化其实也强化了各民族文化的共在与相互依赖性，因此迫切需要建构民族文化的开放性与世界性生成关联。

在这里，日常生活审美化中的民族时尚，应当说是当代民族文化的生成之物。不同样式的艺术风格与审美经验及其建构，正在广泛与深入地介入人们的衣生活方式。民族服饰元素之所以能够成为世界性时尚的元素，这乃是因为，在艺术与文化的地方性与全球性之间，存在着不可

---

① ［美］珍妮弗·克雷克：《时装的面貌——时装的文化研究》，中央编译出版社 2000 年版，第 51 页。

或缺的内应、外化、转换与重构。而且，"由于全球变暖已经成为大众普遍关注的重大议题，因此时尚界也开始将焦点转向环保服饰"①。在全球化时代，传统的民族服饰与所有的文化遗产，包括着装礼仪、服饰制度、风俗习惯等，都面临着如何保护、传承与当代重构的问题。民族时尚的创意与设计的表现，也是民族艺术与文化在当代生成的一种样式，并难免被注入不同民族乃至世界性的精神与文化特质。

因此，只有坚持以开放与包容的心态看待各民族文化，艺术、思想与文化间的对话才能得以发生，从而生成与建构各民族间的彼此认同与相互理解。在哈贝马斯那里，现代性根本不是丧失了活力、了无生机，而是一项正在进行中的、尚未完成的事业，并且不断地发生着协商与思想对话。反全球化运动构成了全球化的一种对冲力量，它强调全球化可能带来民族生活方式与文化传统的丧失。而且，跨文化的理解并不是主体对客体的理解，而是各主体之间的相互理解与彼此沟通，它主张与强调的是以主体间性替代主体性。

更确切地说，各民族之间的创意与文化对话，显然是以民族间性为人类学基础的，而这种对话又展开在各个维度与层面上。在这里，民族间性可表征为不同民族间的对话及其发生。在跨文化的艺术与文化对话中，参与者不只依赖自己的代码、习惯、观念与行为方式，而是也经历和了解对方的代码、习惯、观念与行为方式。在哈登看来，任何地方人类的心智，都习惯于一定的地方图案、造型与结构。因此，与艺术相关联的审美经验也难免带上民族性差异。但无论是民族主义，还是殖民主义，它们都没有能够恰当地对待民族时尚文化。而那些徘徊在民族主义与殖民主义间的思想，也都具有自身特定的艺术与文化视角与维度。

但对民族服饰与文化的理解与阐释，不应忽视不断生成与建构的创意方式，以及创意与设计方式所关联的文化特质。因此，"我们在自己的文化内交流，或者与其他文化中的人交流时，务必要记住，在成熟的过

---

① ［英］哈里特·沃斯里：《100 个改变时尚的伟大观念》，中国摄影出版社 2013 年版，第204 页。

程中，每一种文化都处在常恒不断的变化之中"①。在民族性问题上，不少设计师仍然侧重于民族主义情结，还有些则一直带有殖民主义的艺术风格，但都难免涉及民族性与世界性的关系问题。在许多前卫与先锋的时尚里，也不乏对民族主义或殖民主义的反思。在创意与设计中，相互学习与借鉴早就发生在各民族之间。

譬如说，在清代，衣冠形制保持了满族的风格与审美特征，并将汉人的宽衣大袖改为紧身窄袖。这里旨在表征的是，各民族与文化的独特性虽然是不可忽视的，但民族的东西又不可能是绝对纯粹与单一的。作为殖民主义的一种新样式，后殖民主义更多的是一种文化意义上的殖民。在后殖民的语境里，曾经的殖民地可能放弃对本民族的文化坚守，认同殖民主义者所带来的生活方式与殖民文化。而且，人们的民族意识也难免在全球化过程中式微，更缺乏对本民族艺术与文化及其特质的深入思考与独特的阐释。

与全球化相关的问题还有，时尚的同质化趋势也变得越来越明显，独特的传统图式与风格正在消失。正因为如此，不少中国与东方设计师的地域与民族意识在觉醒，并没有简单地追随西方的趋势与对流行的表现，而在时装设计中引入与融汇了东方元素与文化。其实，"认同的建构是一个精致的至为严肃的镜子游戏。它是多重的识别实践的复杂的时间性互动，这种识别发生于主体或人群的外部和内部"②。在梁子的时装设计中，东方元素与国际时尚得到了完美结合，并将天人合一的和谐之美作为根本诉求。在西方当代时尚设计中，东方的元素与文化也正在受到西方世界从未有过的重视。

比如说，男士的西服、衬衫和裤子，女士的连衣裙、套装、衬衫和裙子，这类服饰甚至成为通用于世界各地的国际服，而在许多公共场所也难以再见到民族性着装。虽然说，全球化与现代性、殖民主义是不可分离的运动，但全球化在带来问题、挑战与困境的同时，也为多民族的

---

① ［美］迈克尔·普罗瑟：《文化对话：跨文化传播导论》，北京大学出版社 2013 年版，第 32 页。

② ［美］乔纳森·弗里德曼：《文化认同与全球性过程》，商务印书馆 2003 年版，第 213 页。

共生与时尚提供了文化契机与机遇。因此，简单地放弃民族的时尚传统与衣生活方式，其实也是对文化历史性及其存在的忽视与遗忘。注重对各民族服饰元素的整理与挖掘，既对民族艺术与文化的保存与重构是必不可少的，更是民族传统文化及其世界性认同所必需的。但如果只是秉持固执一端的狭隘民族心理，无疑是一种失之偏颇的心理与文化执态。

还可以说，后殖民时代的多民族性与文化多样性问题，既是全球化所要面对与回应的问题，当然也是各民族文化认同得以发生的前提。2009 年，赵半狄在巴黎登场的"熊猫时装秀"，对一些社会乱象进行了反对、讽刺与鞭挞，借鉴的正是"熊猫"这个传统文化元素，引起了人们的广泛关注与基于民族情感的批评。但过于敏感与极端泛政治化的批评，显然也是一种褊狭的与不自信的文化心态。同时值得注意的是，如果只是一味地迎合世界性时尚趣味，作出贬损自我的文化殖民也是不可取的。

应当充分强调的是，各民族在生存与文化权利上应该是平等的，同时还要包容各民族的艺术、信仰与文化差异。全球化不应是艺术与文化的趋同化与同质化，而应是多元化及其对文化差异的认同与尊重。"全球化的一个重要结果是，个体民族意识苏醒和独特性的追寻，这看起来好像与之明显相悖。与自由和人权需求的增长相伴，要求保护和尊重文化遗产和传统的呼声越来越高。"① 对弱势民族的艺术与文化的妖魔化，成为后殖民主义时代典型的话语风格，而这往往又是以西方强势民族优越的文化心理为前提的。其实，民族内在的文化认同与各民族彼此间的文化认同，以及世界范围内的文化相互适应都是不可或缺的。

在不同的社会、历史与文化语境里，中国与东方的元素在西方乃至世界所彰显出的意义与旨趣也有所差异。因此，对"东方风"时尚艺术与文化的理解与阐释，显然也涉及不同民族与文化间的对话。但在这并不是说，民族的艺术与文化不应接受来自异质文化的批评，而是强调了对差异化与多元化的文化认同。在独特性与地域性之间的审美与文化张力，是东方时尚的当代建构与东方主义批判所不可或缺的。在这个全球化时代，一致性与差异性之间的文化张力及其建构，既是民族美学当代建构与不断重构的思想诉求，同时也是民族内在精神与特质建构的文化

---

① ［英］彼得·史密斯等：《跨文化社会心理学》，人民邮电出版社 2009 年版，第 339 页。

语境。

实际上，民族文化认同既是一个国家内部各民族自身的事情，同时也是世界上众多国家及其民族共同面对的文化问题。在主体与自我的关系问题上，"克里斯蒂娃评论道，主体对其自我的发现是一个悖论，因为主体只有在放弃自我的某些东西中来相关于我们发现自己的另一个"①。其实，许多服饰与时尚本身就融合了不同民族、国家的文化。而且，民族文化的认同与跨文化传播，不仅要考虑后现代的文化语境，还要应对全球化的根本问题与困境。传承与保护好各个民族的服饰文化，这对于文化多样性来说也是非常重要的。

任何民族的服饰元素与文化不仅属于本民族，还应成为世界性服饰元素与文化多样性的独特构成。在全球化之中，传统与民族的服饰及其文化的保存仍然面临极大的挑战，因为民族的独特性可能消弭在对一致性的诉求中。在现代化过程中，泰国、菲律宾等国家还将自己的民族服装的造型与风格，作为一种不可多得的生活方式与传统文化保存下来。艺术、服饰与文化的多元性特质，其实是所有民族都必须面对与回应的问题。任何非此即彼的严格界限与区分，以及缺乏不同文化特质的整合与同质化，都是民族元素与文化认同应加以警惕与批判的。

在当代，不同民族的衣生活与时尚文化之间的对话，已呈现出开放性、历史性与生成性特质。各民族之间的承认与世界性的文化认同，涉及差异性与相似性的审美与文化张力的重构。罗瑟认为，"尽管如此，研究和有效践行跨文化传播中的一个固有的命题是，我们要学习和应用相似性和差异性两极之间的平衡"②。民族的生活与时尚并不是隔绝的和排他的，而是人类共同的生活世界不可分离的构成。为此，应对不断促成与建构民族的自我认同与民族间的文化传播，进而在全球化语境里重构基于民族性的世界性时尚文化。

与此同时，对西方所谓的东方主义与后殖民文化的批判，以及对民族自信与文化自觉的强调与当代建构，无疑正是中国与东方世界性时尚

---

① Kevin O'Donnell, *Postmodernism*, Lion Publishing plc, 2003, p. 80.

② ［美］迈克尔·H. 普罗瑟：《文化对话：跨文化传播导论》，北京大学出版社 2013 年版，第 13 页。

建构所不可或缺的。作为身份识别与归属确立的一种符号与意义的赋予过程，文化认同在不同的层次与维度上都有着独特的性质、方式和效果预期。民族相互间的沟通、对话与理解，以及文化的相互适应都是一个历史性过程。应当看到，民族认同是全球认同的文化基础与人类学前提，而民族认同所建构的审美经验、价值诉求与社会意义，无疑是艺术与服饰的跨文化传播与全球认同的必要语境。在一定意义上，全球文化认同既不能脱离各民族自身的艺术、审美与文化认同，同时也不可能无视民族间的相互认同与承认。这也就是说，全球文化认同无疑是基于民族间性与跨文化传播而得以生成与建构的。

结　语

　　对民族元素与时尚的当代重构来说，全球化所涉及的民族性和世界性的审美与文化张力是不可或缺的。在此要注意到，全球认同并非淡化甚至忽视民族与国家认同，恰好相反，它是以对各民族认同的包容与尊重为前提的。在经济全球化与文化多元化的时代，有着悠久历史的中华文明理应关注自己的时尚文化，同时也亟待在当代时尚创意与设计表现中，建构起基于传统的民族审美文化与话语风格。因此，基于民族自身的艺术风格与文化传统，进行民族间的跨文化对话是民族时尚创意的前提。只有保持鲜明的民族特色与文化特质，才不至于迷失在全球一体化与同质化的潮流之中。

　　与此同时，所有对民族性与世界性非此即彼的文化执态都是不可取的。其实只有经由跨文化传播与文化认同，各民族间的时尚创意与设计的对话，才能得以生成与建构并富有文化多样性特质。在克拉克看来，"毕竟，东西方对话在敞开心灵面对更宽更普遍的同情之际，曾经也同时发现并复活了本土的传统"①。对于民族时尚创意而言，有助于激活这些民族元素及其文化特质。与此同时，还要生成与重构民族的创意与当代时尚文化。在全球化语境里，基于时尚视觉表现的民族审美文化的当代建构，主要包括民族间价值观比较、民族元素的视觉表现、民族的审美趣味与接受习惯、文化认同的理论基础与对话机制等。

　　对当代时尚艺术与文化而言，既不应以一种民族性否定民族多样性与世界性，同样也不能用全球化去限定与宰制地方性文化。在时尚创意

---

　　① ［美］J. J. 克拉克：《东方启蒙：东西方思想的遭遇》，上海人民出版社 2011 年版，第311 页。

过程中，视觉的审美表现与人的各种感觉相交融，并在民族文化上生成与建构出自身的意义，而意义的建构又离不开地方性与全球性的关联。2017年，复古风潮在纽约、伦敦、巴黎与米兰的时装周上得到了强调。应注意到，那些只有浅薄与僵死的视觉表象，而缺乏民族精神图式与文化特质的设计，以及只是借助世界性的抽象符码，来简单拼凑的时尚手法是毫无品位与情调可言的。正是民族的精神与文化认同，构建了民族时尚创意的文化基础与语境。

其实，任何元素及其发现、揭示与重构，无疑都可能成为时尚创意的文化之源。但应当注意到，新的时尚创意往往会对旧的文化认同构成挑战，以寻求与建构新的时尚表现及其文化认同的方式与路径。尤其是，时尚创意既在元素之内，同时又在元素之外，因此，民族时尚建构相关于元素的开放性。时尚消费不仅是一种生活方式，更是对时尚生活的理解与认同。在时尚的消费过程中，不仅会涉及功能、技术与实用性问题，还关联到符码、能指及其象征意味。在民族时尚与文化里，实用与非实用的互文也是设计应着力回应的问题。

毫无疑问，时尚创意当然并不只是与审美相关联，它往往还泛化到传统审美文化之外。但所有那些在文化层面上相关的东西，又都必须回归与还原到审美及其意义上来，因为只有如此，设计表现出来的创意才能为人们乐于接受。在阿皮亚看来，"我更愿意与启蒙运动对话：把对话看作——我指的不光是世界主义者喜欢的那种国家之间的对话——一种对真理和正义的共同追求"①。即使在不同时尚创意的对话中，一种基于理性的协商或商谈也是不可缺少的。在根本意义上，正是精神与文化规定了创意表现及其认同，而创意又促成不同文化间的和解与交融。

对各个不同的民族来说，可时尚化的元素当然也是有所区分的，而且这些不同的民族元素及其在当代的重构，正是世界性时尚生成不可忽视的文化语境。但时尚的视觉表现不应停留在一般的表象上，否则它最多也就是一种浅表的视觉印象。在时尚创意过程中，视觉表现还应成为一种关切于族群的审美文化，也只有这样的视觉表现才有民族文化的底蕴，并促成时尚创意与设计得到世界性的文化认同。应当注意到这里所

---

① ［美］夸梅·安东尼·阿皮亚：《认同伦理学》，译林出版社2013年版，第314—315页。

涉及的时尚的民族性及其文化特质，其实也是在各民族跨文化传播与对话里来生成自身的。

还要注意到，即使在民族元素的借鉴与应用中，往往也缺乏对元素背后的民族文化的研究与重构。正因为如此，雷同与同质化是许多时尚创意难以避免的问题。而且，那些同质化的民族创意与时尚设计，难以得到广泛与普遍的世界性文化认同，这与民族元素和审美文化当代建构的缺失分不开。其实，创新乏力还与设计者的文化底蕴欠缺、创意能力不足相关。为此，加强民族的时尚创意及其与文化认同关联的研究，揭示与建构既有民族自身特质的，又关切于世界当代时尚的民族文化认同，显然是民族时尚与创意研究重要的学术、思想与文化任务。实际上，任何艺术与设计都离不开历史与传统文化，即使那些反传统的当代设计也是如此。

特别是，还要注重对民族独特文化的保护与传承，使之免遭不应有的艺术与文化冲击与破坏。基于跨文化的时尚与文化传播，不同民族的时尚文化间发生着密切的关联，并共同介入与参与民族时尚与全球文化认同的建构。"在这里，全球性结合将霸权的危机同它的主导性意识形态——现代主义的危机连在一起，同后现代主义的出现、前者的分裂和它的多元文化化（multiculturalization）连在一起。"① 在全球化的创意与设计语境里，世界性时尚文化应当成为基于民族性的多元时尚文化。对所有民族元素与艺术、文化的关注，以及在此基础上生成的民族间文化对话，无疑有助于反对任何样式的文化殖民与霸权主义。

总而言之，全球化民族时尚创意的生成与当代建构，无疑是以民族独特性与多样性为前提的，它显然不能以牺牲独特的民族精神与文化为代价。而且，民族时尚创意与设计的建构与实现，就是文化的民族性与世界性相互生成的过程。时尚的民族性与世界性及其生成性关联不可或缺，并在当代服饰与时尚文化里重构这种关联的意义。所有富有浓郁民族意味与特色的时装，象征着悠久的时尚历史与服饰文化。特别重要的是，民族时尚创意还亟待在这个全球化的时代里，建构、坚持与彰显着

---

① ［美］乔纳森·弗里德曼：《文化认同与全球性过程》，商务印书馆 2003 年版，第 368—369 页。

民族面向世界的艺术、审美与文化自信。在全球化的趋势与过程之中，文化的趋同性与多元化的相互交织与彼此互文，正是民族时尚的跨文化传播与民族文化认同相关联的生成性语境。

参 考 文 献

［德］阿多诺：《美学理论》，四川人民出版社 1998 年版。

［美］鲁道夫·阿恩海姆：《视觉思维——审美直觉心理学》，四川人民出版社 1998 年版。

［美］鲁道夫·阿恩海姆：《艺术与视知觉》，四川人民出版社 1998 年版。

［美］夸梅·安东尼·阿皮亚：《认同伦理学》，译林出版社 2013 年版。

［美］露丝·E. 爱斯金：《印象派绘画中的时尚女性与巴黎消费文化》，江苏美术出版社 2010 年版。

［美］艾兰：《水之道与德之端——中国早期哲学思想的本喻》，商务印书馆 2010 年版。

［美］本尼迪克特·安德森：《比较的幽灵：民族主义、东南亚与世界》，译林出版社 2012 年版。

［美］本尼迪克特·安德森：《想象的共同体——民族主义的起源与散布》，上海人民出版社 2016 年版。

［英］休·昂纳：《中国风：遗失在西方 800 年的中国元素》，北京大学出版社 2017 年版。

［法］罗兰·巴特：《流行体系——符号学与服饰符码》，上海人民出版社 2000 年版。

［英］艾伦·巴纳德：《人类学历史与理论》，华夏出版社 2006 年版。

［英］马尔科姆·巴纳德：《理解视觉文化的方法》，商务印书馆 2005 年版。

［英］马尔科姆·巴纳德：《艺术、设计与视觉文化》，江苏美术出版社 2006 年版。

［英］邦尼·英格利希：《时尚》，浙江摄影出版社 2012 年版。

［英］彼得·伯克：《什么是文化史》，北京大学出版社 2009 年版。

［加拿大］朗·伯内特：《视觉文化——图像、媒介与想象力》，山东文艺出版社 2008 年版。

［荷兰］伯格等：《时尚的力量》，科学出版社 2014 年版。

［英］乔纳森·鲍德温、卢西恩·罗伯茨：《视觉传播：从理论到实践》，辽宁科学技术出版社 2010 年版。

［英］克莱夫·贝尔：《艺术》，江苏教育出版社 2005 年版。

［美］沃伦·贝格尔：《像设计师一样思考》，中信出版社 2011 年版。

［美］阿诺德·贝林特：《艺术与介入》，商务印书馆 2013 年版。

［美］露丝·本尼迪克：《文化模式》，华夏出版社 1987 年版。

北京大陆桥文化传媒编译：《时尚帝国》，北京出版社出版集团 2005 年版。

［德］比梅尔：《海德格尔》，商务印书馆 1996 年版。

包铭新、曹喆：《国外后现代服饰》，江苏美术出版社 2001 年版。

卞向阳主编：《服装艺术判断》，东华大学出版社 2006 年版。

［美］卡洛琳·M. 布鲁墨：《视觉原理》，北京大学出版社 1987 年版。

［印度］帕尔塔·查特吉：《民族主义思想与殖民地世界：一种衍生的话语？》，译林出版社 2007 年版。

［加拿大］布鲁斯·G. 崔格尔：《理解早期文明：比较研究》，北京大学出版社 2014 年版。

［法］丹纳：《艺术哲学》，安徽文艺出版社 1998 年版。

［美］斯蒂芬·戴维斯：《艺术哲学》，上海人民美术出版社 2008 年版。

［美］若昂·德让：《时尚的精髓》，生活·读书·新知三联书店 2012 年版。

［法］蒂埃里·德·迪弗：《艺术之名——为了一种现代性的考古学》，湖南美术出版社 2001 年版。

［美］埃伦·迪萨纳亚克：《审美的人》，商务印书馆 2004 年版。

［法］马克·第亚尼：《非物质社会——后工业世界的设计、文化与技术》，四川人民出版社 1998 年版。

《第欧根尼》中文精选版编辑委员会编选：《文化认同性的变形》，商务印书馆 2008 年版。

［法］雅克·德里达：《一种疯狂守护着思想——德里达访谈录》，上海人民出版社1997年版。

［法］米·杜夫海纳：《美学与哲学》，中国社会科学出版社1985年版。

［美］杜朴、文以诚：《中国艺术与文化》，北京联合出版公司2014年版。

［英］彼得·多默：《1945年以来的设计》，四川人民出版社1998年版。

［英］彼得·多默：《现代设计的意义》，译林出版社2013年版。

［加拿大］埃克伯特·法阿斯：《美学谱系学》，商务印书馆2011年版。

［荷兰］范丹姆：《审美人类学：视野与方法》，中国文联出版社2015年版。

［英］斯蒂夫·芬顿：《族性》，中央民族大学出版社2009年版。

冯盈之编著：《汉字与服饰文化》，东华大学出版社2008年版。

冯盈之、余赠振编著：《古代中国服饰时尚100例》，浙江大学出版社2016年版。

［美］理查德·佛罗里达：《创意阶层的崛起》，中信出版社2010年版。

［英］J. G. 弗雷泽：《金枝——巫术与宗教之研究》，商务印书馆2013年版。

［美］帕特里克·弗兰克：《视觉艺术原理》，上海人民美术出版社2008年版。

［美］乔纳森·弗里德曼：《文化认同与全球性过程》，商务印书馆2003年版。

［英］玛尼·弗格主编：《时尚通史》，中信出版社2016年版。

［美］保罗·福塞尔：《格调：社会等级与生活品味》，世界图书出版公司2011年版。

［德］格罗塞：《艺术的起源》，商务印书馆1984年版。

［法］阿尔弗雷德·格罗塞：《身份认同的困境》，社会科学文献出版社2010年版。

［英］安·格雷：《文化研究：民族志方法与生活文化》，重庆大学出版社2009年版。

［法］弗朗索瓦－玛丽·格罗：《回眸时尚：西方服装简史》，中国纺织出版社2009年版。

［英］奥蒂莉·戈弗雷：《复古时裳》，北京时代华文书局2015年版。

〔美〕欧文·戈夫曼：《日常生活中的自我呈现》，北京大学出版社 2008 年版。

〔英〕杰克·古迪：《神话、仪式与口述》，中国人民大学出版社 2014 年版。

〔英〕杰克·古迪：《西方中的东方》，浙江大学出版社 2012 年版。

〔法〕多米尼克·古维烈：《时尚不死？——关于时尚的终极诘问》，中国纺织出版社 2009 年版。

〔法〕多米尼克·古维烈：《在时尚中融化》，漓江出版社 2013 年版。

〔英〕简·艾伦·哈里森：《古代艺术与仪式》，生活·读书·新知三联书店 2008 年版。

〔英〕马丁·詹妮弗·哈里斯：《纺织史》，汕头大学出版社 2011 年版。

〔英〕阿尔弗雷德·C. 哈登：《艺术的进化：图案的生命史解析》，广西师范大学出版社 2010 年版。

〔英〕奥斯汀·哈灵顿：《艺术与社会理论——美学中的社会学论争》，南京大学出版社 2010 年版。

〔德〕海德格尔：《存在与时间》，生活·读书·新知三联书店 1999 年版。

〔德〕马丁·海德格尔：《同一与差异》，商务印书馆 2011 年版。

〔英〕本·海默尔：《日常生活与文化理论导论》，商务印书馆 2008 年版。

〔美〕芮乐伟·韩森：《丝绸之路新史》，北京联合出版公司 2015 年版。

〔英〕理查德·豪厄尔斯：《视觉文化》，广西师范大学出版社 2007 年版。

〔英〕大卫·赫斯蒙德夫：《文化产业》，中国人民大学出版社 2007 年版。

〔美〕迪克·赫伯迪格：《亚文化：风格的意义》，北京大学出版社 2009 年版。

〔匈〕阿格妮丝·赫勒：《日常生活》，黑龙江大学出版社 2010 年版。

〔美〕尼娜·加西亚：《我的 100 件时尚单品》，中信出版社 2010 年版。

〔美〕杰·卡尔德林：《形式·适合·时尚》，山东画报出版社 2011 年版。

〔美〕杰伊·卡尔德林：《时装设计 100 个创意关键词》，中国青年出版社 2012 年版。

〔英〕丹尼·卡瓦拉罗：《文化理论关键词》，江苏人民出版社 2013 年版。

〔美〕苏珊·B. 凯瑟：《时尚与文化研究》，中国轻工业出版社 2016 年版。

〔英〕史蒂文·康纳：《后现代主义文化——当代理论导引》，商务印书馆

2002 年版。

[英] 罗伯特·克雷：《设计之美》，山东画报出版社 2010 年版。

[美] 珍妮弗·克雷克：《时装的面貌——时装的文化研究》，中央编译出版社 2000 年版。

[英] 保罗·克劳瑟：《20 世纪艺术的语言：观念史》，吉林人民出版社 2007 年版。

[美] J. J. 克拉克：《东方启蒙：东西方思想的遭遇》，上海人民出版社 2011 年版。

[英] 普兰温·科斯格拉芙：《时装生活史》，东方出版中心 2006 年版。

[美] 乔尔·科特金：《全球族》，社会科学文献出版社 2010 年版。

[法] 本内迪克特·拉佩尔：《欧洲脸谱》，中国人民大学出版社 2015 年版。

[英] 詹姆斯·拉韦尔：《服装和时尚简史》，浙江摄影出版社 2016 年版。

[美] 马克·拉索尔：《向着大地和天空，凡人和诸神：海德格尔导读》，中信出版集团 2015 年版。

[英] 罗伯特·莱顿：《艺术人类学》，广西师范大学出版社 2009 年版。

[美] 诺埃尔·帕洛莫·乐文斯基：《世界上最具影响力的服装设计师》，中国纺织出版社 2014 年版。

[法] 保罗·利科：《活的隐喻》，上海译文出版社 2004 年版。

[法] 保罗·利科：《作为一个他者的自身》，商务印书馆 2013 年版。

[美] K. 马尔科姆·理查兹：《德里达眼中的艺术》，重庆大学出版社 2016 年版。

[法] 克洛德·列维－斯特劳斯：《看·听·读》，中国人民大学出版社 2006 年版。

刘国联主编：《服装心理学》，东华大学出版社 2007 年版。

刘天勇、王培娜：《民族·时尚·设计——民族服饰元素与时装设计》，化学工业出版社 2010 年版。

楼慧珍、吴永、郑彤：《中国传统服饰文化》，东华大学出版社 2004 年版。

[美] 罗兰·罗伯森：《全球化——社会理论和全球文化》，上海人民出版社 2000 年版。

［德］罗姆巴赫：《作为生活结构的世界——结构存在论的问题与解答》，上海书店出版社 2009 年版。

［美］詹姆斯·罗尔：《媒介、传播、文化——一个全球性的途径》，商务印书馆 2012 年版。

［美］托马斯·洛克伍德：《设计思维》，电子工业出版社 2012 年版。

［美］F. 大卫·马丁、李·A. 雅各布斯：《艺术导论》，上海社会科学院出版社 2011 年版。

［美］维克多·马格林编著：《设计问题——历史·理论·批评》，中国建筑工业出版社 2010 年版。

［英］琼·马什：《时尚设计史：从"新风貌"到当代》，山东画报出版社 2014 年版。

［英］约翰·马克：《面具：人类的自我伪装与救赎》，南方日报出版社 2011 年版。

［美］乔治·E. 马尔库斯、弗雷德·R. 迈尔斯：《文化交流：重塑艺术和人类学》，广西师范大学出版社 2010 年版。

马蓉编著：《服装创意与构造方法》，重庆大学出版社 2007 年版。

马蓉编著：《民族服饰语言的时尚运用》，重庆大学出版社 2009 年版。

［英］凯瑟琳·麦克德莫特：《设计：核心概念》，清华大学出版社 2014 年版。

［美］提姆·麦克雷特：《设计的语言》，辽宁科学技术出版社 2015 年版。

［英］H. A. 梅内尔：《审美价值的本性》，商务印书馆 2001 年版。

［法］若斯·吉莱姆·梅吉奥：《列维 - 斯特劳斯的美学观》，天津人民出版社 2003 年版。

［美］保罗·梅萨里：《视觉说服：形象在广告中的作用》，新华出版社 2004 年版。

［美］温尼·海德·米奈：《艺术史的历史》，上海人民出版社 2007 年版。

［美］W. J. T. 米歇尔：《图像学：形象，文本，意识形态》，北京大学出版社 2012 年版。

［美］尼古拉斯·米尔佐夫：《视觉文化导论》，江苏人民出版社 2006 年版。

［英］戴维·米勒：《论民族性》，译林出版社 2010 年版。

［英］安吉拉·默克罗比：《后现代主义与大众文化》，中央编译出版社 2001 年版。

［英］琼·娜：《服饰时尚 800 年：1200—2000》，广西师范大学出版社 2004 年版。

［美］唐纳德·A. 诺曼：《设计心理学》，中信出版社 2010 年版。

［意］马里奥·佩尔尼奥拉：《仪式思维》，商务印书馆 2006 年版。

［美］丽塔·裴娜：《流行预测》，中国纺织出版社 2000 年版。

［美］迈克尔·普罗瑟：《文化对话：跨文化传播导论》，北京大学出版社 2013 年版。

［英］苏·詹金·琼斯：《时装设计》，中国纺织出版社 2009 年版。

［美］乔治·桑塔耶纳：《美感》，人民出版社 2013 年版。

［美］拉里·A. 萨默瓦、理查德·E. 波特：《跨文化传播》，中国人民大学出版社 2004 年版。

［俄］维克托·什克洛夫斯基等：《俄国形式主义文论选》，生活·读书·新知三联书店 1989 年版。

［英］安东尼·史密斯：《民族主义——理论、意识形态、历史》，上海人民出版社 2011 年版。

［英］彼得·史密斯等：《跨文化社会心理学》，人民邮电出版社 2009 年版。

［美］休斯顿·史密斯：《人的宗教》，海南出版社 2013 年版。

［挪］拉斯·史文德森：《时尚的哲学》，北京大学出版社 2010 年版。

［法］纳丹·施郎格编选：《论技术、技艺与文明》，世界图书出版公司 2010 年版。

［美］理查德·舒斯特曼：《实用主义美学》，商务印书馆 2002 年版。

［英］彭妮·斯帕克：《设计与文化导论》，译林出版社 2012 年版。

［英］迈克尔·苏立文：《东西方艺术的交会》，上海人民出版社 2014 年版。

苏永刚编著：《服装时尚元素的提炼与运用》，重庆大学出版社 2007 年版。

［波］瓦迪斯瓦夫·塔塔尔凯维奇：《西方六大美学观念史》，上海译文出版社 2006 年版。

［英］安德鲁·塔克、塔米辛·金斯伟尔：《时装》，生活·读书·新知三联书店 2014 年版。

［美］梯利：《西方哲学史》，商务印书馆 1995 年版。

［日］田中千代：《世界民俗衣装：探寻人类着装方法的智慧》，中国纺织出版社 2001 年版。

［法］茨维坦·托多罗夫：《象征理论》，商务印书馆 2004 年版。

汪芳：《中国传统服饰图案解读》，东华大学出版社 2014 年版。

［美］伊曼纽尔·沃勒斯坦：《变化中的世界体系》，中央编译出版社 2016 年版。

［英］哈里特·沃斯里：《100 个改变时尚的伟大观念》，中国摄影出版社 2013 年版。

［德］沃尔夫冈·韦尔施：《重构美学》，上海译文出版社 2002 年版。

［美］沃特伯格：《什么是艺术》，重庆大学出版社 2011 年版。

［法］乔治·维加莱洛：《人体美丽史》，湖南文艺出版社 2007 年版。

［英］C. A. S. 威廉斯：《中国艺术象征词典》，湖南科学技术出版社 2006 年版。

［德］温克尔曼：《希腊人的艺术》，广西师范大学出版社 2001 年版。

吴妍妍编著：《欧洲民族服饰概论》，中国纺织出版社 2016 年版。

肖世孟：《先秦色彩研究》，人民出版社 2013 年版。

［德］西美尔：《时尚的哲学》，文化艺术出版社 2001 年版。

奚传绩编：《设计艺术经典论著选读》，东南大学出版社 2002 年版。

［美］理查德·谢弗：《社会学与生活》，世界图书出版公司 2009 年版。

徐复观：《中国艺术精神》，商务印书馆 2010 年版。

［英］维多利亚·D. 亚历山大：《艺术社会学》，江苏美术出版社 2009 年版。

［美］詹姆斯·韦伯·扬：《创意的生成》，中国人民大学出版社 2014 年版。

［德］汉斯·罗伯特·耀斯：《审美经验与文学解释学》，上海译文出版社 1997 年版。

［英］戴维·英格利斯：《文化与日常生活》，中央编译出版社 2010 年版。

［英］邦尼·英格利希：《时尚》，浙江摄影出版社 2012 年版。

［俄］雅科伏列夫：《艺术与世界宗教》，文化艺术出版社 1989 年版。

杨孝鸿：《中国时尚文化史（宋元明卷）》，山东画报出版社 2011 年版。

叶立诚：《服饰美学》，中国纺织出版社 2001 年版。

［美］弗雷德里克·詹姆逊：《布莱希特与方法》，中国社会科学出版社
　　1998 年版。

张志春：《中国服饰文化》，中国纺织出版社 2009 年版。

张繁文、韩雪松：《中国时尚文化史（清民国新中国卷）》，山东画报出版
　　社 2011 年版。

张星：《服装流行学》，中国纺织出版社 2006 年版。

张贤根：《艺术现象学导论》，湖北人民出版社 2015 年版。

钟志金：《民族文化与时尚服装设计》，河北美术出版社 2009 年版。

［法］朱利安：《美，这奇特的理念》，北京大学出版社 2016 年版。

Jean Baudrillard, *Simulacra and Simulation*, The University of Michigan
　　Press, 1995.

Malcolm Barnard, *Fashion as Communication*, Routledge, 1996.

Umberto Eco, *Art and Beauty in the Middle Ages*, Yale University
　　Press, 1986.

Fiona Ffoulkes, *How to Read Fashion*, Rizzoli International Publications,
　　Inc., 2013.

Adam Geczy, *Fashion and Orientalism*, Bloomsbury Academic, 2013.

Bruno Munari, *Design as Art*, Penguin Books Ltd., 2008.

Kevin O'Donnell, *Postmodernism*, Lion Publishing plc, 2003.

Jakub Petri (ed.), *Performing Cultures*, Wydawnictwo LIBRON, 2015.

George Ritze, *Postmodern Social Theory*, The McGraw – Hill Companies,
　　Inc., 1997.

Agnes Rocamora and Anneke Smelik (eds.), *Thinking Through Fashion*, Lon-
　　don, 2016.

Robert Sokolowski, *Introduction to Phenomenology*, Cambridge University
　　Press, 2000.

Robert J. C. Young, *Postcolonialism：A Very Short Introduction*, Oxford Univer-
　　sity Press, 2003.